Dreiband billard: Vollständige Tisch Kreismuster

Von professionellen Meisterschaftsturnieren

Te Testen Sie sich gegen professionelle Spieler

Allan P. Sand
PBIA Zertifizierter Billardlehrer

ISBN 978-1-62505-298-8
PRINT 7x10

ISBN 978-1-62505-452-4
PRINT 8.5x11

First edition

Copyright © 2019 Allan P. Sand

All rights reserved under International and Pan-American Copyright Conventions.

Published by Billiard Gods Productions.
Santa Clara, CA 95051
U.S.A.

For the latest information about books and videos, go to: http://www.billiardgods.com

Acknowledgements

Wei Chao created the software that was used to create these graphics.

Inhaltsverzeichnis

Einführung..1
Über die Konfigurationen 1
Anweisungen zum Einrichten der Tisch..2
Zweck der Diagramme..2
A: Voller Kreis (langes band)...**3**
A: Gruppe 1 3
A: Gruppe 2 8
A: Gruppe 3 13
A: Gruppe 4 18
A: Gruppe 5 23
B: Vollkreis (kurzes band)..**28**
B: Gruppe 1 28
B: Gruppe 2 33
B: Gruppe 3 38
C: Vier band (langes band)..**43**
C: Gruppe 1 43
C: Gruppe 2 48
C: Gruppe 3 53
C: Gruppe 4 58
C: Gruppe 5 63
D: Vier band (kurzes band)..**68**
D: Gruppe 1 68
D: Gruppe 2 73
D: Gruppe 3 78
D: Gruppe 4 83
E: Fünf band (langes band)..**88**
E: Gruppe 1 88
E: Gruppe 2 93
E: Gruppe 3 98
E: Gruppe 4 103
E: Gruppe 5 108
F: Fünf band (kurzes band)...**113**
F: Gruppe 1 113
F: Gruppe 2 118
G: 6+ band (langes band)..**123**
G: Gruppe 1 123
G: Gruppe 2 128
G: Gruppe 3 133
G: Gruppe 4 138
H: 6+ band (kurzes band)..**143**
H: Gruppe 1 143
H: Gruppe 2 148

Other books by the author …
- 3 Cushion Billiards Championship Shots (a series)
- Carom Billiards: Some Riddles & Puzzles
- Carom Billiards: MORE Riddles & Puzzles
- Why Pool Hustlers Win
- Table Map Library
- Safety Toolbox
- Cue Ball Control Cheat Sheets
- Advanced Cue Ball Control Self-Testing Program
- Drills & Exercises for Pool & Pocket Billiards
- The Art of War versus The Art of Pool
- The Psychology of Losing – Tricks, Traps & Sharks
- The Art of Team Coaching
- The Art of Personal Competition
- The Art of Politics & Campaigning
- The Art of Marketing & Promotion
- Kitchen God's Guide for Single Guys

Einführung

Dies ist eines aus einer Reihe von Billard-Büchern, die zeigen, wie professionelle Spieler basierend auf der Ballkonfiguration Entscheidungen treffen. Jede Konfiguration stammt von internationalen Wettbewerben.

Diese Probleme bringen Sie in den Kopf des Spielers, beginnend mit den Ballpositionen in der ersten Konfiguration. Die zweite Konfiguration zeigt, wozu der Player sich entschieden hat.

Über die Konfigurationen

Dies sind die drei Bälle auf dem Tisch:

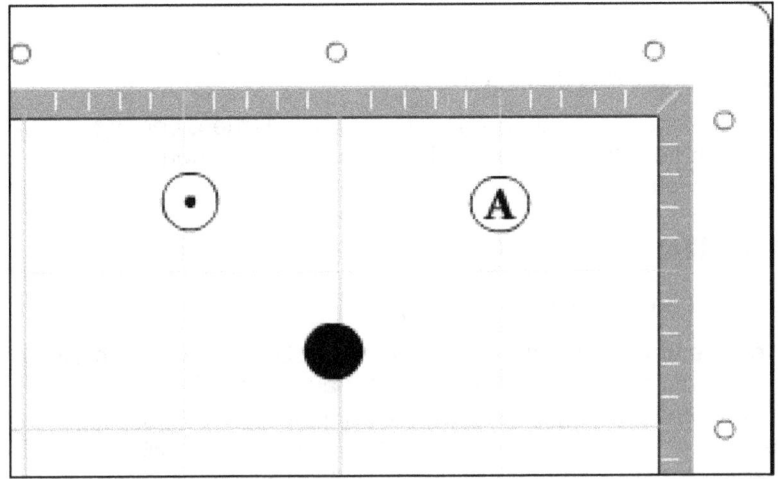

Ⓐ (CB) (deine Billardkugel)

⊙ (OB) (Gegner Billardkugel)

● (OB) (rote Billardkugel)

Jede Konfiguration hat zwei Layouts. Die erste Konfiguration ist die Position der Kugeln. Die zweite Konfiguration zeigt, wie sich die Kugeln auf dem Tisch bewegen.

Anweisungen zum Einrichten der Tisch

Verwenden Sie Papierbinderringe, um die Ballpositionen zu markieren (kaufen Sie in jedem Bürofachgeschäft).

Legen Sie eine Münze auf jedes Tischkissen, das das (CB) berührt.

Vergleichen Sie Ihren (CB) Pfad mit der zweiten Tischkonfiguration. Um zu lernen, benötigen Sie möglicherweise mehrere Versuche. Nehmen Sie nach jedem Fehler eine Anpassung vor und versuchen Sie es erneut, bis Sie erfolgreich sind.

Zweck der Diagramme

Diese Layouts werden für zwei Zwecke bereitgestellt.

- Ihre Analyse - Zu Hause können Sie überlegen, wie Sie die Konfiguration in der ersten Tisch spielen. Vergleichen Sie Ihre Ideen mit dem tatsächlichen Muster auf der zweiten Tisch. Denken Sie über Ihre Lösung nach und überlegen Sie sich die Optionen. Aus der zweiten Tisch können Sie auch analysieren, wie Sie dem Muster folgen. Mental spielen Sie den Schuss und entscheiden Sie, wie Sie erfolgreich sein können.

- Üben Sie die Tischkonfiguration - Legen Sie die Kugeln gemäß der ersten Tischkonfiguration in Position. Versuchen Sie, genauso zu schießen wie das zweite Tischmuster. Sie können viele Versuche benötigen, bevor Sie die richtige Art zu spielen finden. So können Sie diese Aufnahmen bei Wettbewerben und Turnieren lernen und spielen.

Die Kombination aus mentaler Analyse und praktischer Übung wird Sie zu einem intelligenteren Spieler machen.

A: Voller Kreis (langes band)

Der (CB) geht vom ersten (OB) in ein langes band und dann in das kurze band. Der Kreis setzt sich in das gegenüberliegende lange band fort.

Ⓐ (CB) (Ihre Billardkugel) - ⊙ (OB) (Gegner Billardkugel) - ● (OB) (rote Billardkugel)

A: Gruppe 1

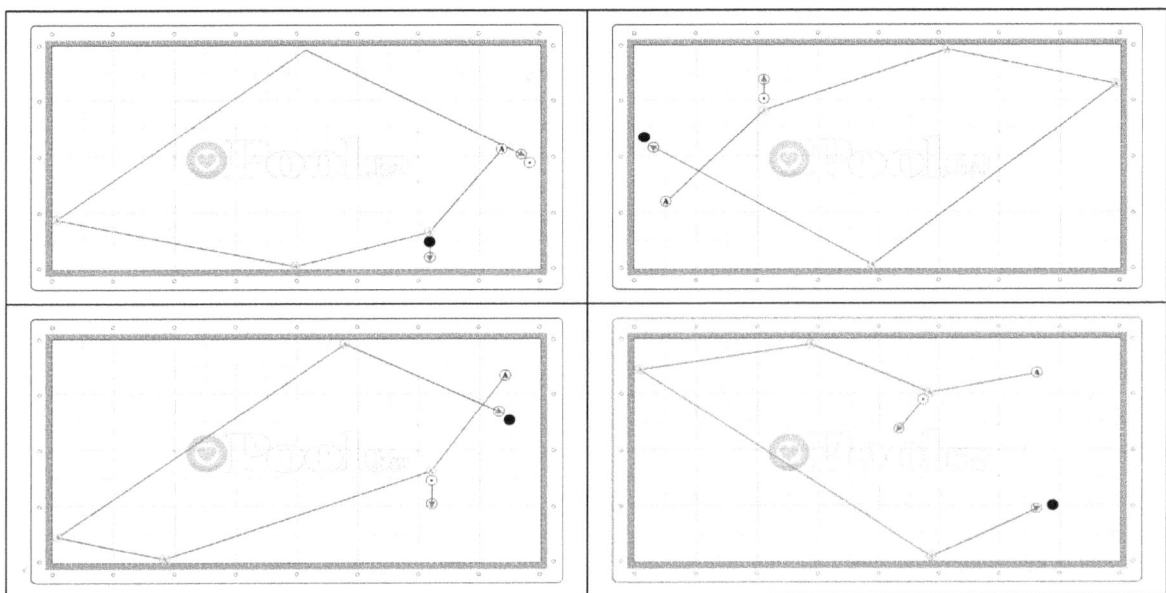

Analyse:

A:1a. _____

A:1b. _____

A:1c. _____

A:1d. _____

A:1a – Konfiguration

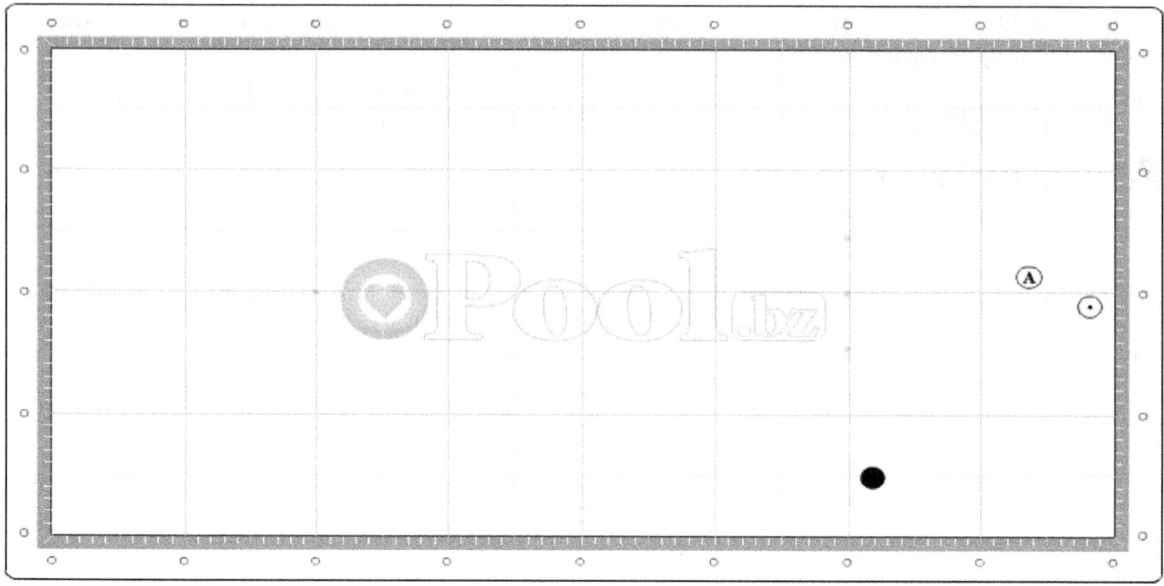

Notizen und Ideen:

Schussmuster

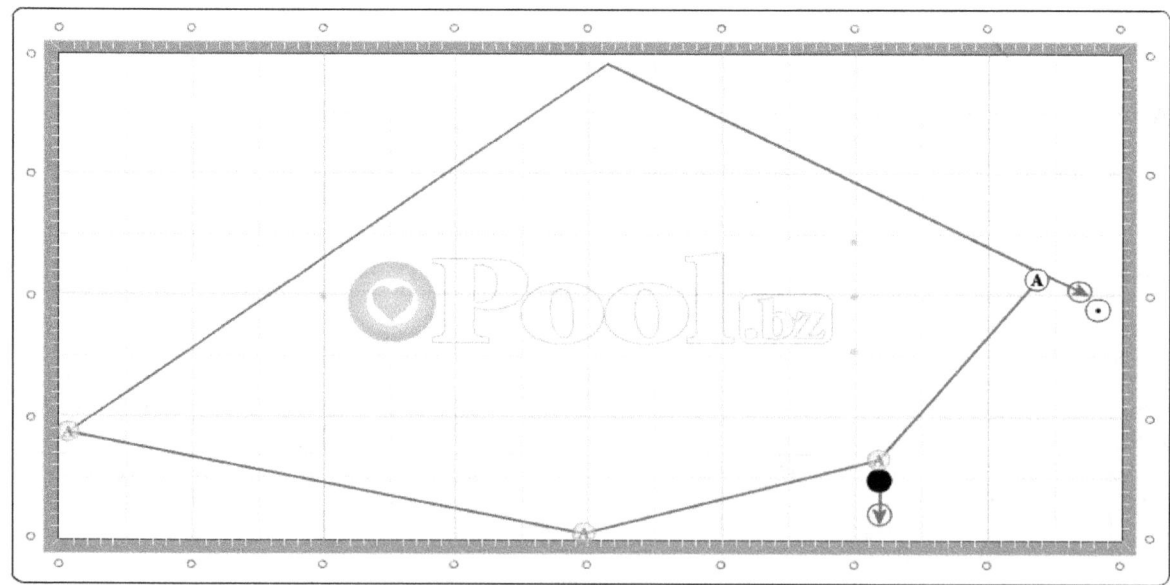

A:1b – Konfiguration

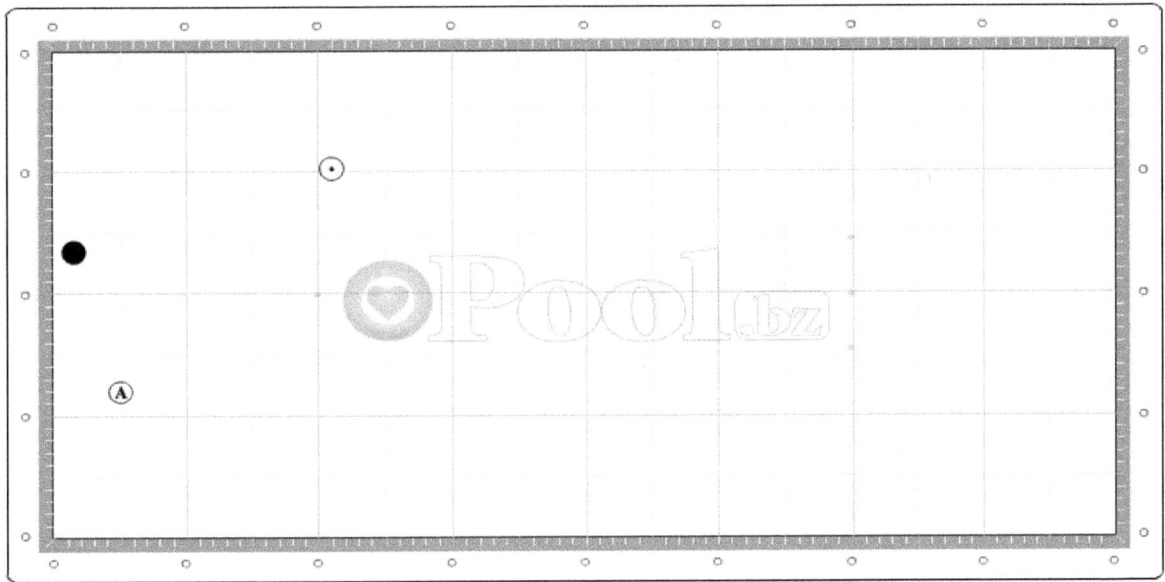

Notizen und Ideen:

Schussmuster

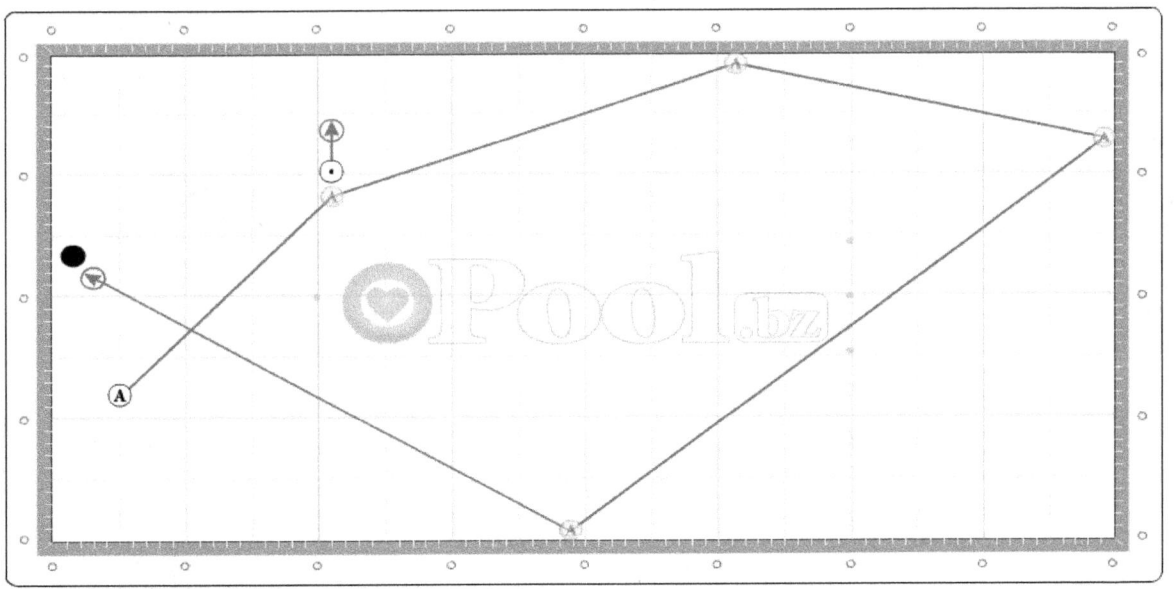

A:1c – Konfiguration

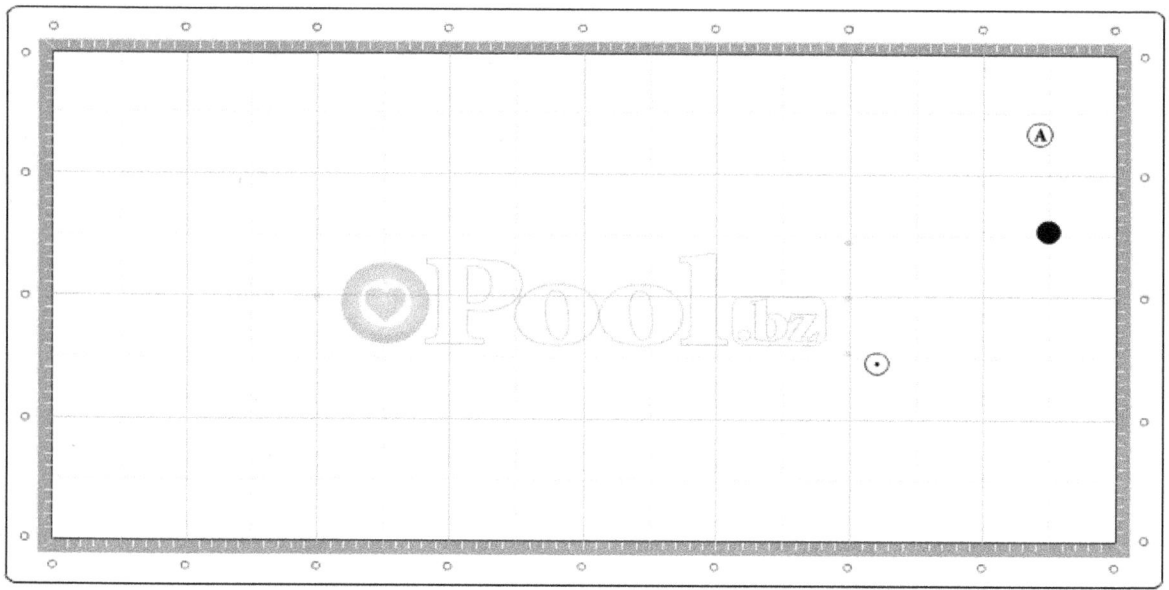

Notizen und Ideen:

Schussmuster

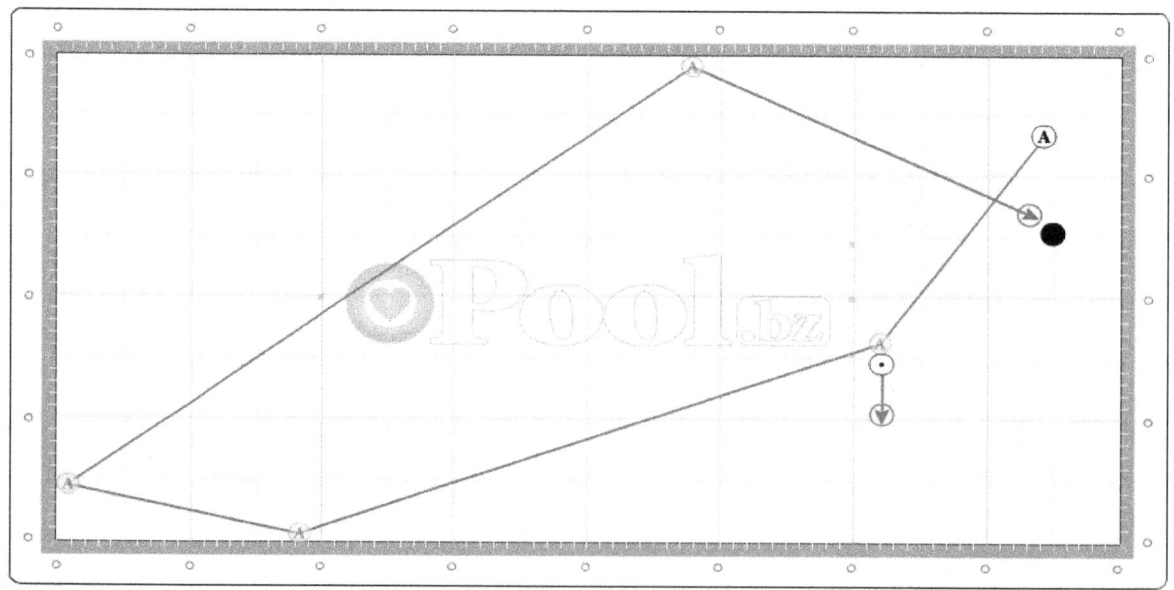

A:1d – Konfiguration

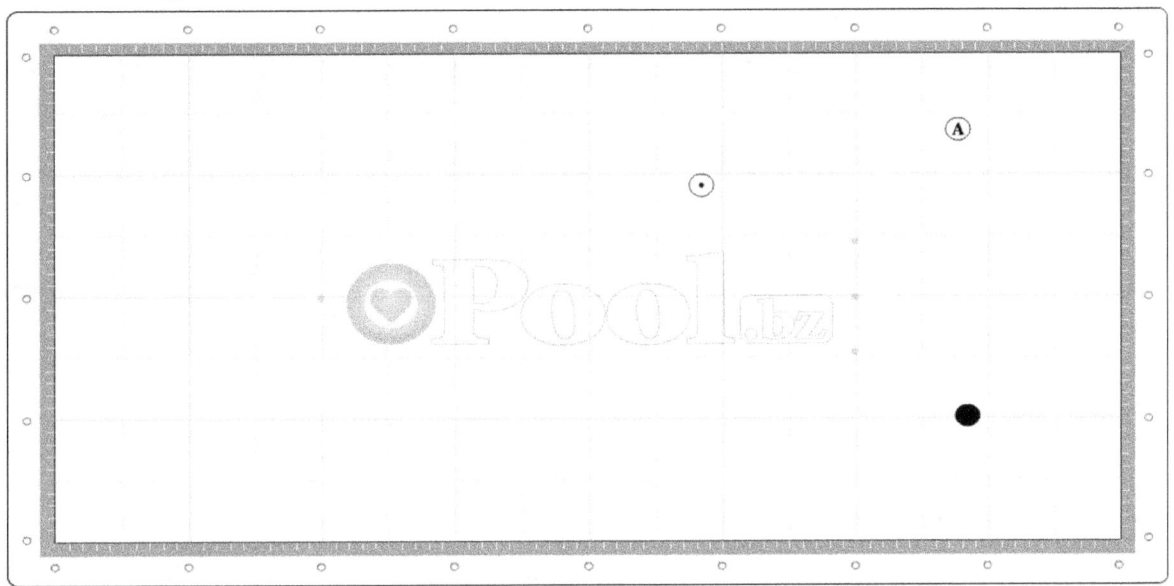

Schussmuster

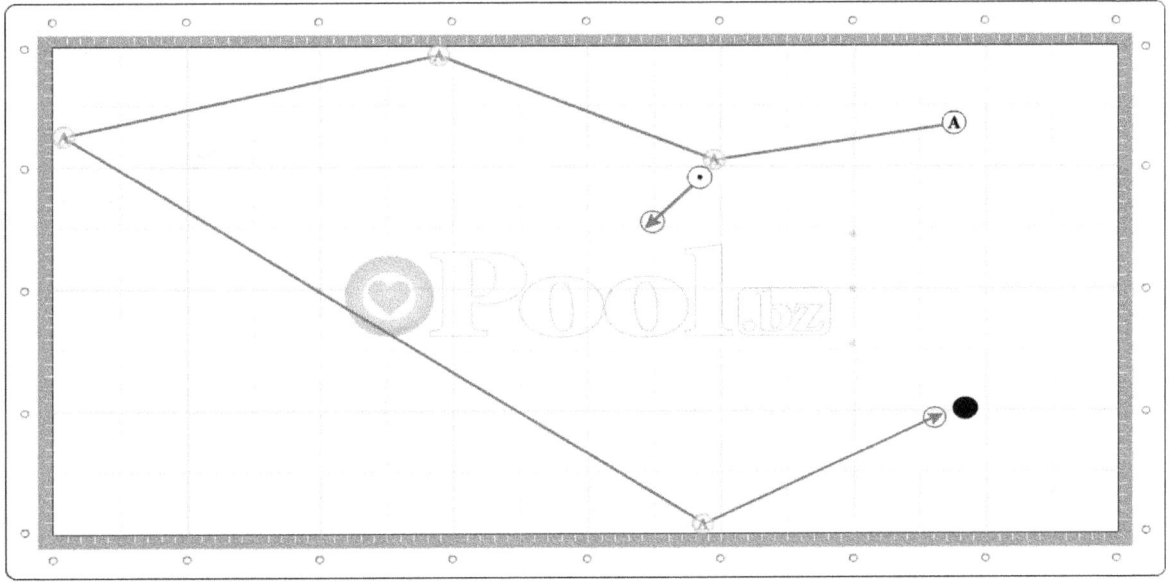

A: Gruppe 2

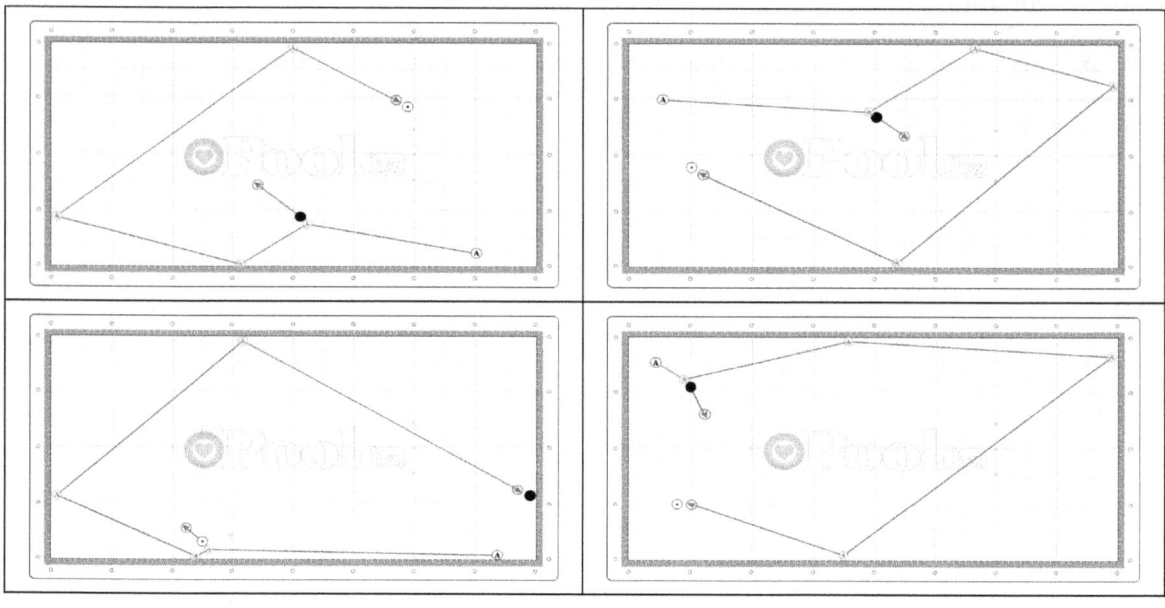

Analyse:

A:2a. _____

A:2b. _____

A:2c. _____

A:2d. _____

A:2a – Konfiguration

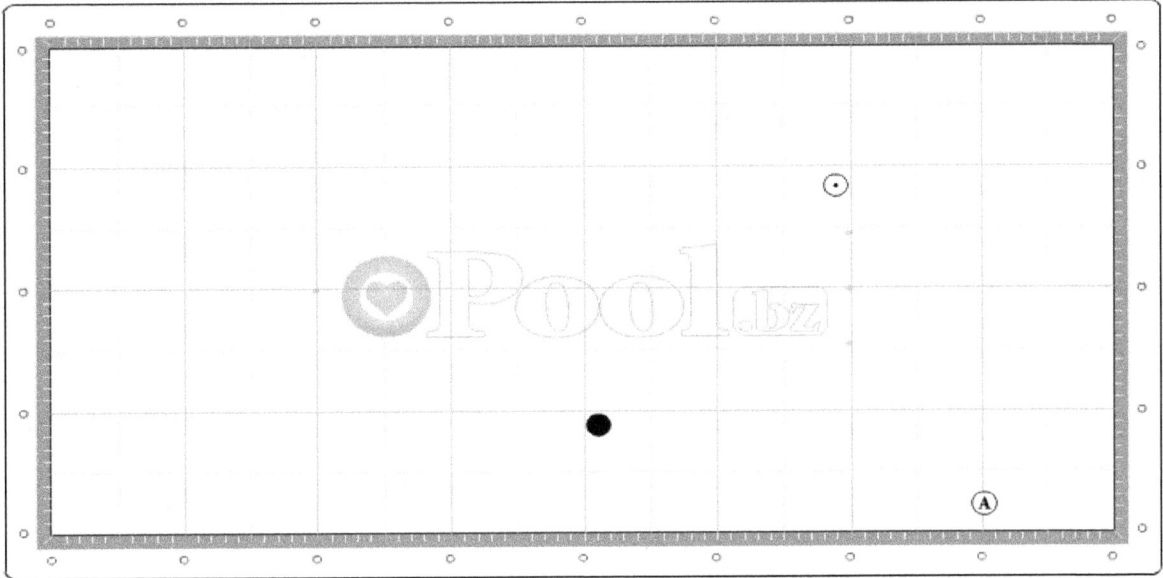

Notizen und Ideen:

Schussmuster

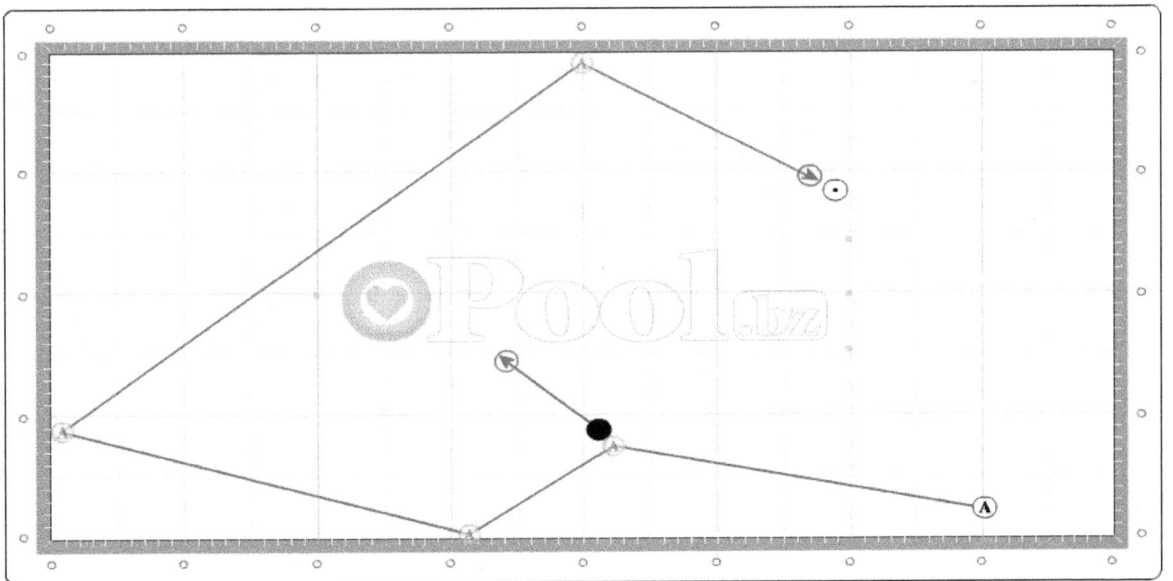

A:2b – Konfiguration

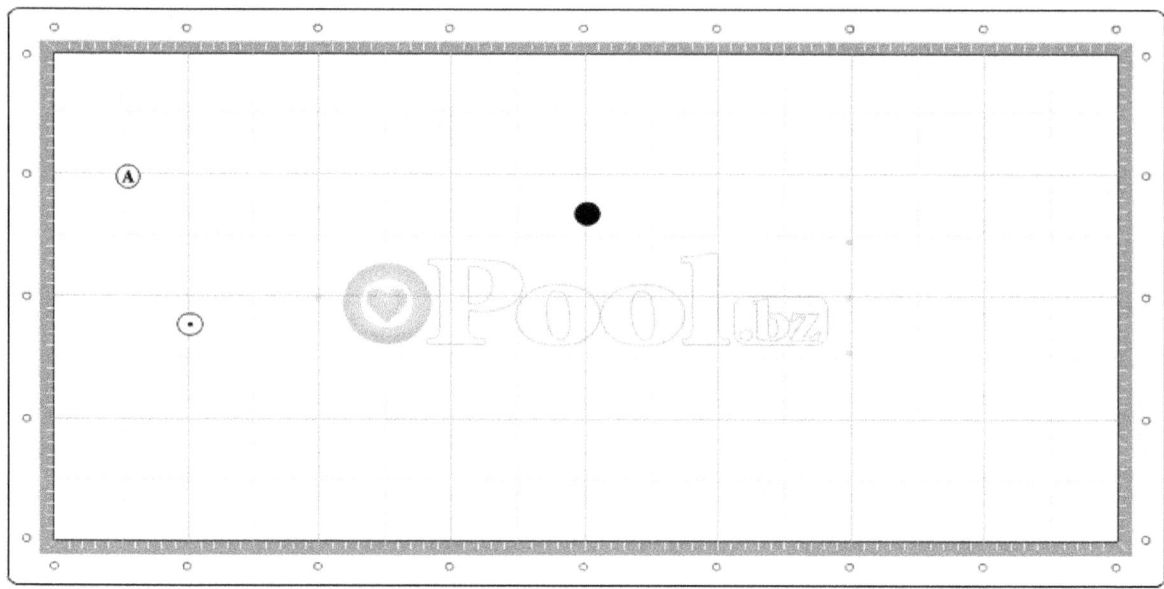

Notizen und Ideen:

Schussmuster

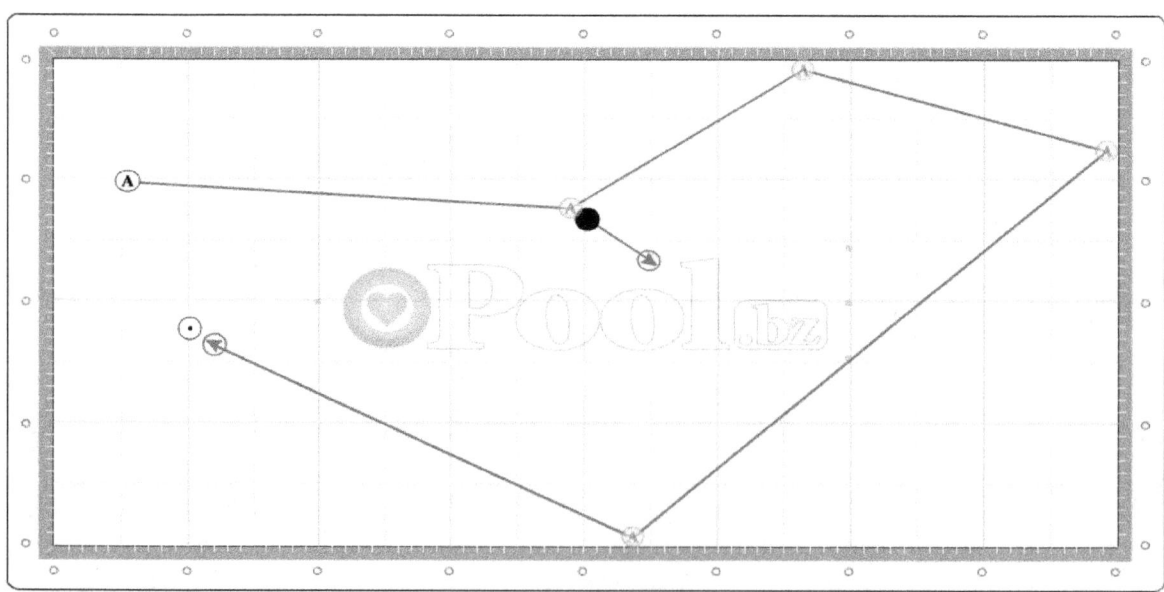

A:2c – Konfiguration

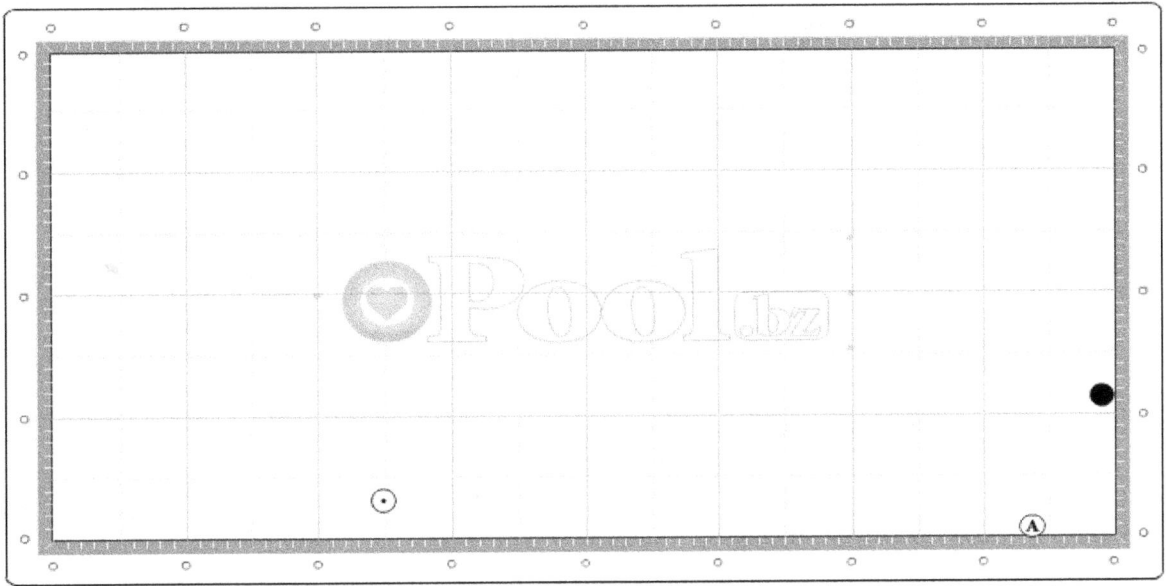

Notizen und Ideen:

Schussmuster

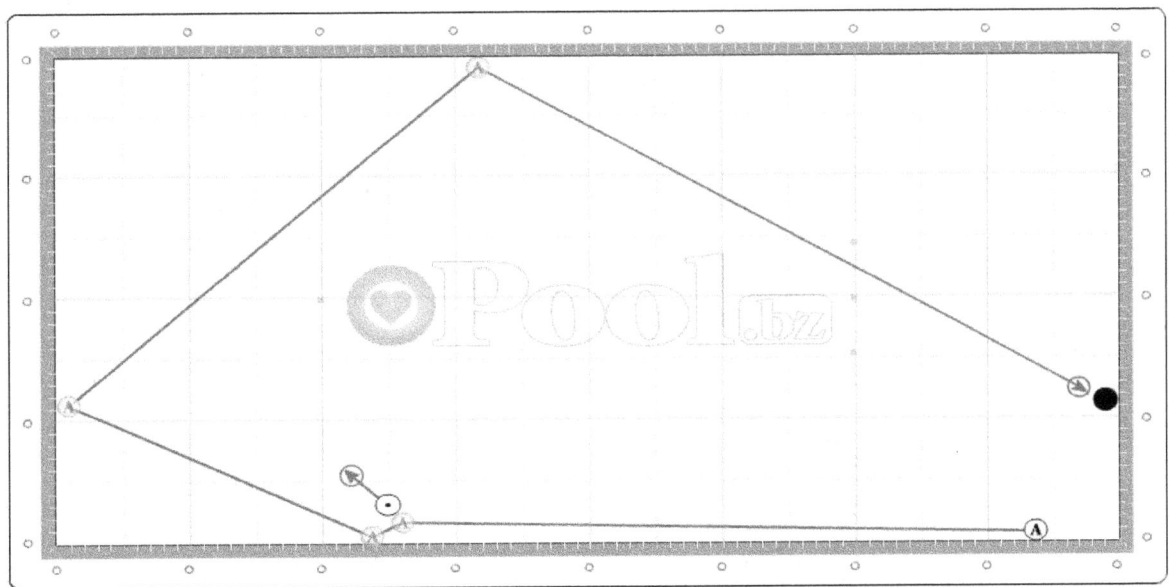

A:2d – Konfiguration

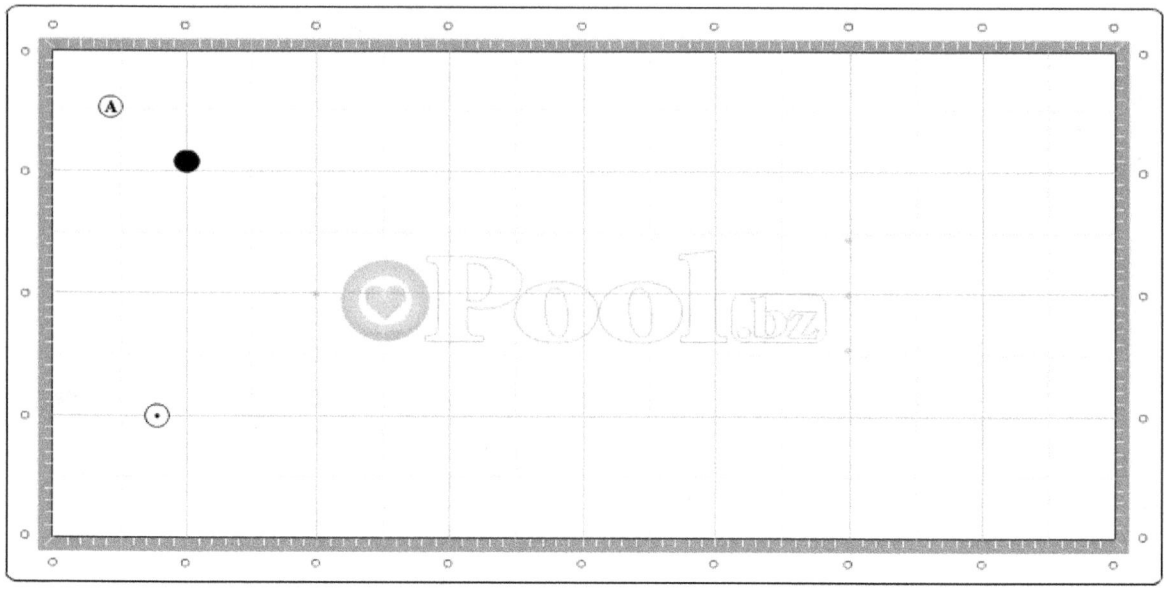

Notizen und Ideen:

Schussmuster

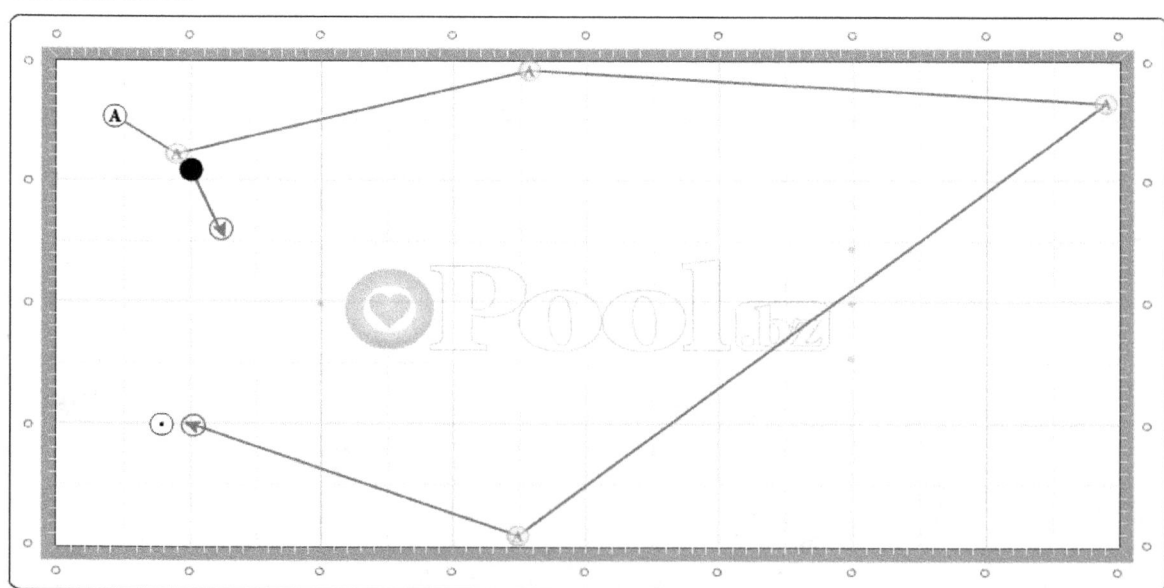

A: Gruppe 3

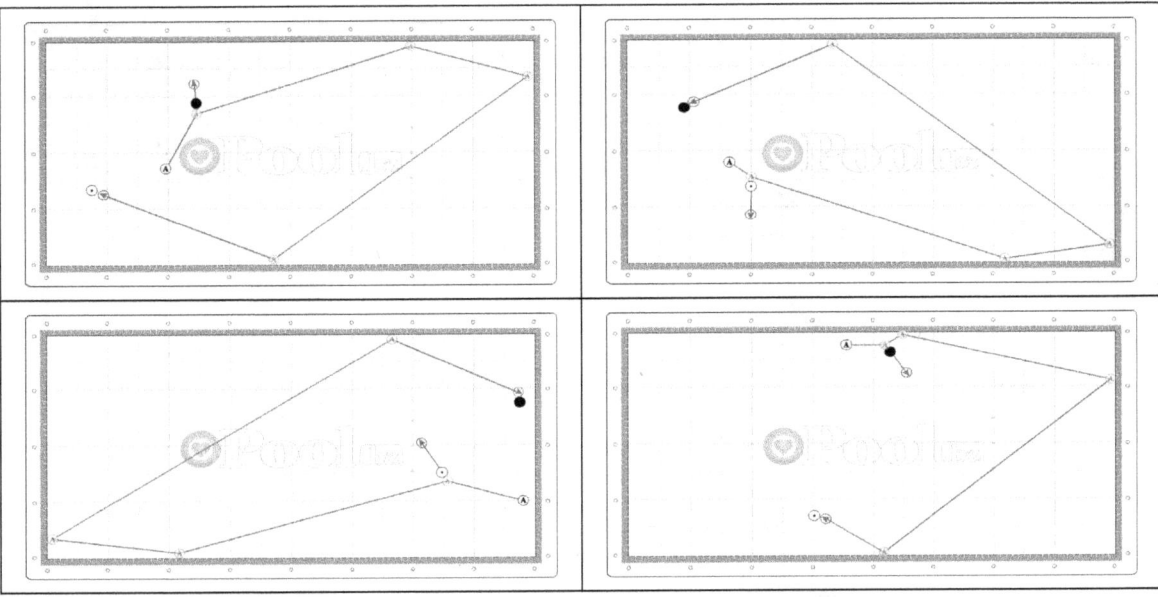

Analyse:

A:3a. _____

A:3b. _____

A:3c. _____

A:3d. _____

A:3a – Konfiguration

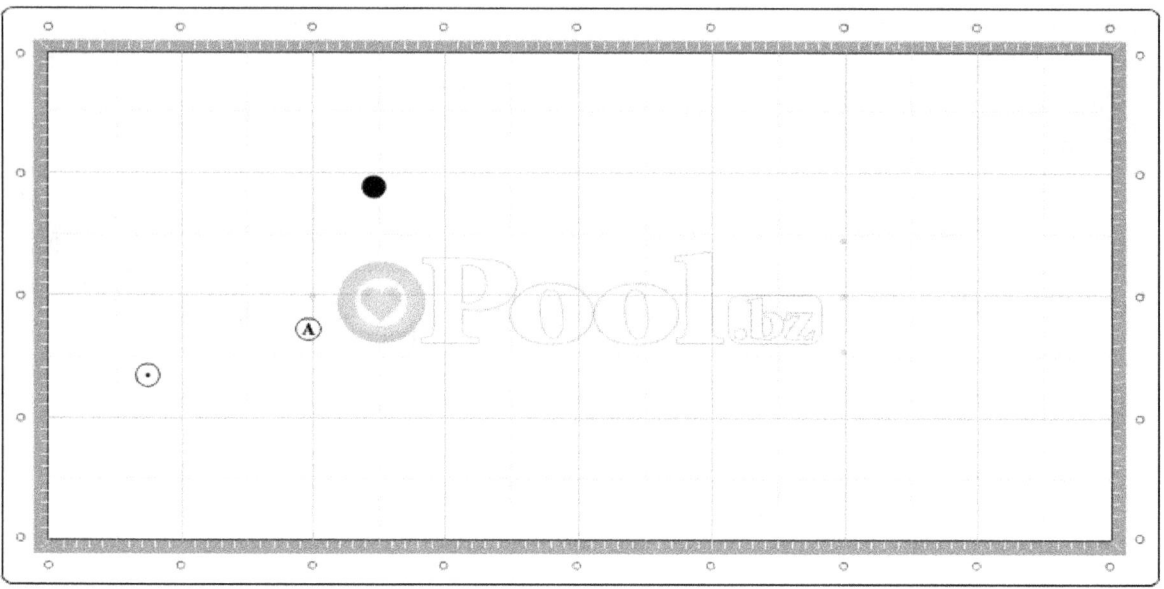

Notizen und Ideen:

Schussmuster

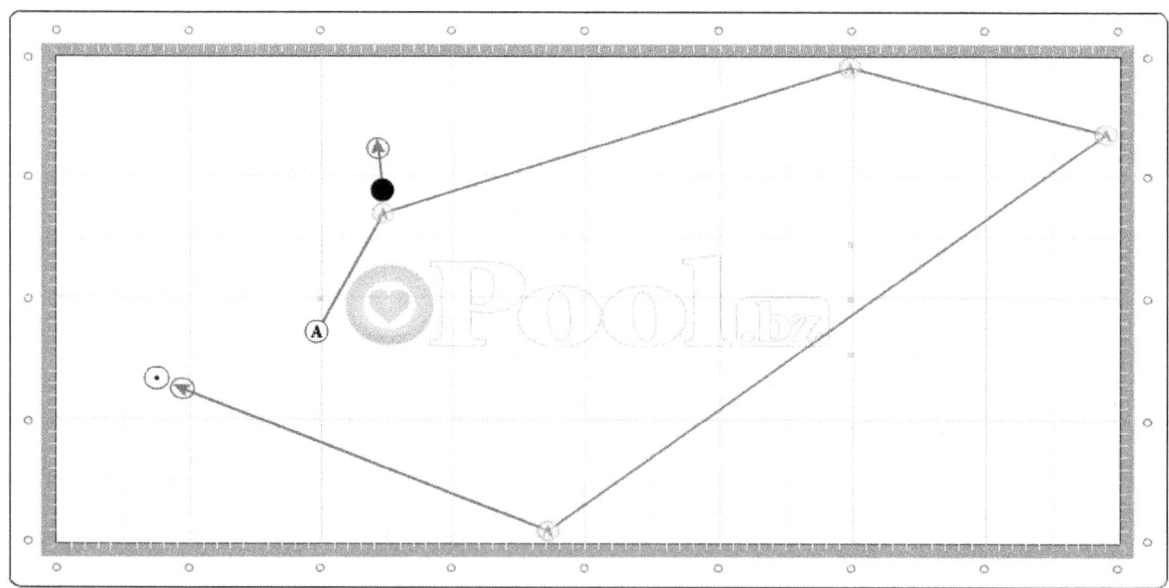

A:3b – Konfiguration

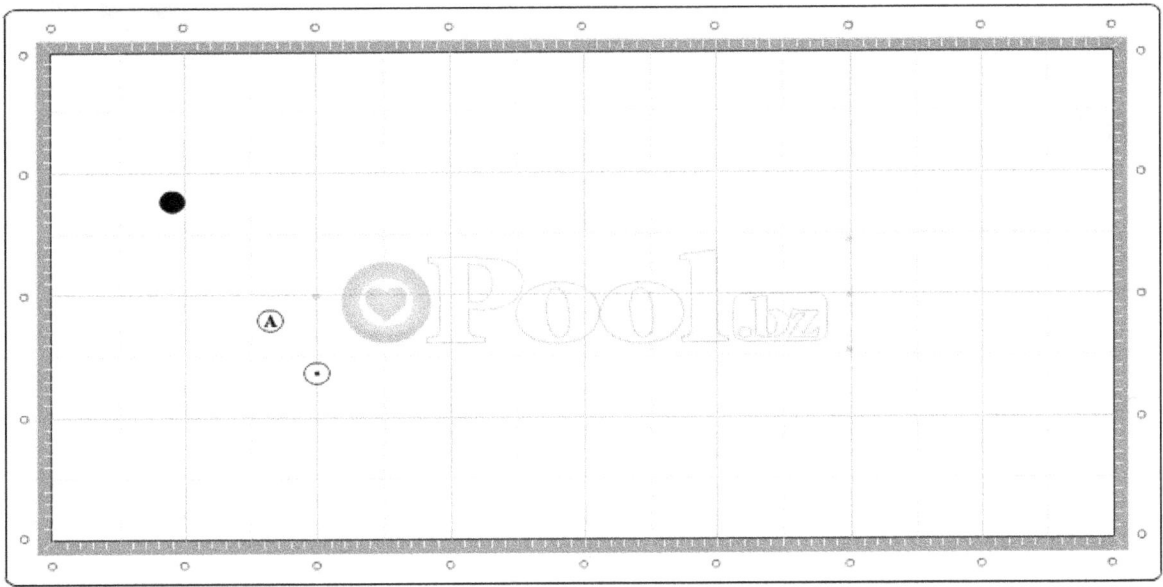

Notizen und Ideen:

Schussmuster

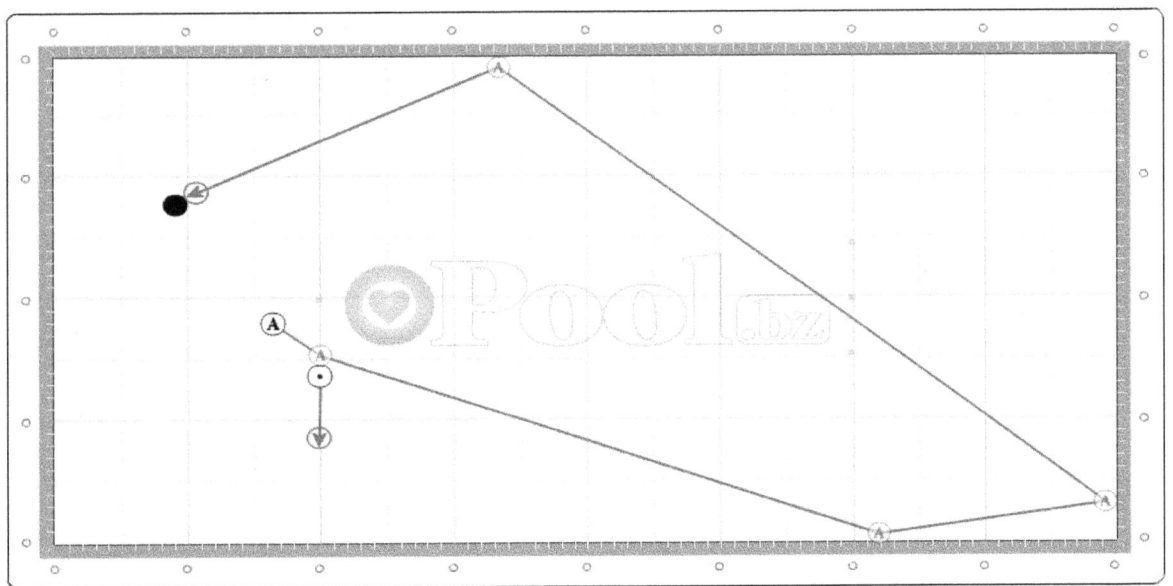

A:3c – Konfiguration

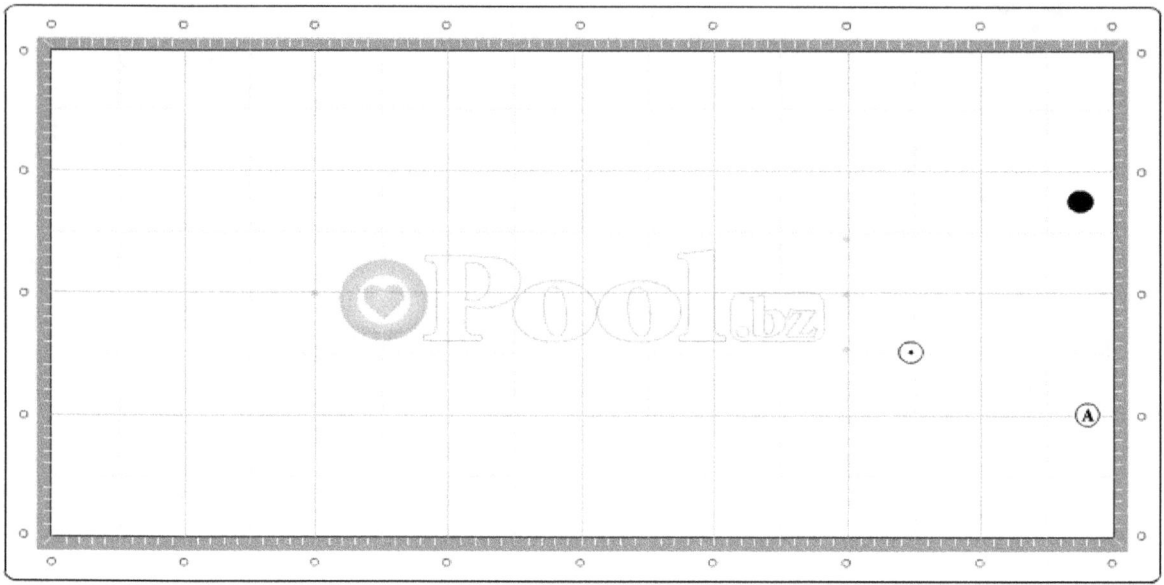

Notizen und Ideen:

Schussmuster

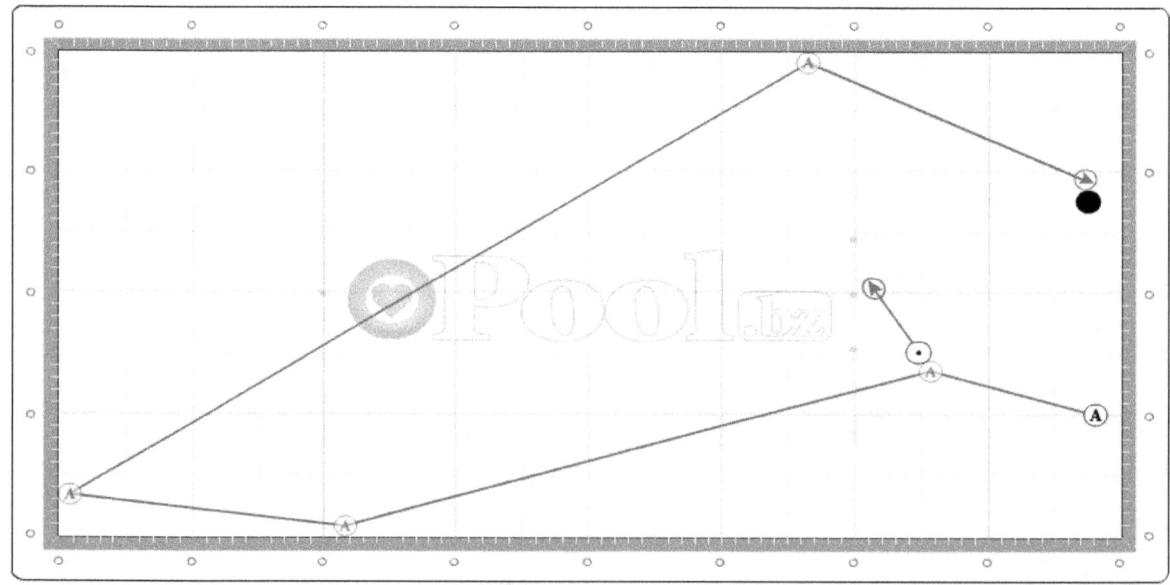

A:3d – Konfiguration

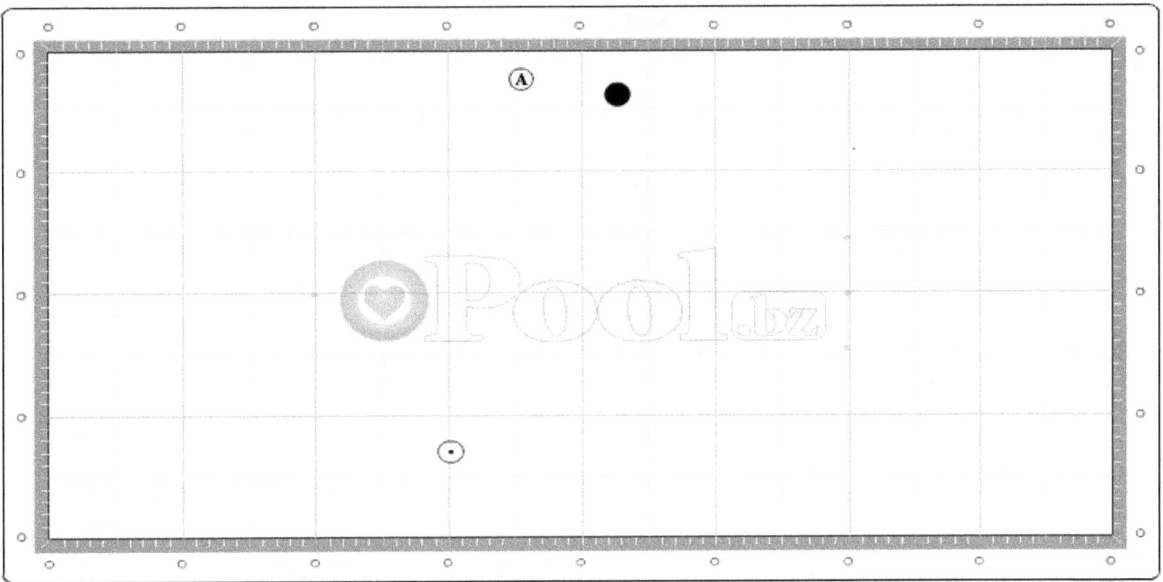

Notizen und Ideen:

Schussmuster

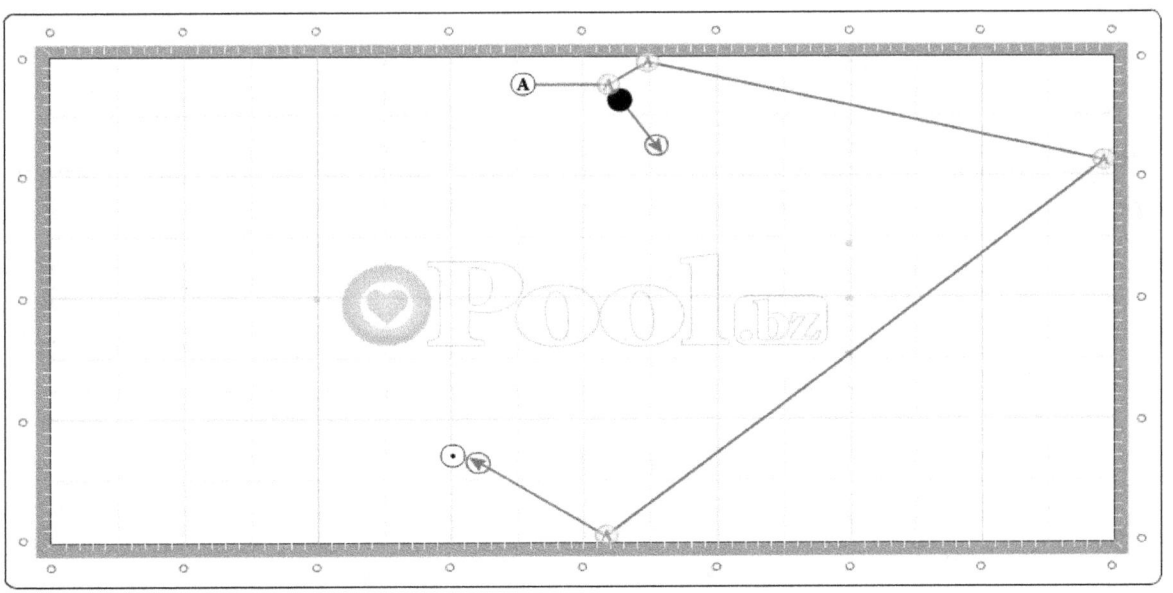

A: Gruppe 4

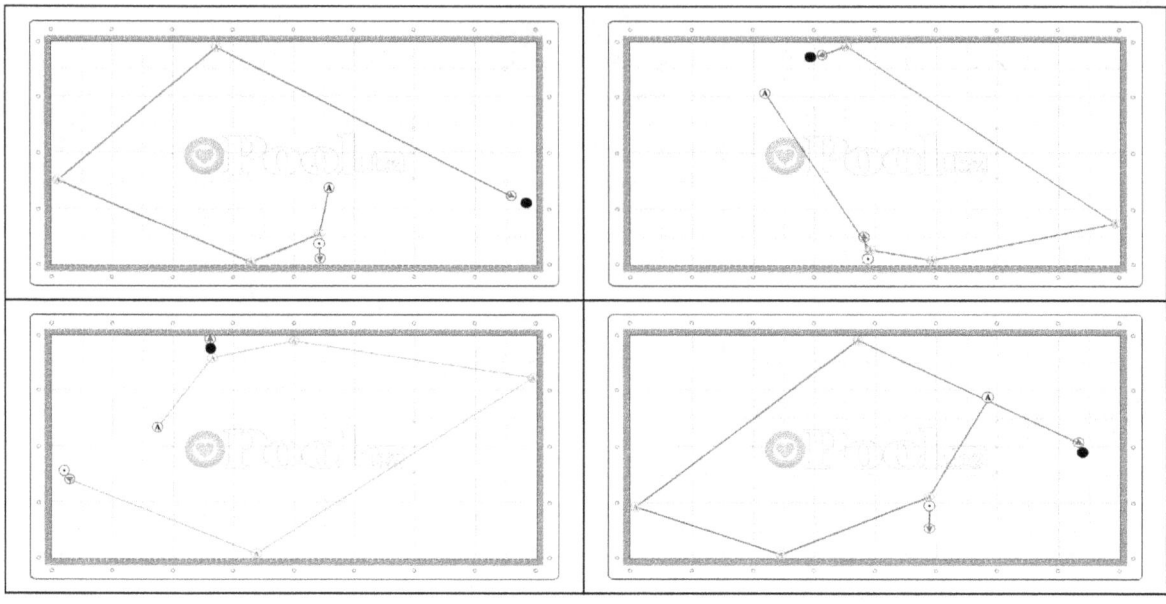

Analyse:

A:4a. _____

A:4b. _____

A:4c. _____

A:4d. _____

A:4a – Konfiguration

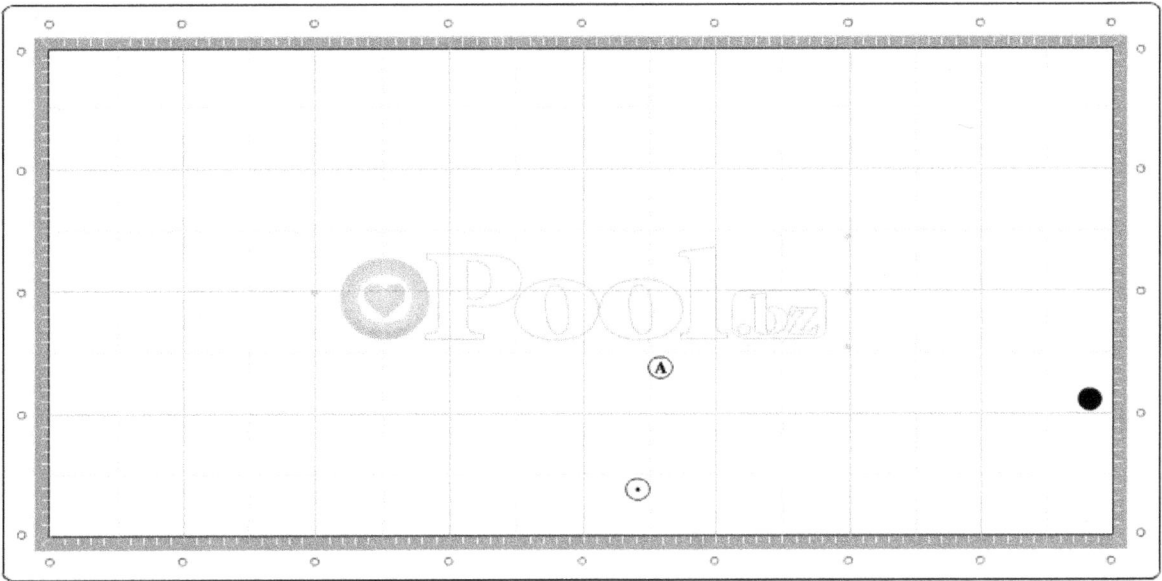

Notizen und Ideen:

Schussmuster

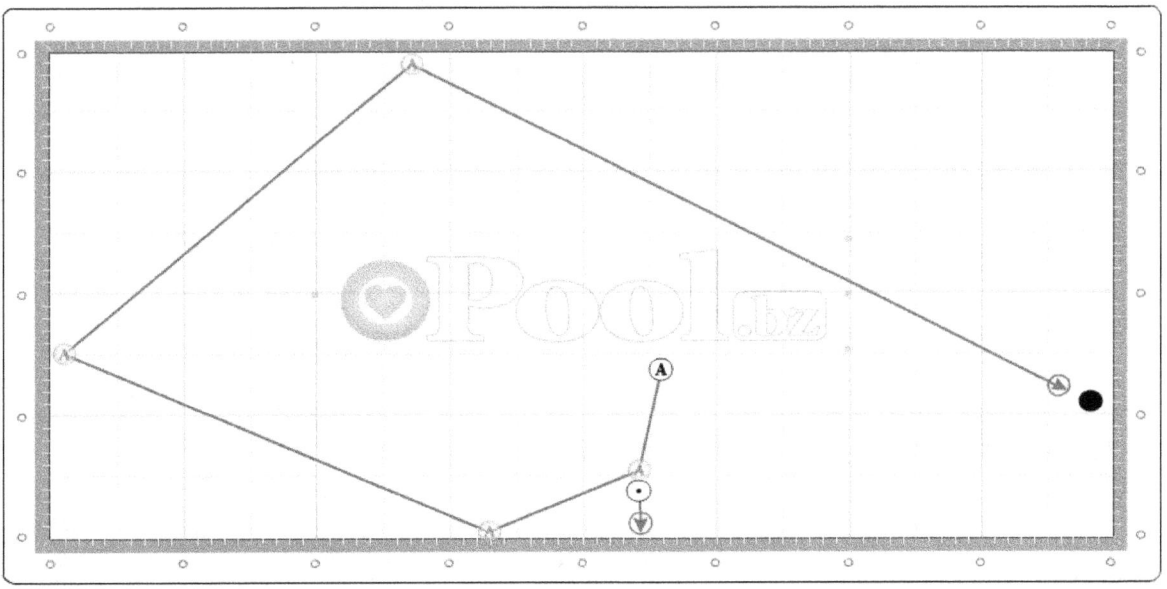

A:4b – Konfiguration

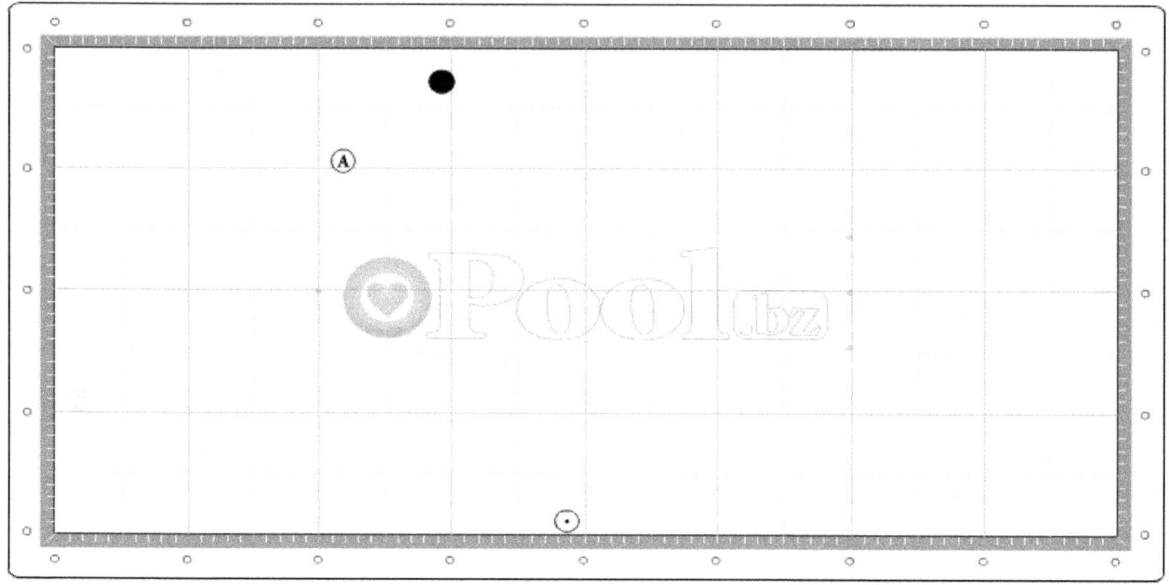

Notizen und Ideen:

Schussmuster

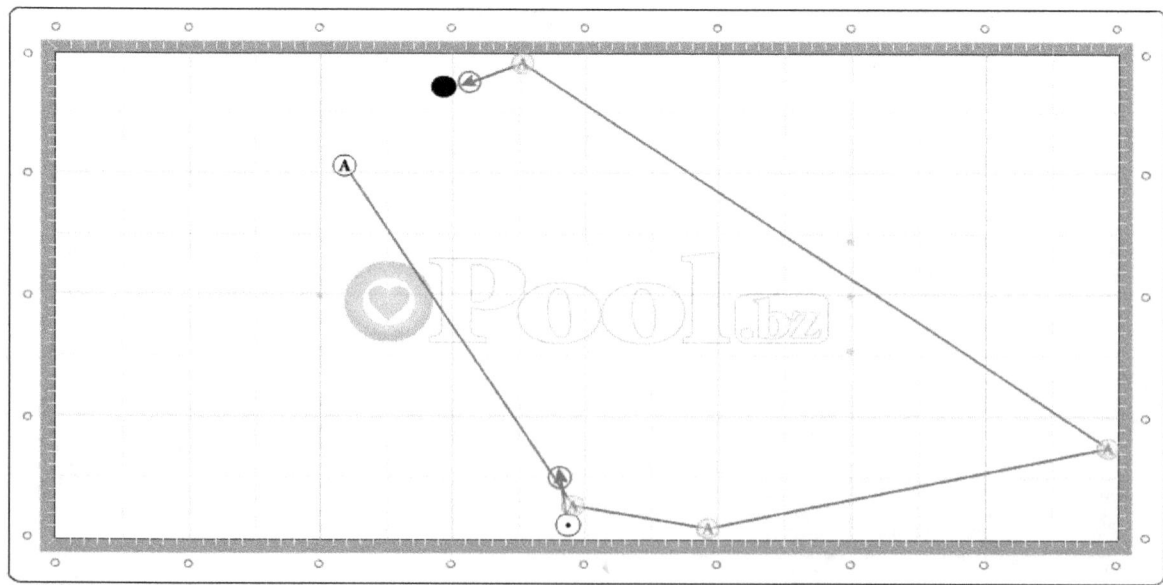

A:4c – Konfiguration

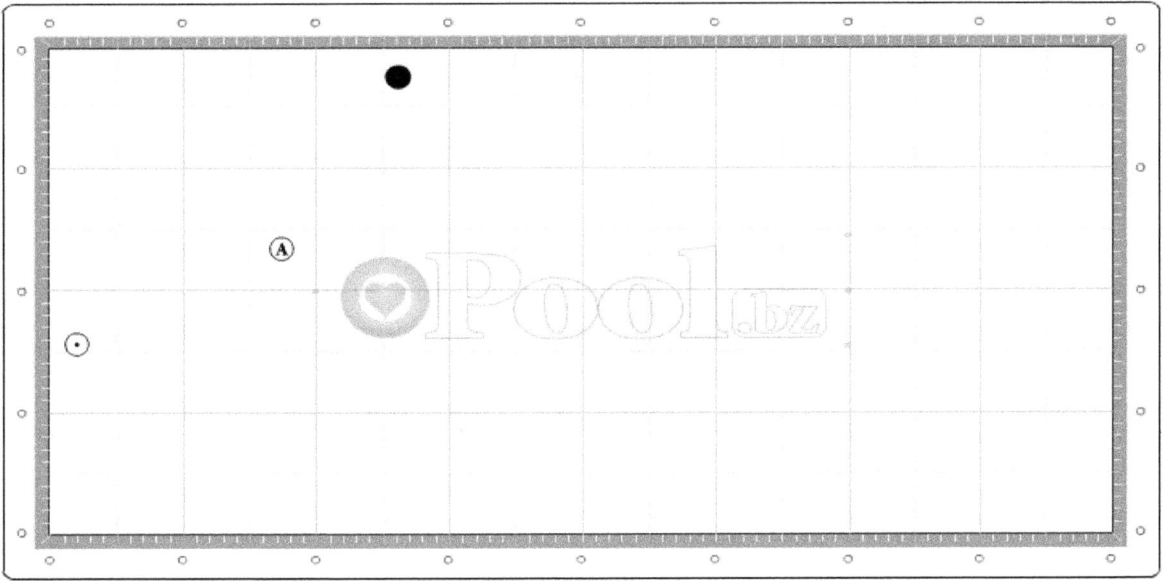

Notizen und Ideen:

Schussmuster

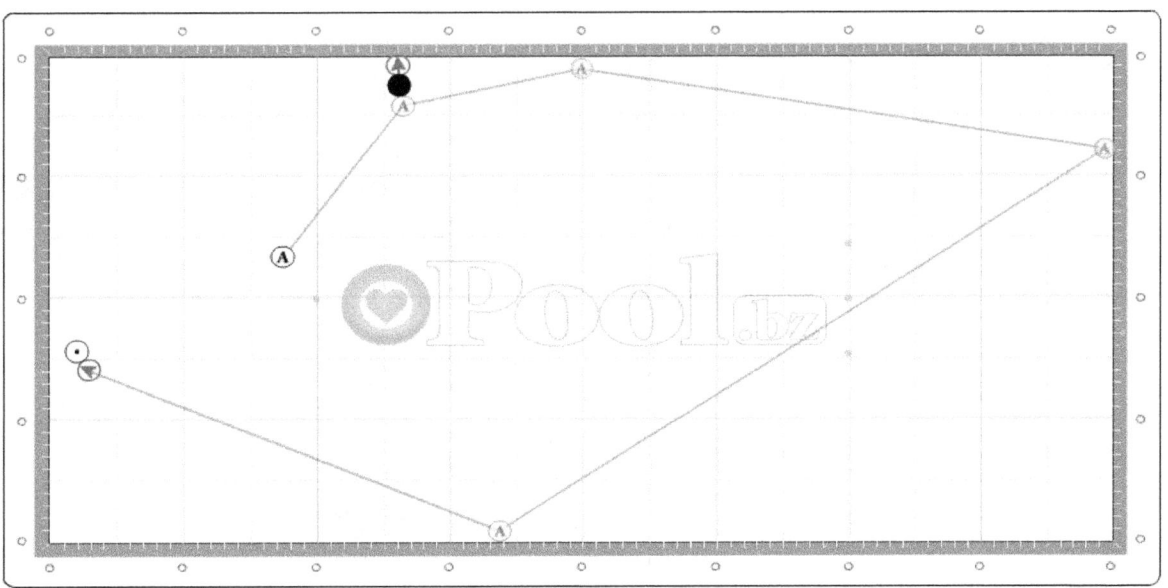

A:4d – Konfiguration

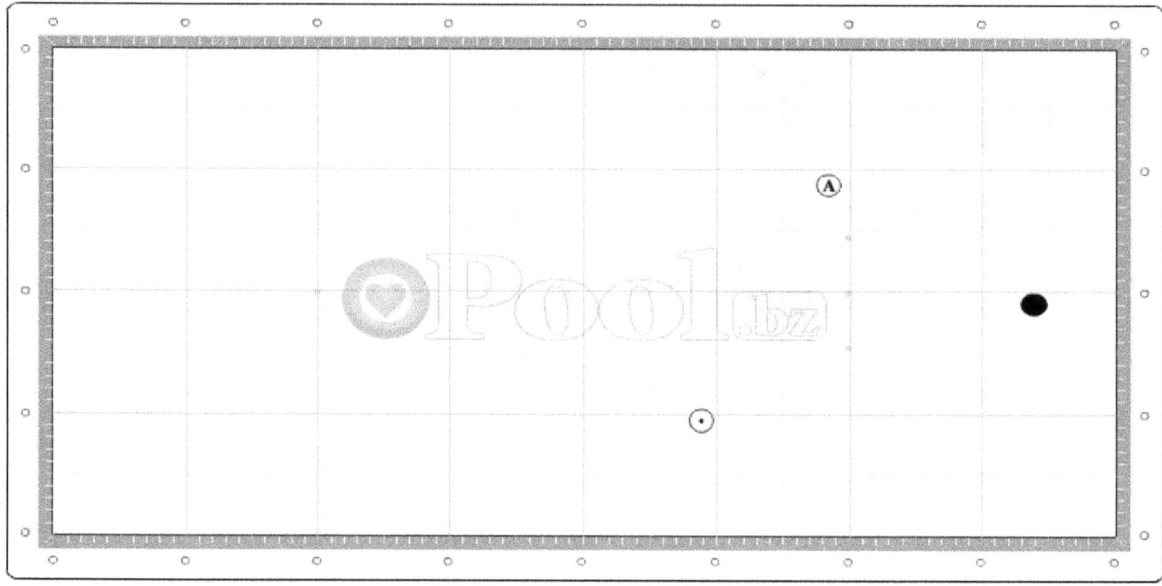

Notizen und Ideen:

Schussmuster

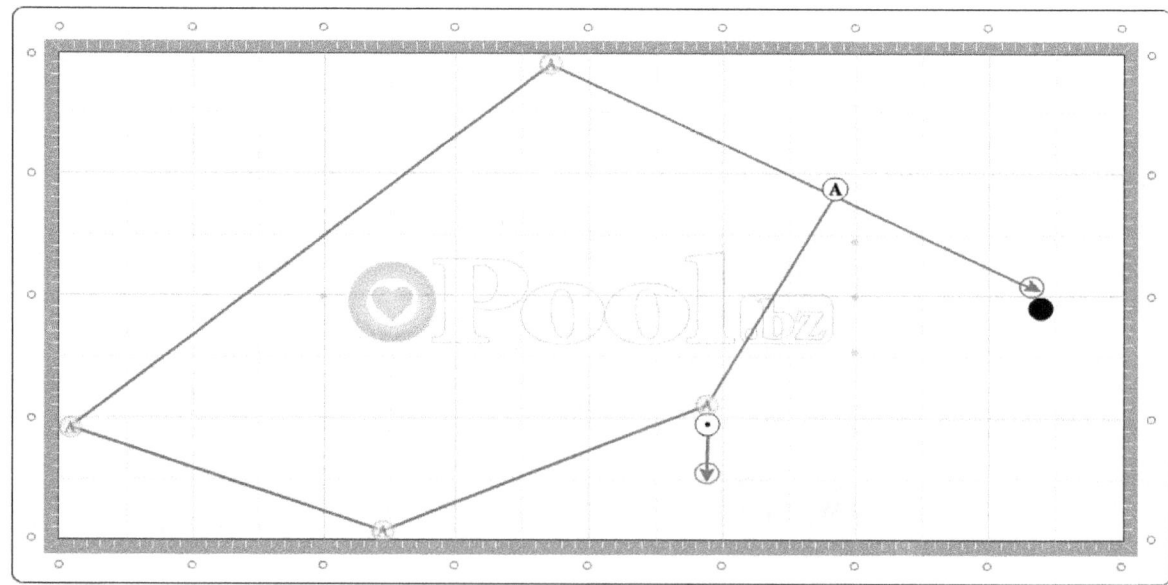

A: Gruppe 5

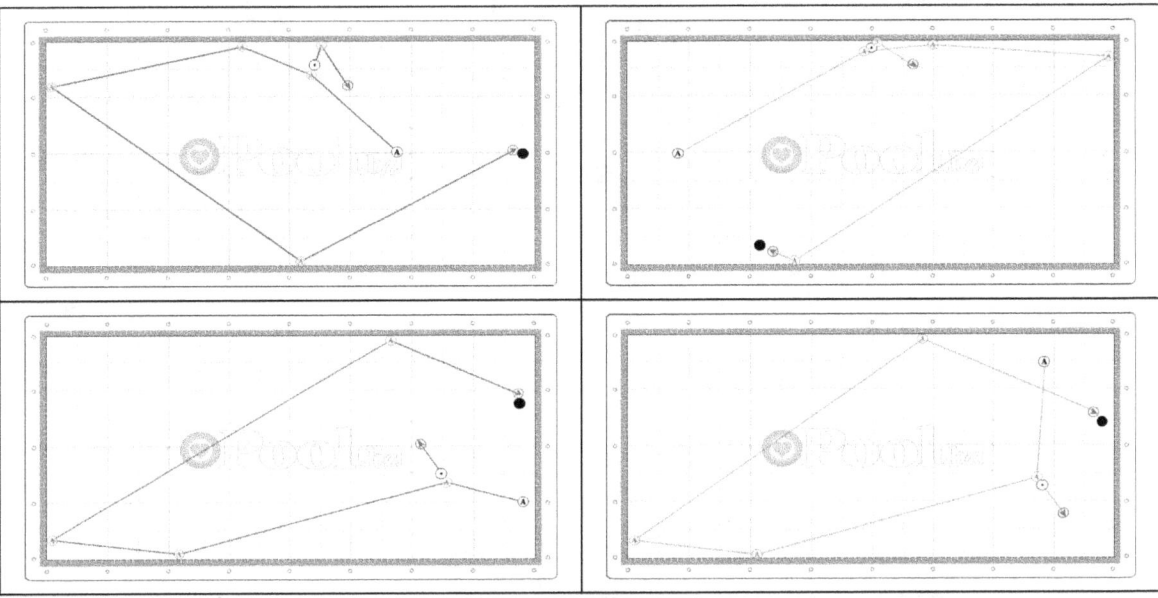

Analyse:

A:5a. _____

A:5b. _____

A:5c. _____

A:5d. _____

A:5a – Konfiguration

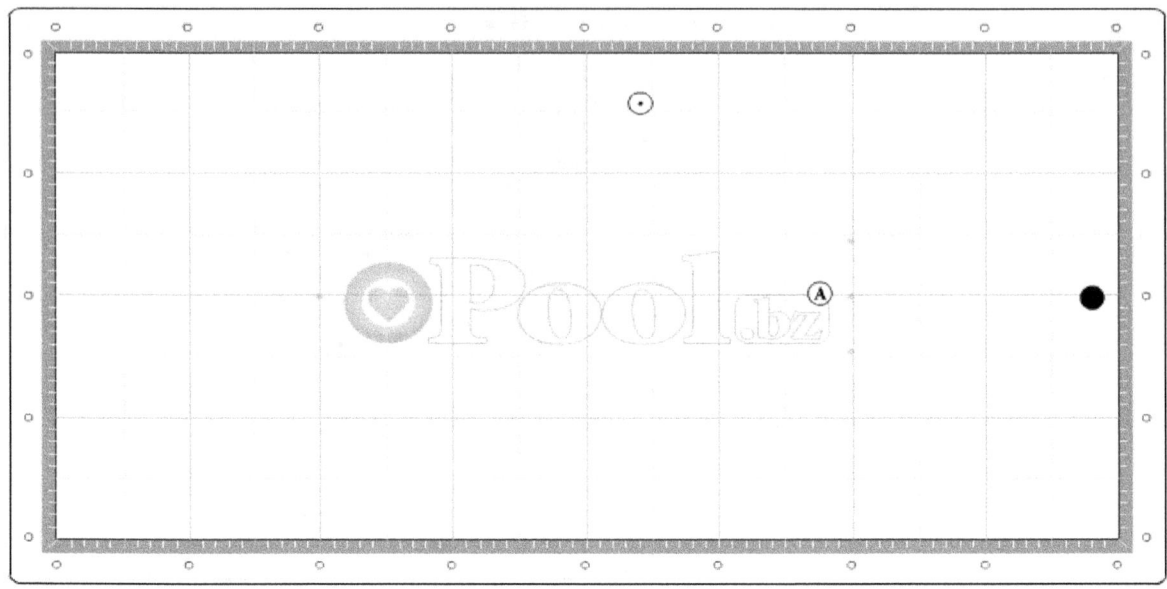

Notizen und Ideen:

Schussmuster

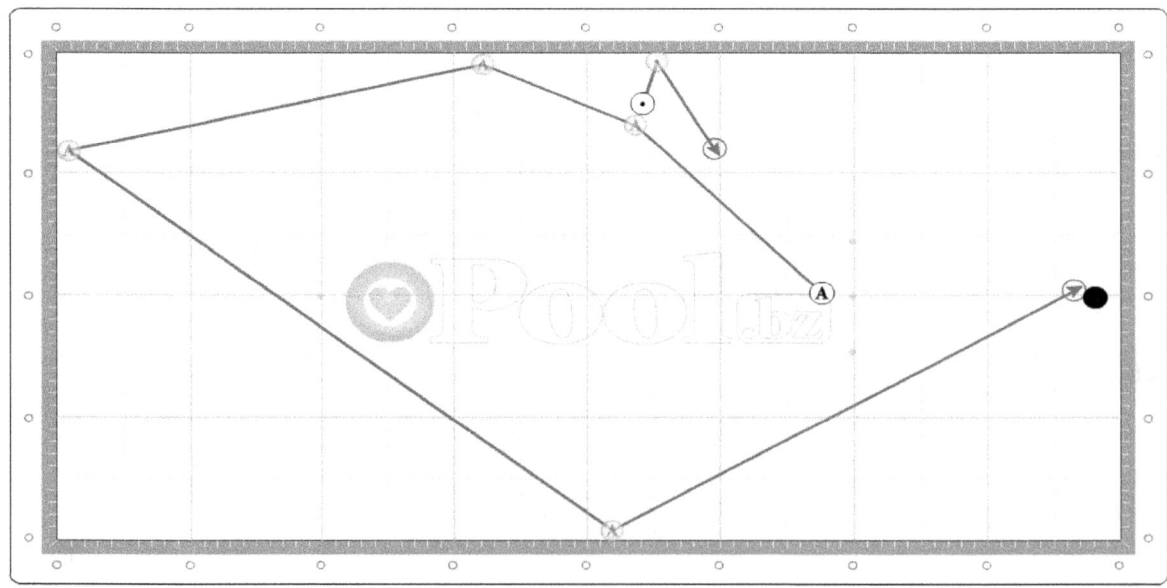

A:5b – Konfiguration

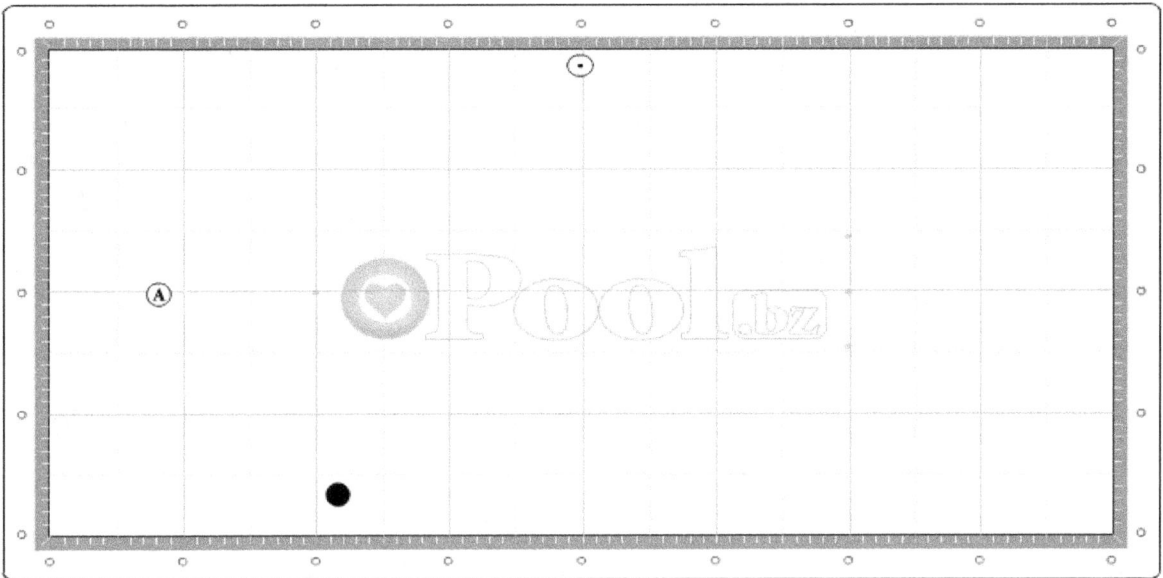

Notizen und Ideen:

Schussmuster

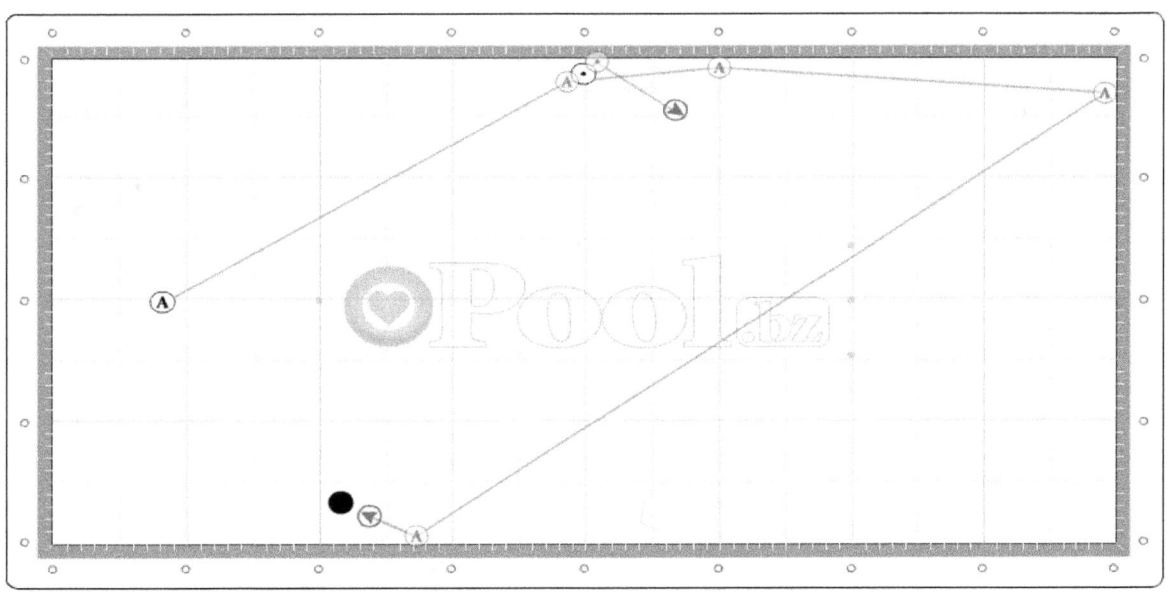

A:5c – Konfiguration

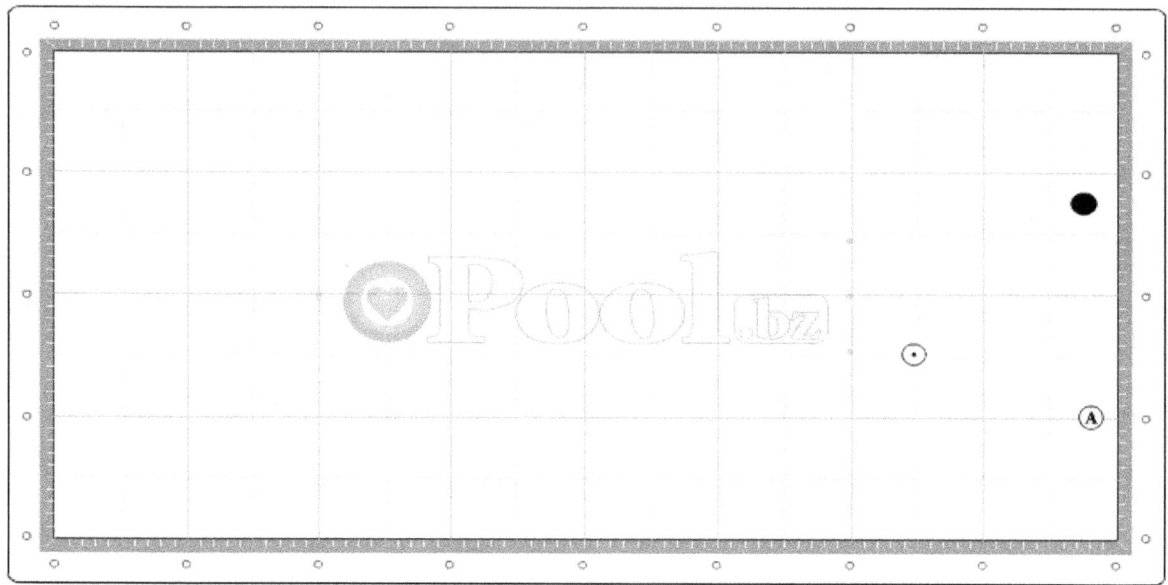

Notizen und Ideen:

Schussmuster

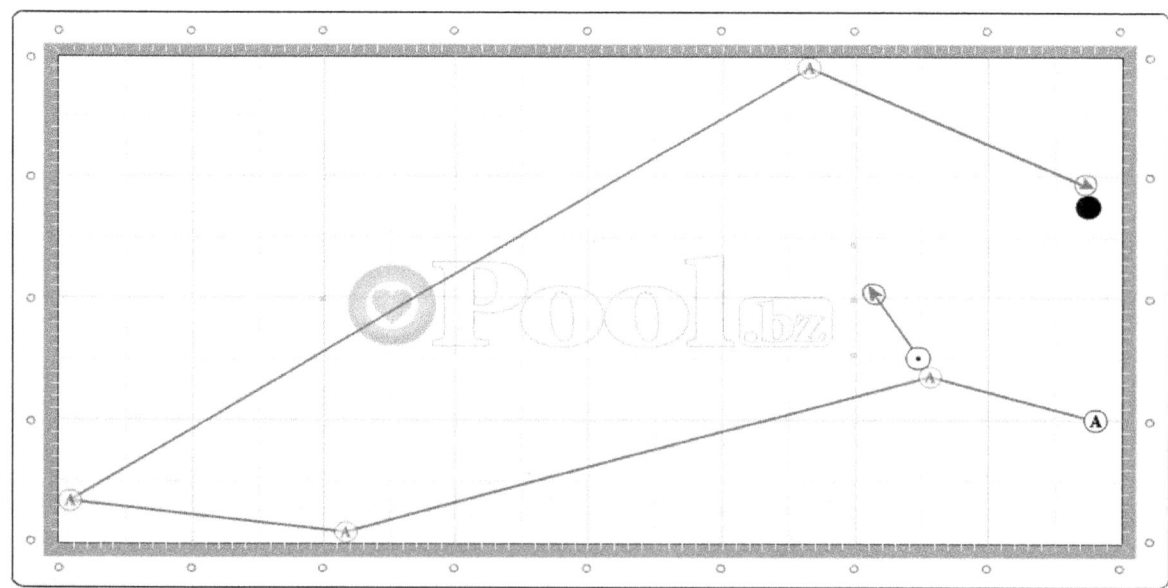

A:5d – Konfiguration

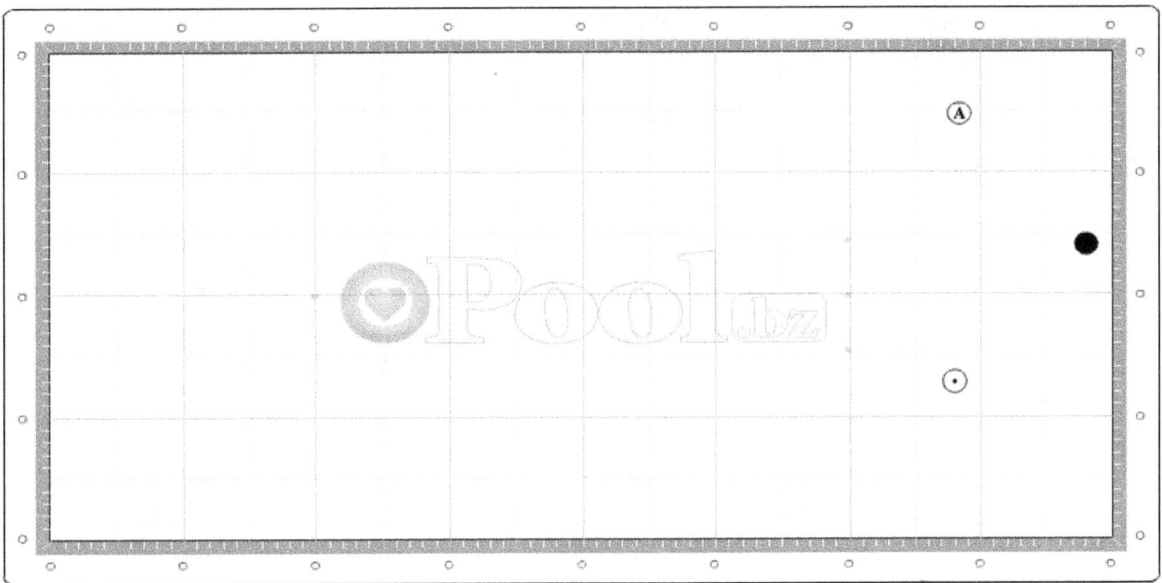

Notizen und Ideen:

Schussmuster

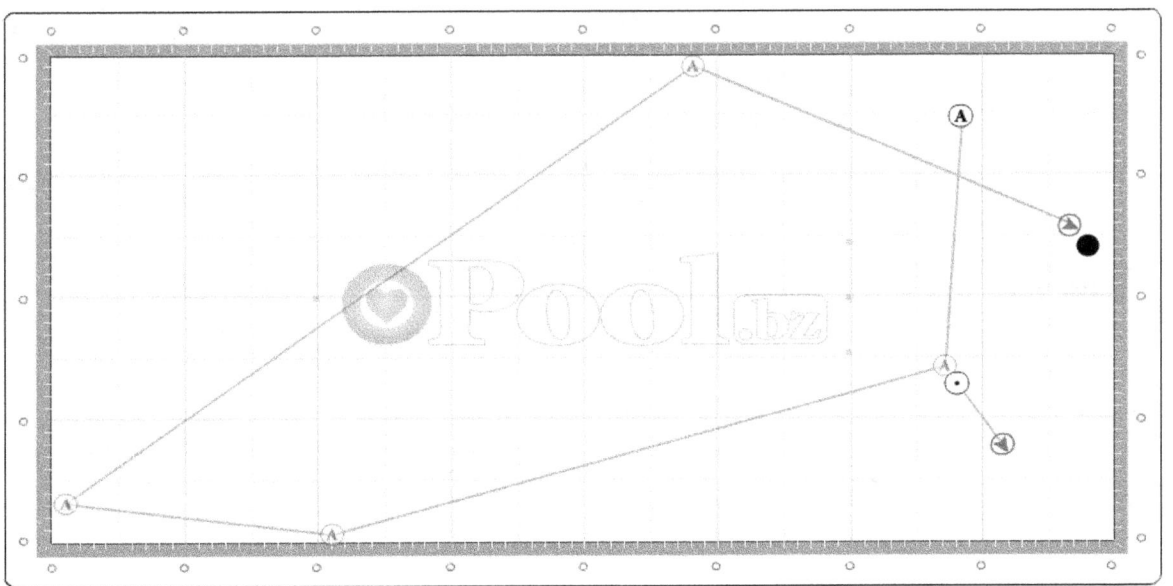

B: Vollkreis (kurzes band)

Der (CB) kommt vom ersten (OB) und in ein kurzes band. Der (CB) geht dann in das lange band und in das gegenüberliegende kurze band.

Ⓐ (CB) (Ihre Billardkugel) - ⊙ (OB) (Gegner Billardkugel) - ● (OB) (rote Billardkugel)

B: Gruppe 1

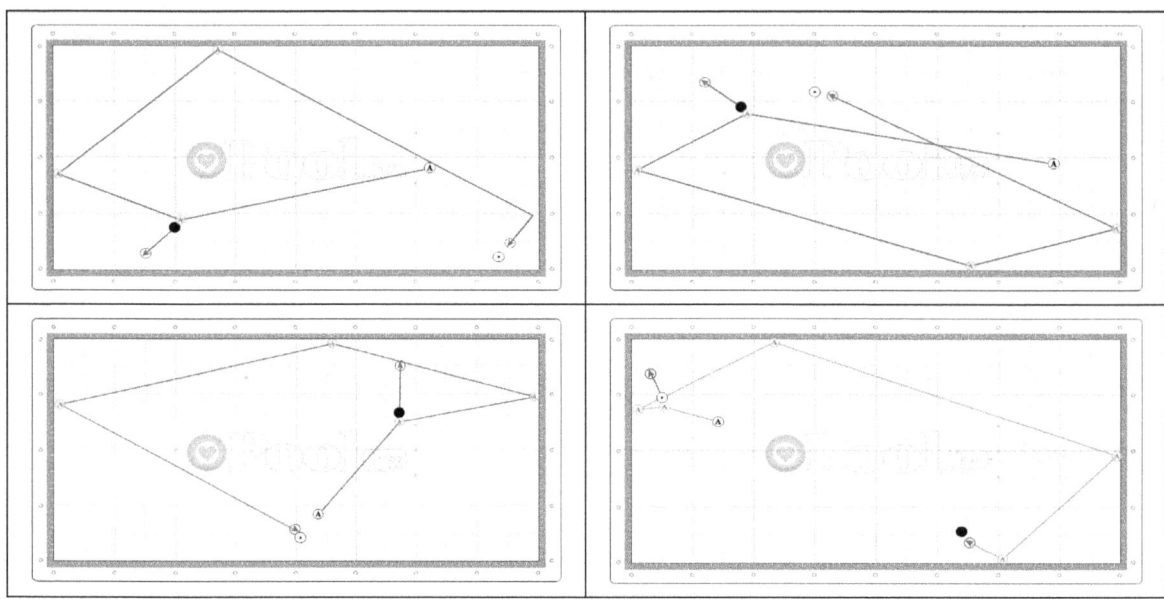

Analyse:

B:1a. _____

B:1b. _____

B:1c. _____

B:1d. _____

B:1a – Konfiguration

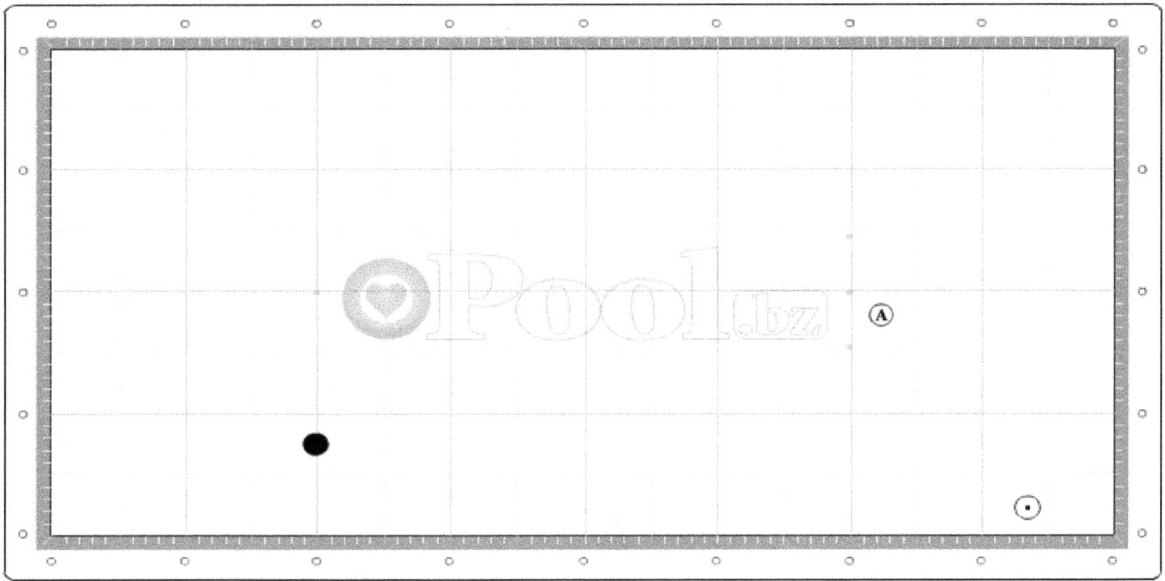

Notizen und Ideen:

Schussmuster

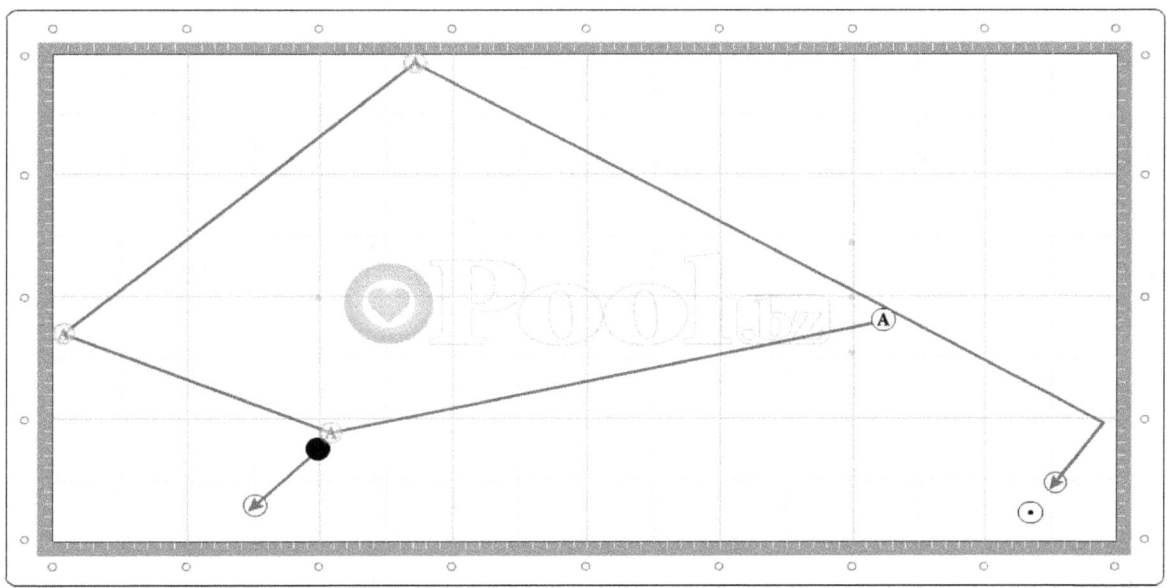

B:1b – Konfiguration

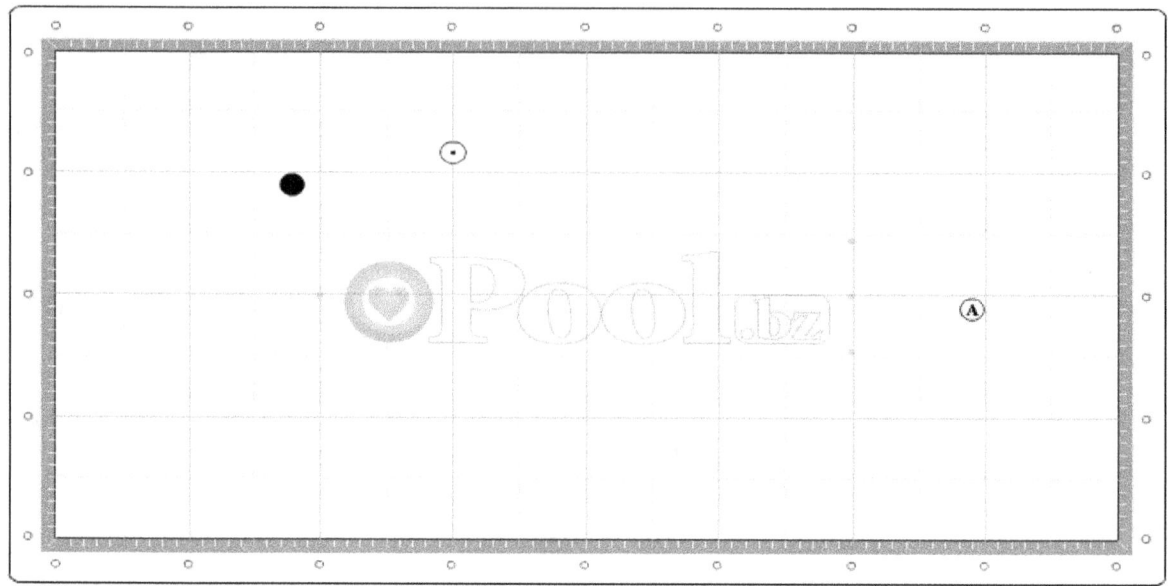

Notizen und Ideen:

Schussmuster

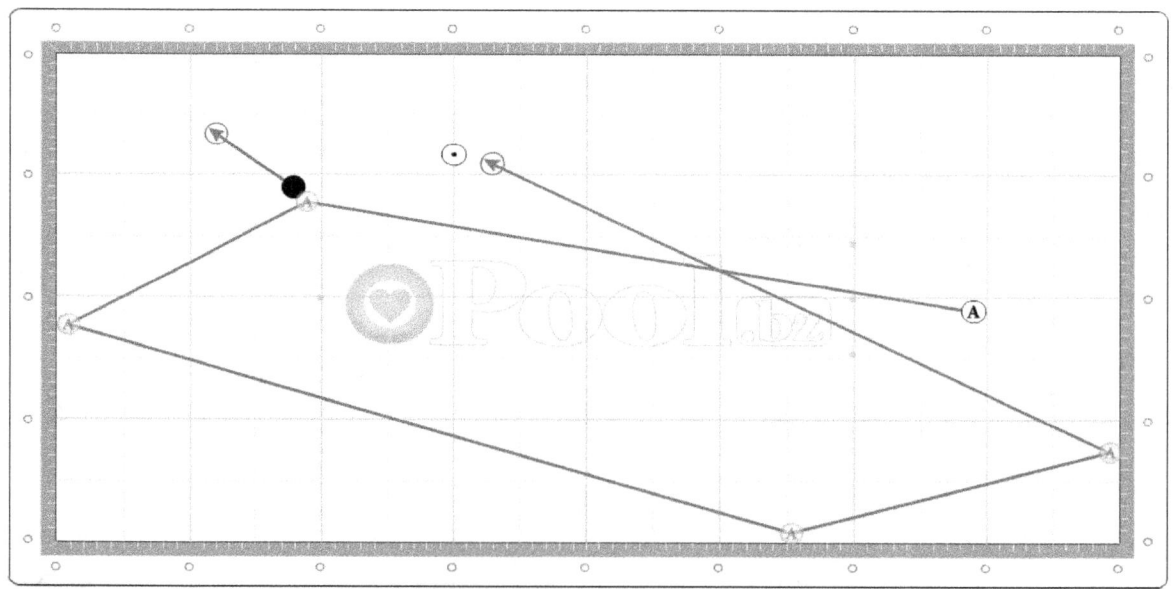

B:1c – Konfiguration

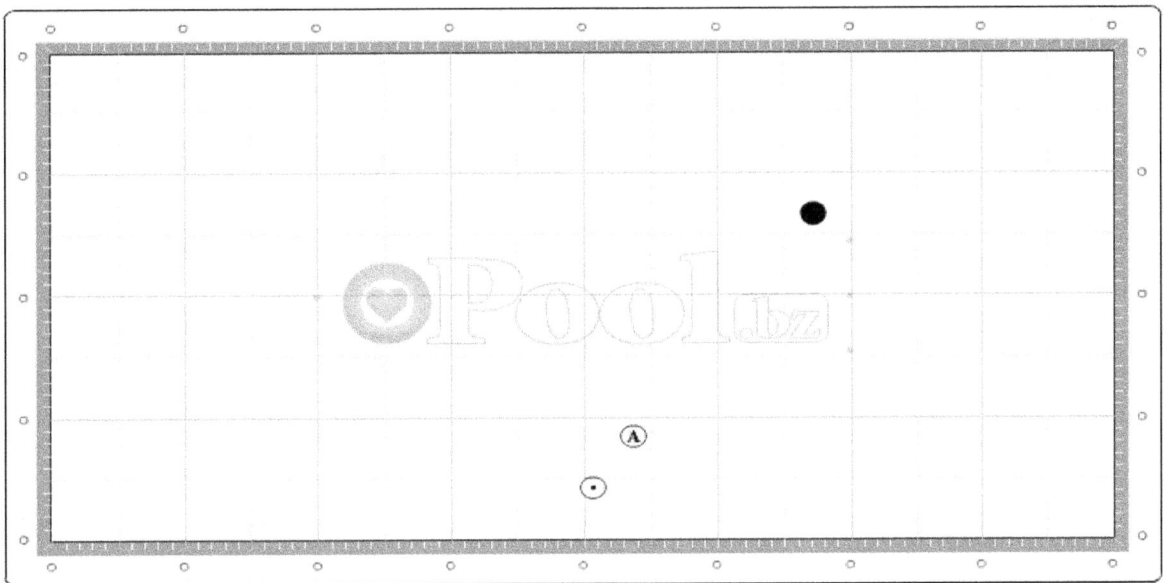

Notizen und Ideen:

Schussmuster

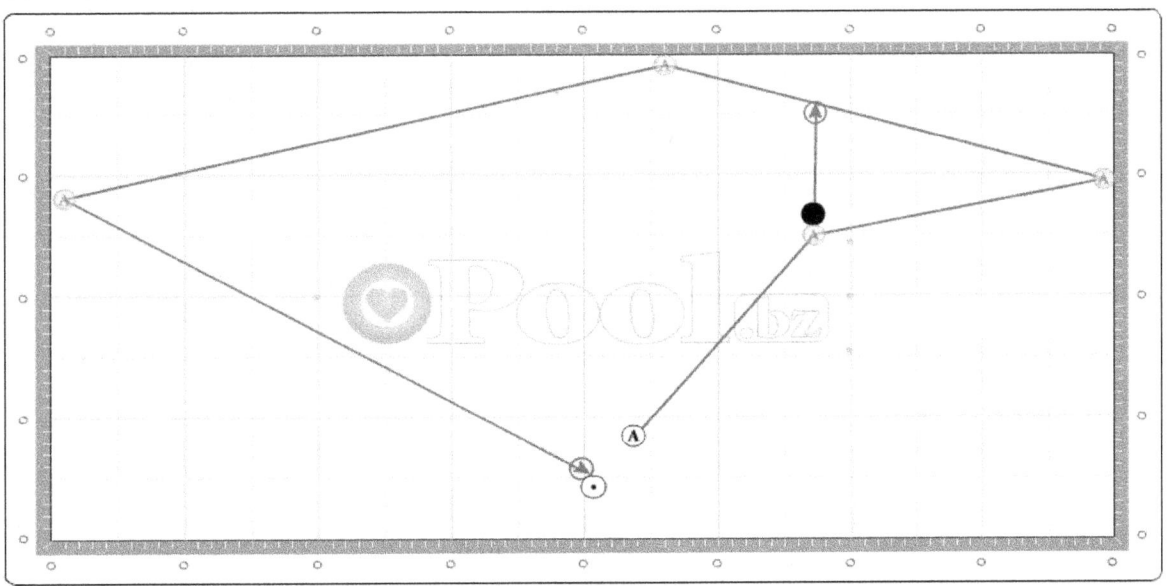

B:1d – Konfiguration

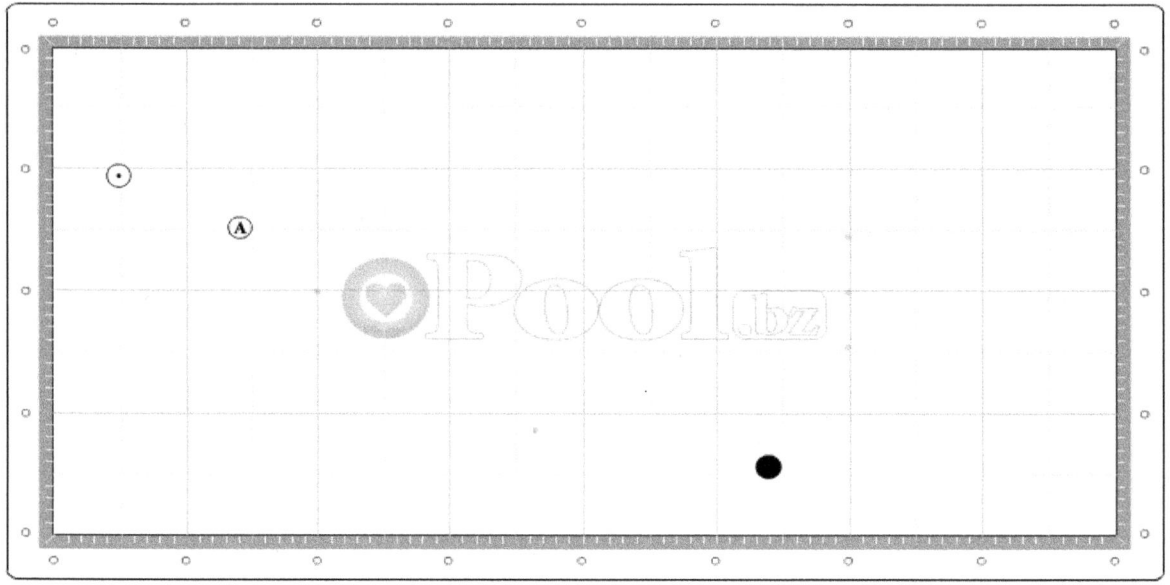

Notizen und Ideen:

Schussmuster

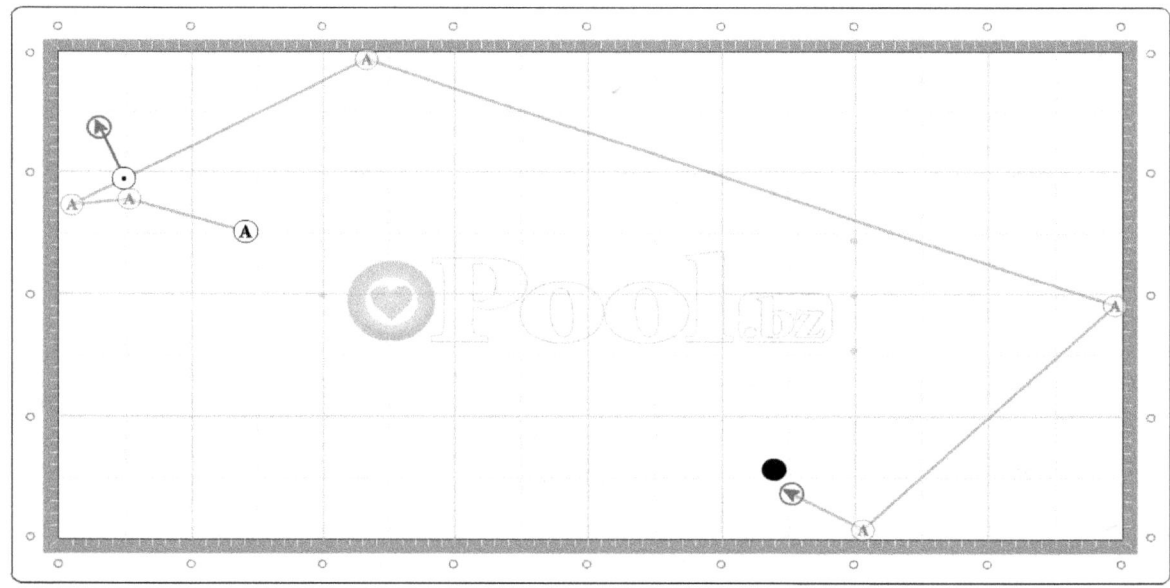

B: Gruppe 2

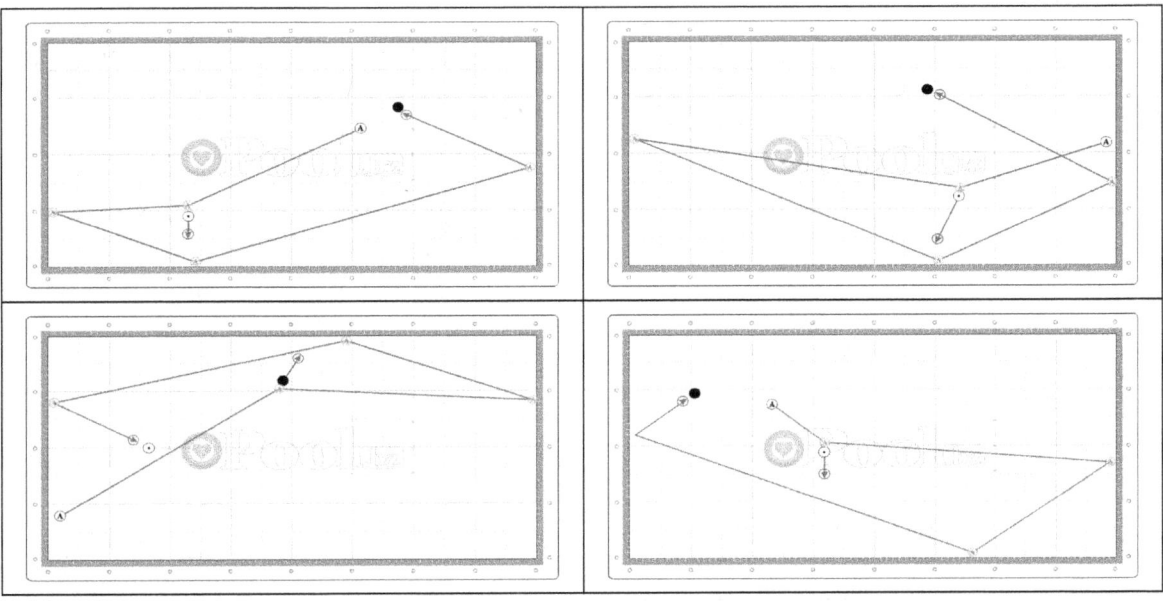

Analyse:

B:2a. _____

B:2b. _____

B:2c. _____

B:2d. _____

B:2a – Konfiguration

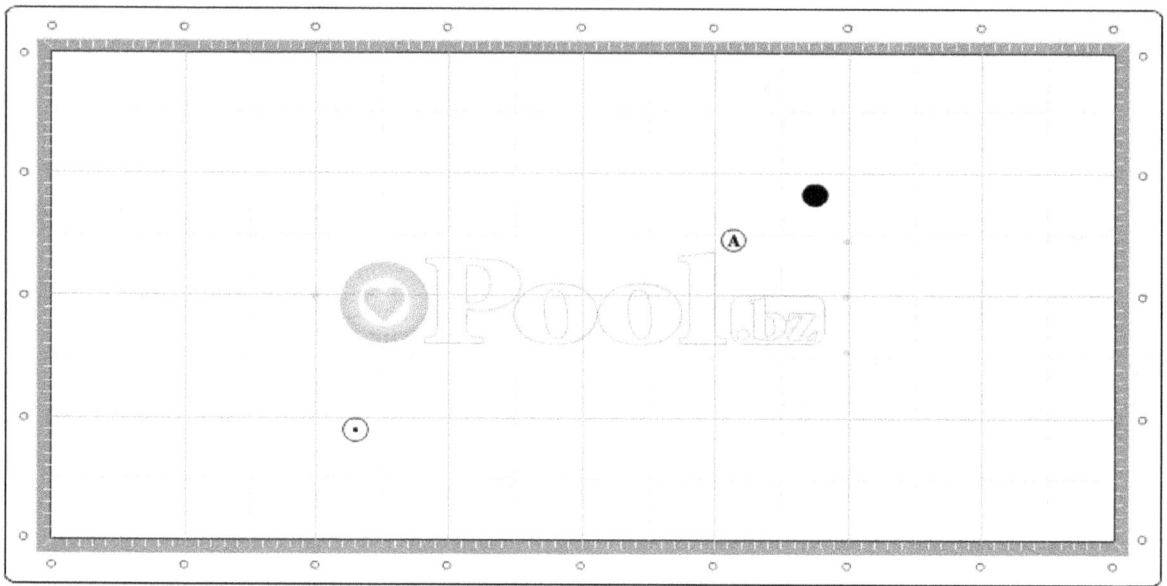

Notizen und Ideen:

Schussmuster

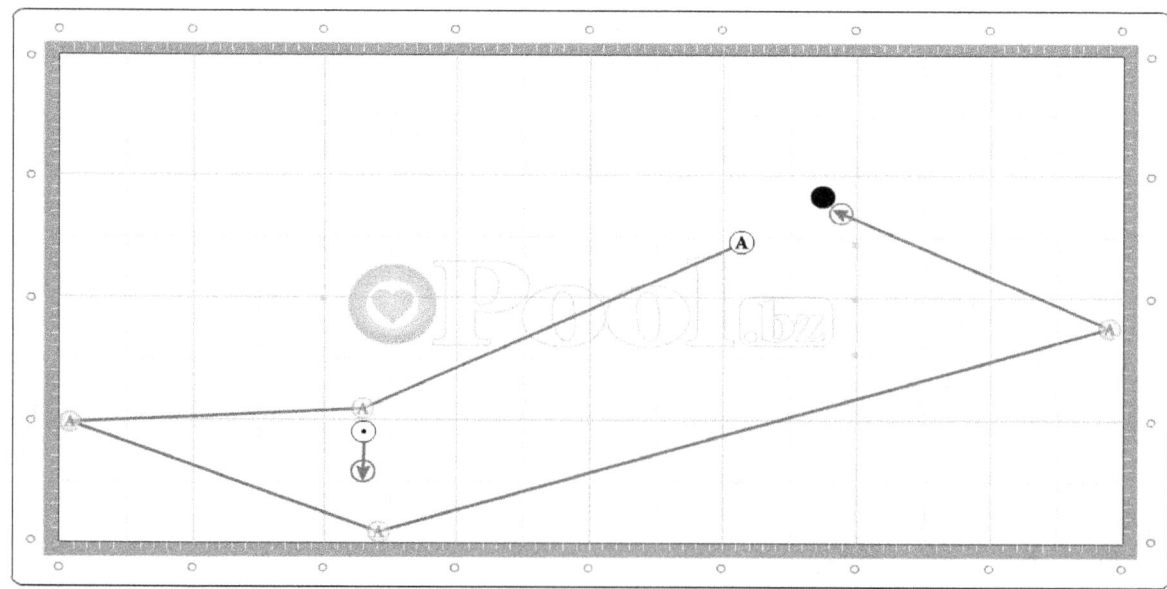

B:2b – Konfiguration

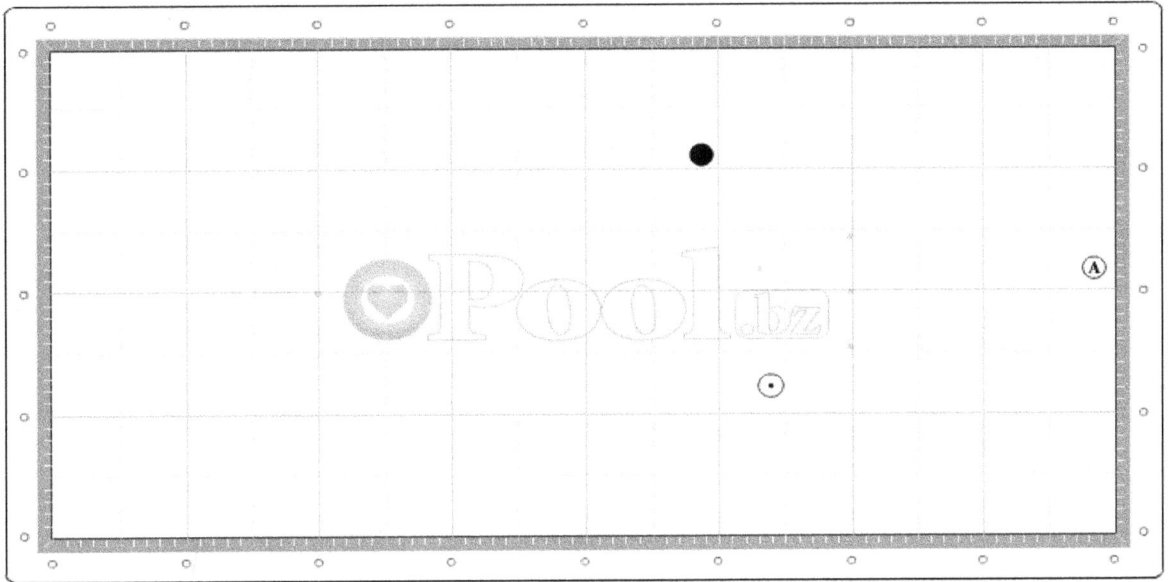

Notizen und Ideen:

Schussmuster

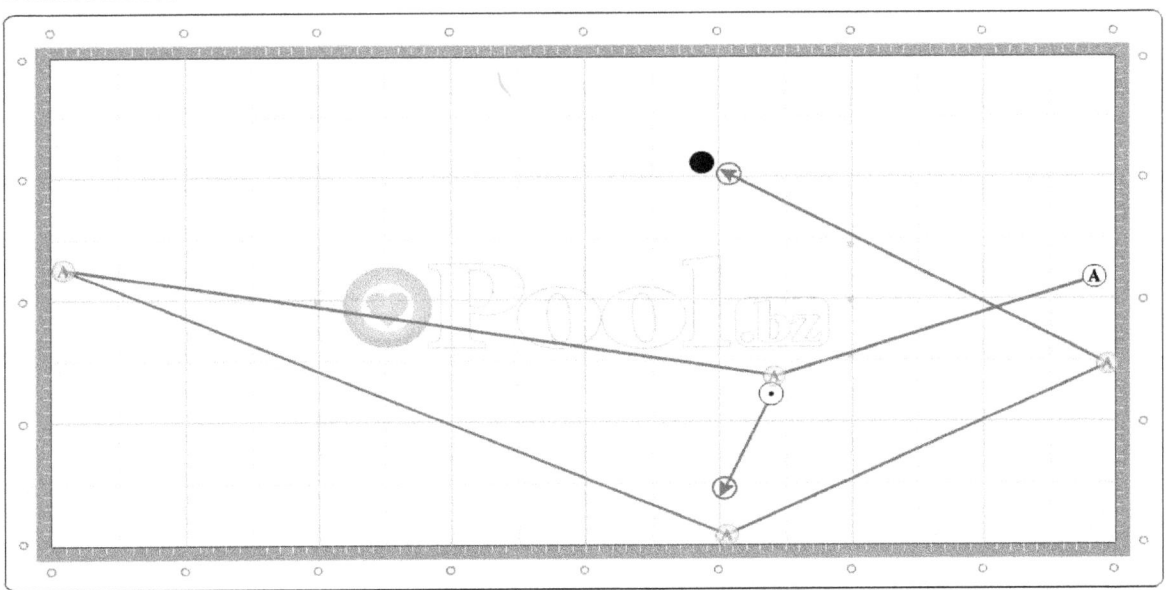

B:2c – Konfiguration

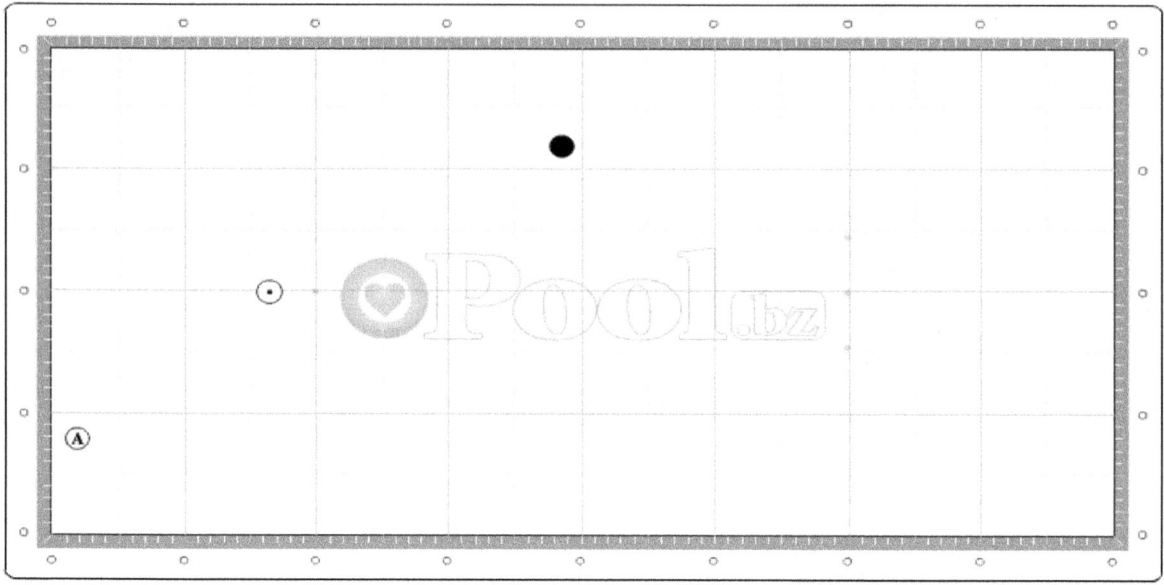

Notizen und Ideen:

Schussmuster

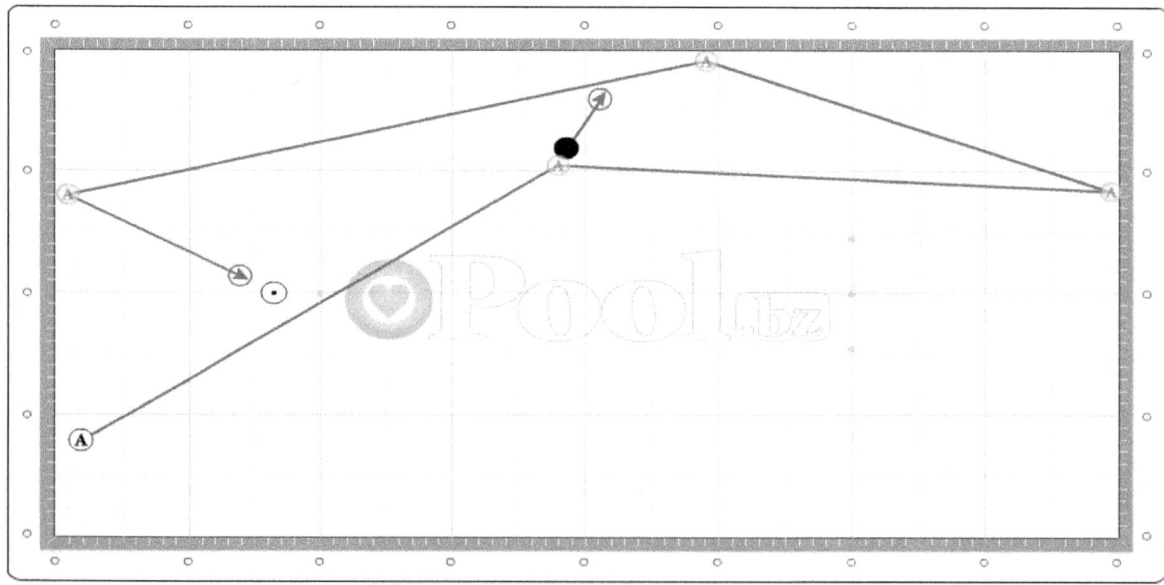

B:2d – Konfiguration

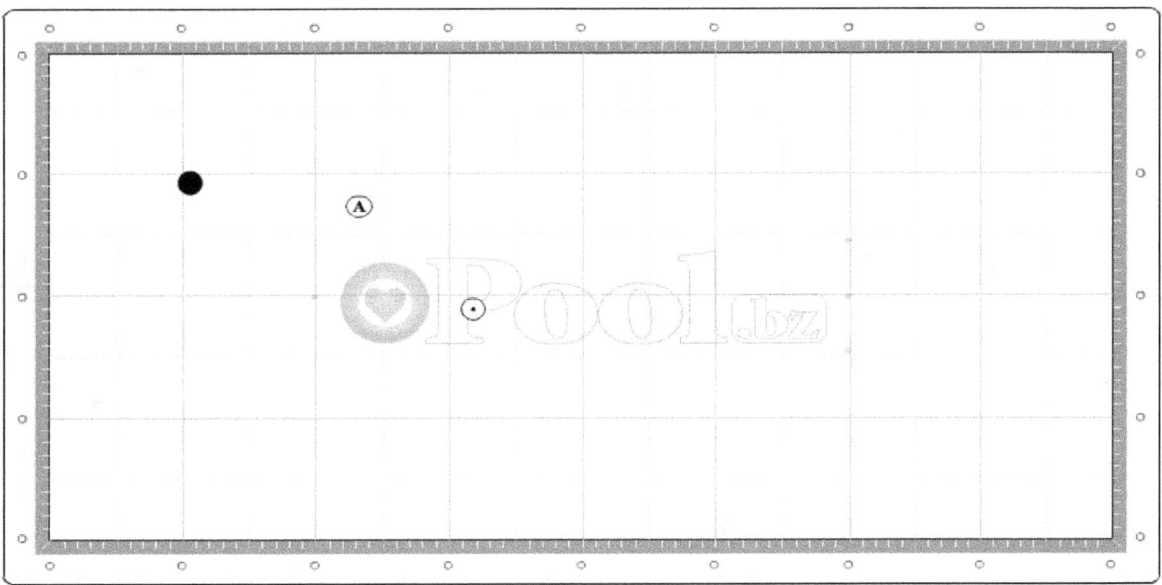

Notizen und Ideen:

Schussmuster

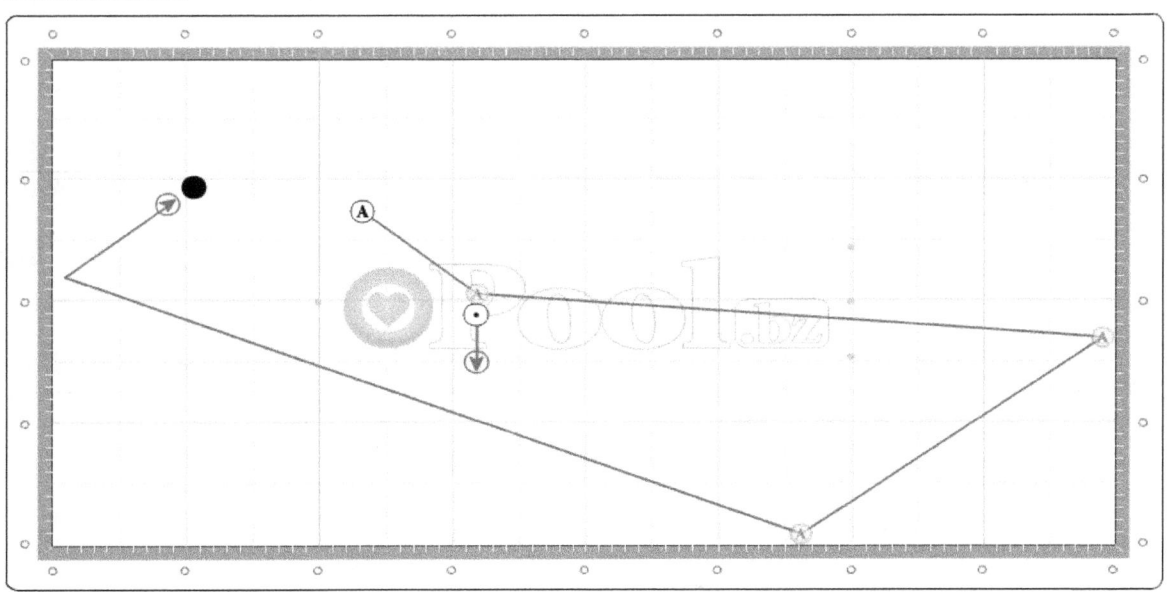

B: Gruppe 3

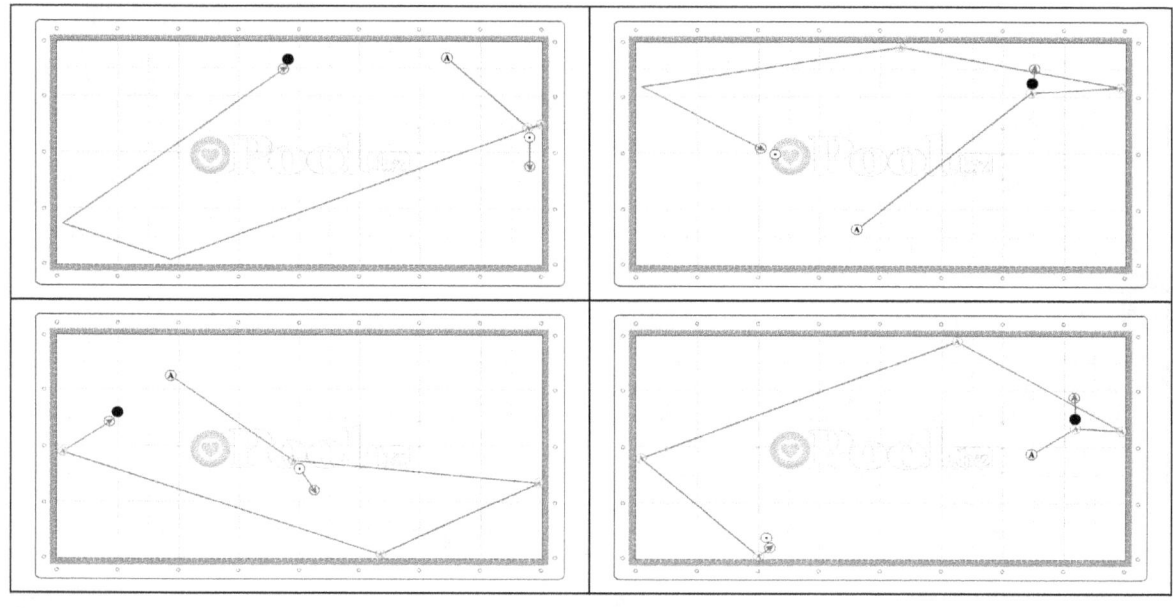

Analyse:

B:3a. _____

B:3b. _____

B:3c. _____

B:3d. _____

B:3a – Konfiguration

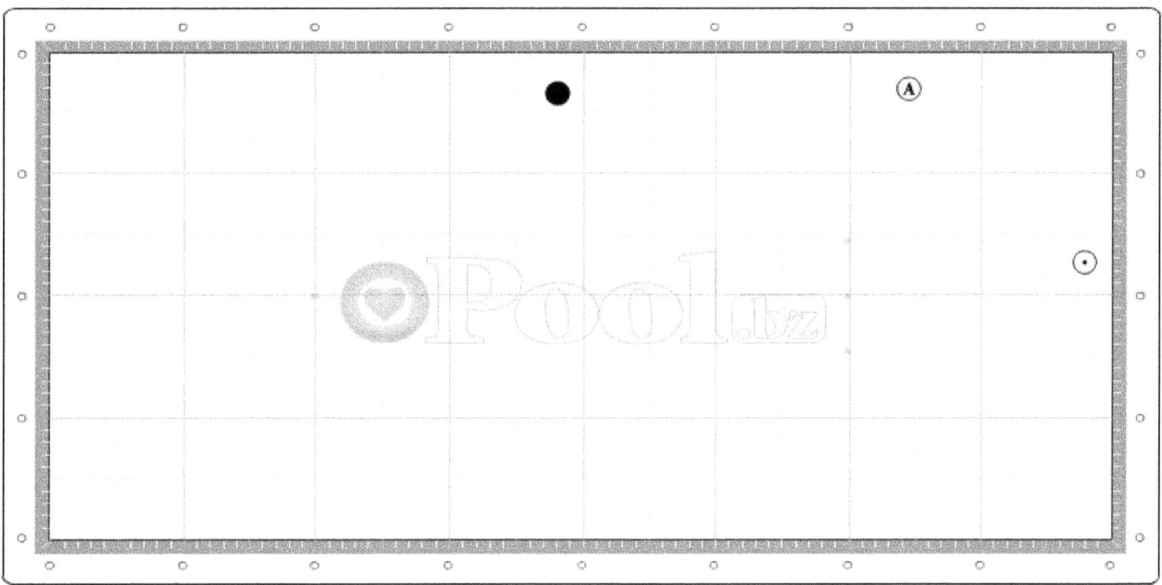

Notizen und Ideen:

Schussmuster

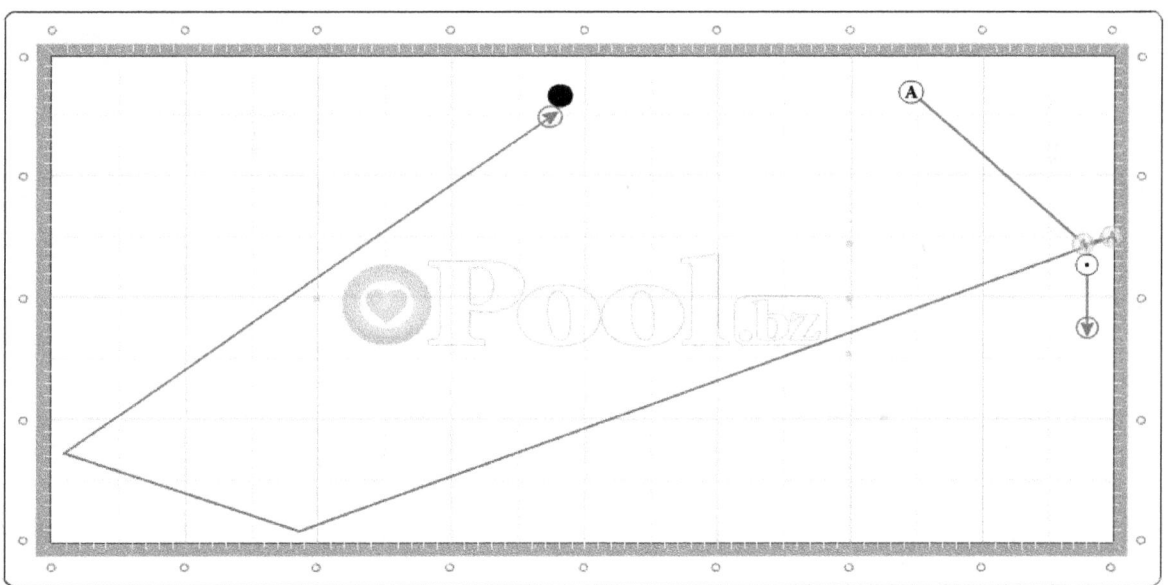

B:3b – Konfiguration

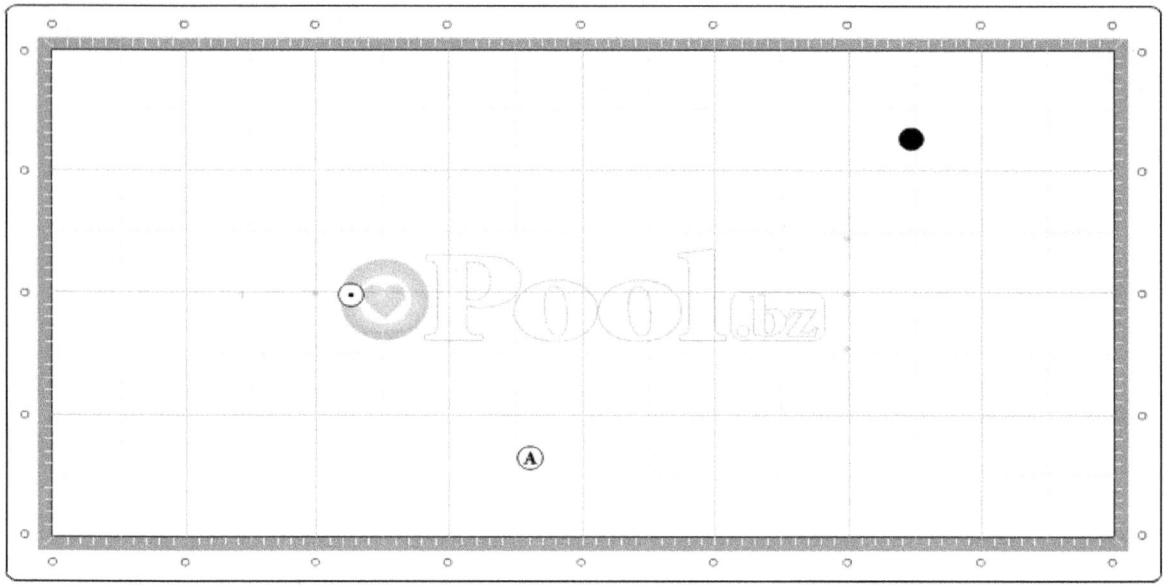

Notizen und Ideen:

Schussmuster

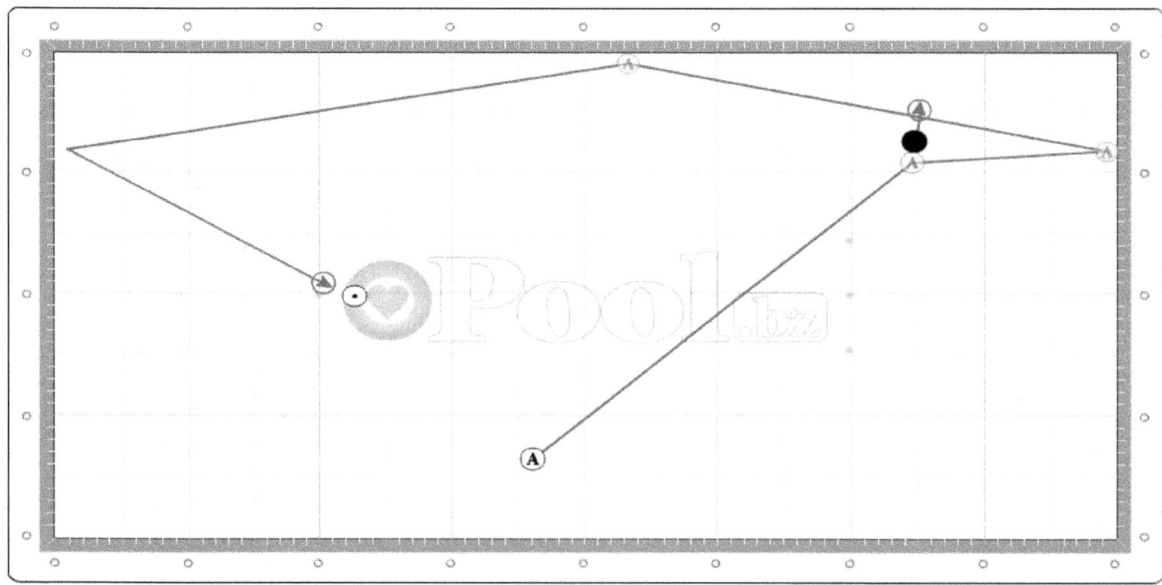

B:3c – Konfiguration

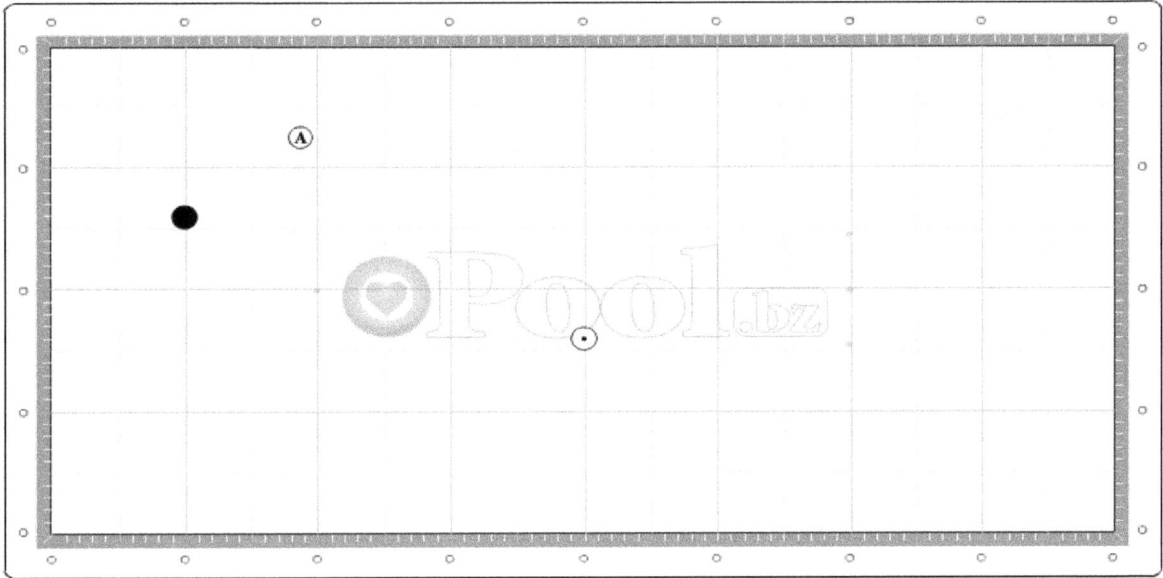

Notizen und Ideen:

Schussmuster

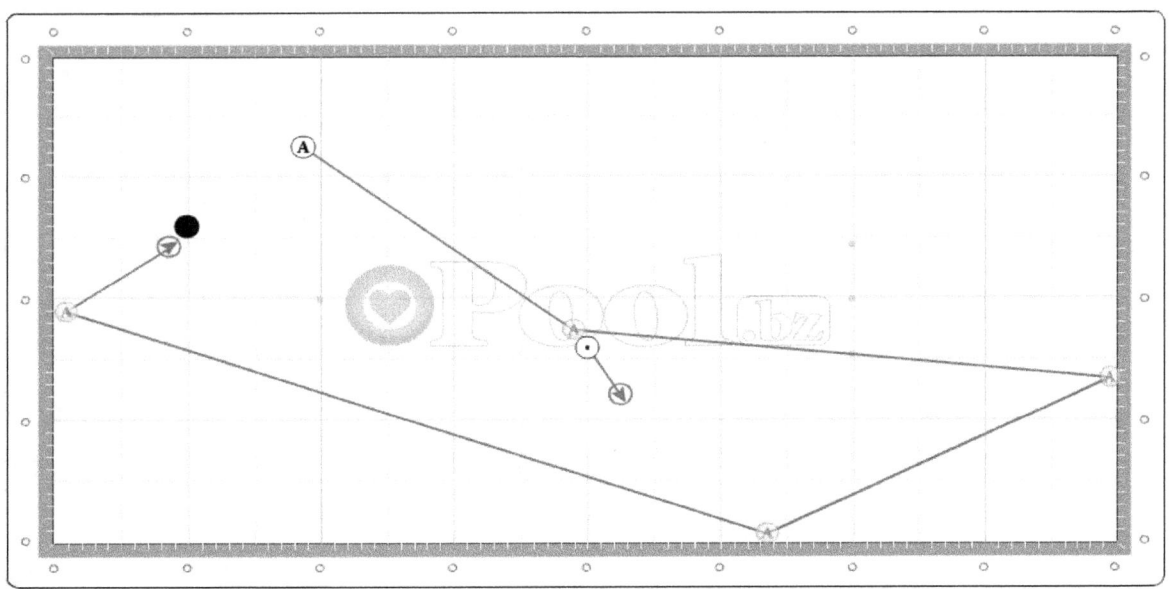

B:3d – Konfiguration

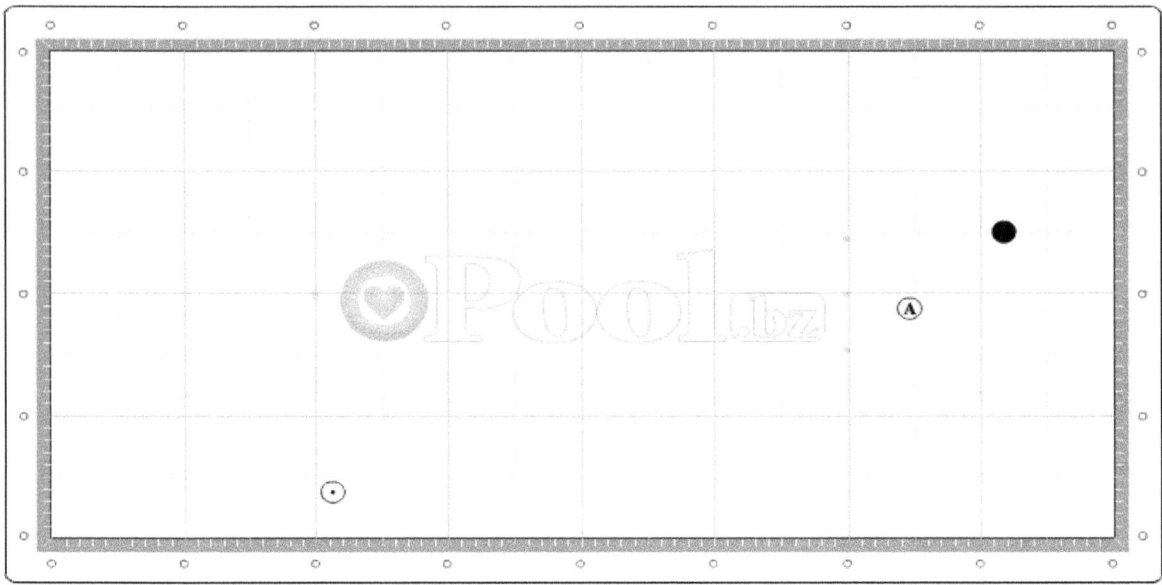

Notizen und Ideen:

Schussmuster

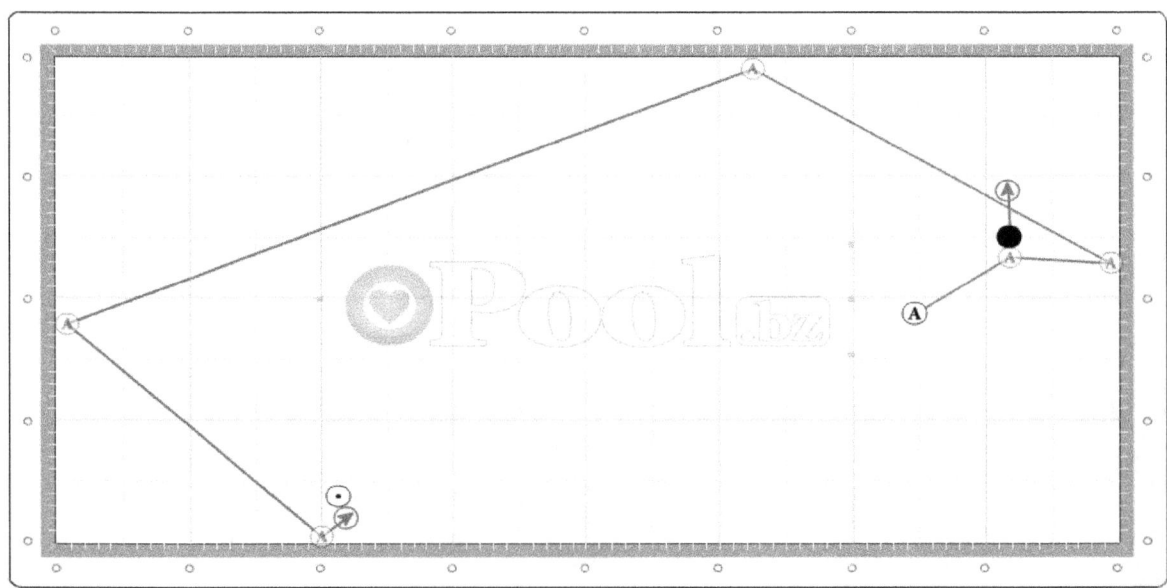

C: Vier band (langes band)

Der (CB) kommt vom ersten (OB) und in das lange band. Es kommt auf das kurze band hinaus. Dann geht der (CB) in das gegenüberliegende lange band. Erst dann geht das (CB) in das andere (OB).

Ⓐ (CB) (Ihre Billardkugel) - ⊙ (OB) (Gegner Billardkugel) - ● (OB) (rote Billardkugel)

C: Gruppe 1

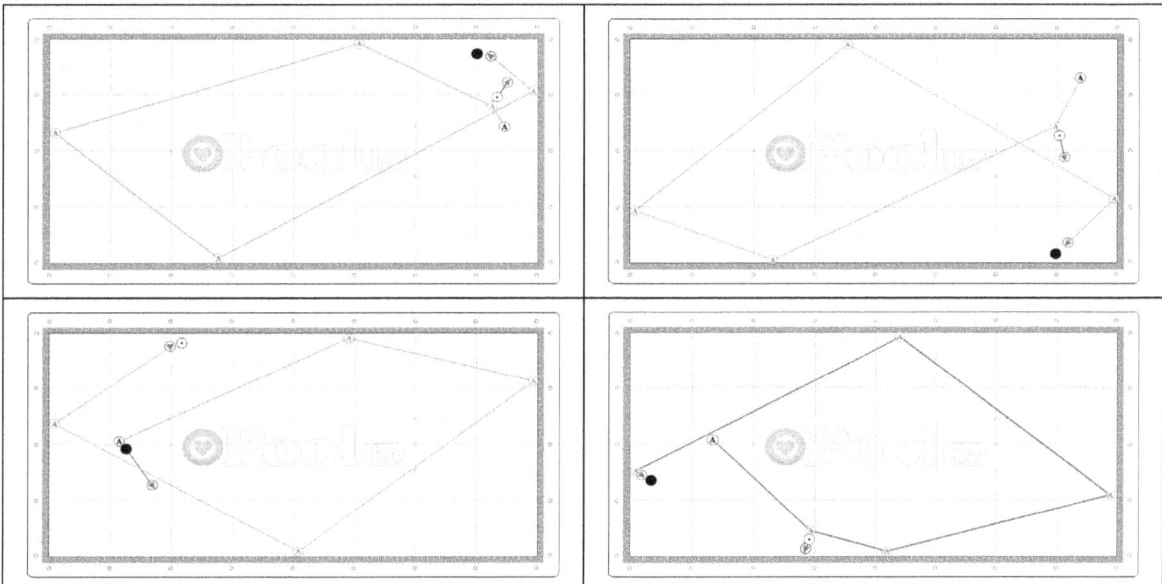

Analyse:

C:1a. _____

C:1b. _____

C:1c. _____

C:1d. _____

C:1a – Konfiguration

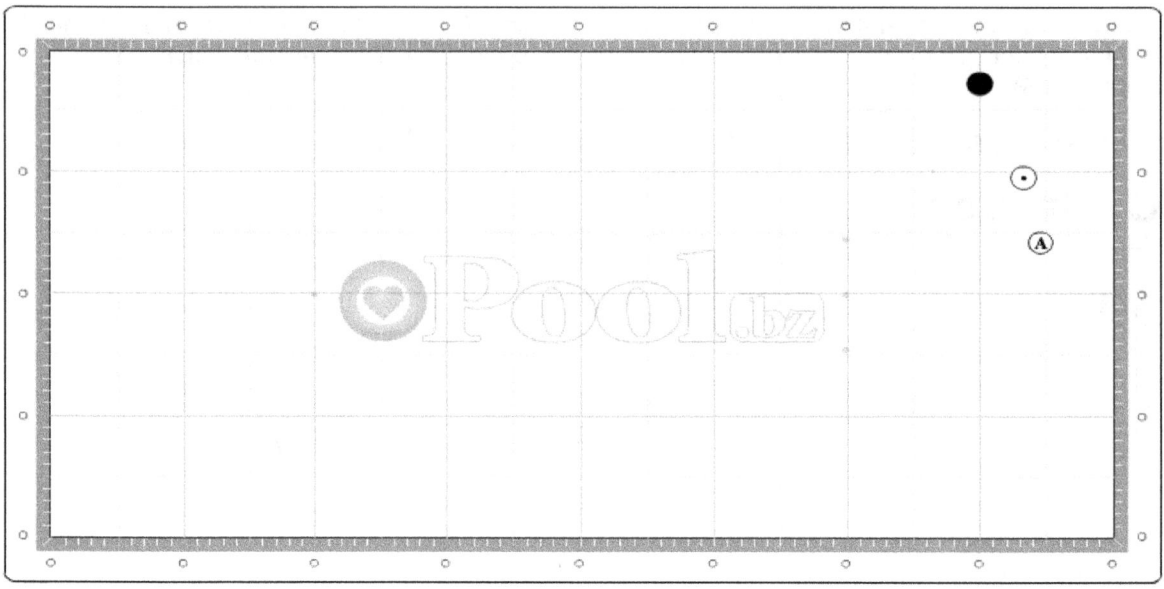

Notizen und Ideen:

Schussmuster

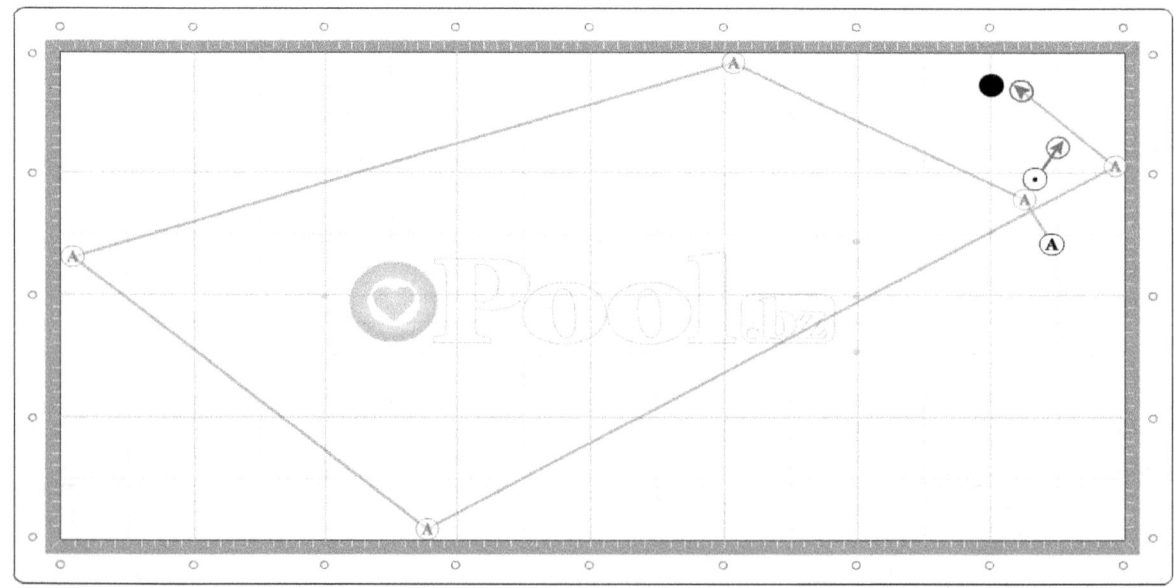

C:1b – Konfiguration

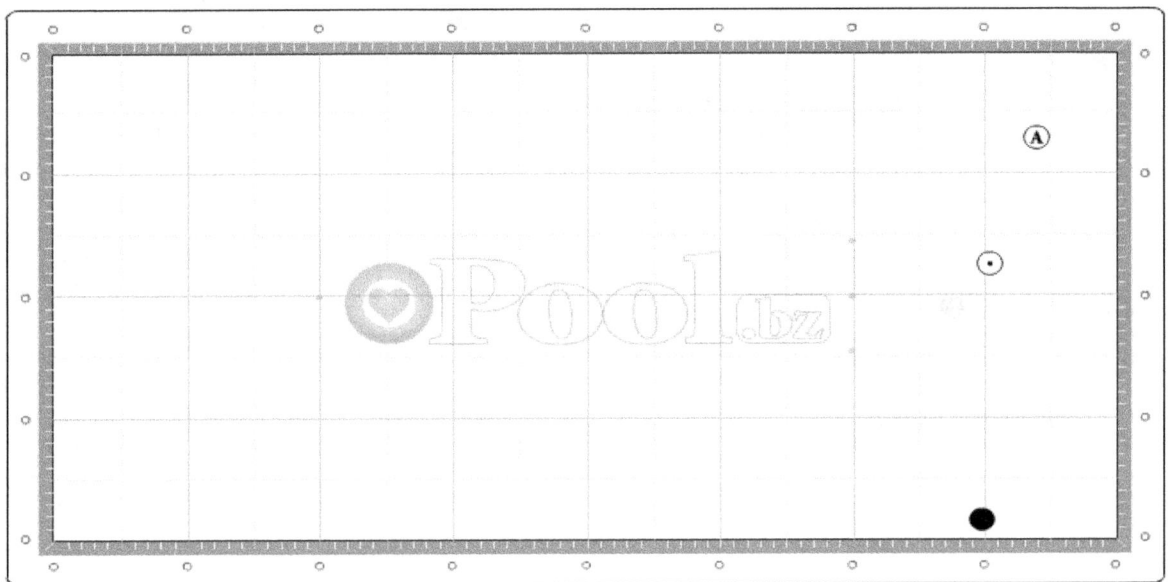

Notizen und Ideen:

Schussmuster

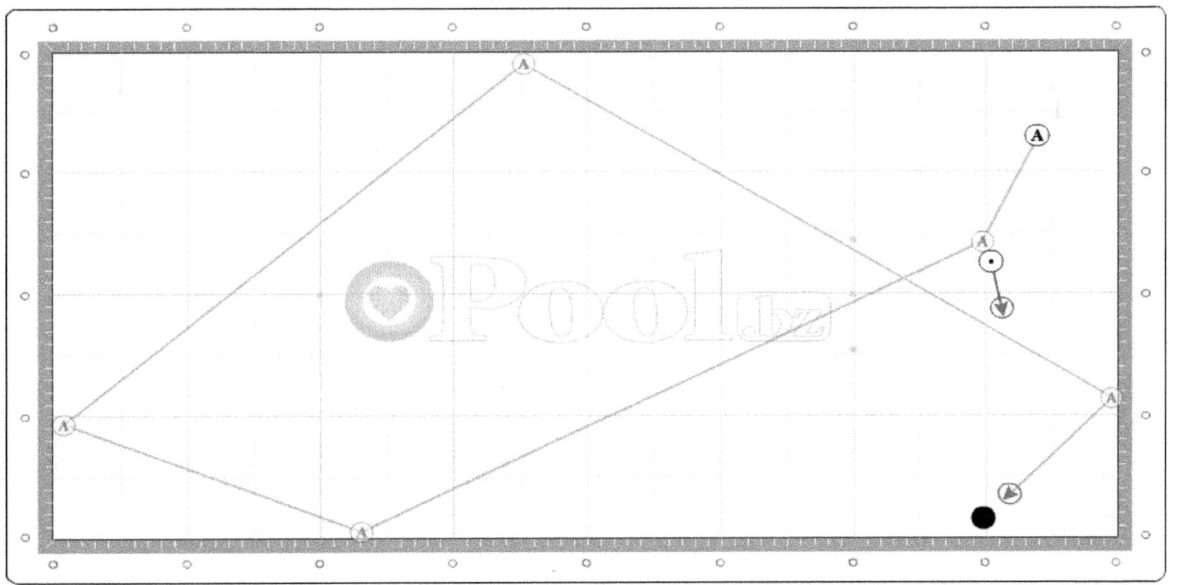

C:1c – Konfiguration

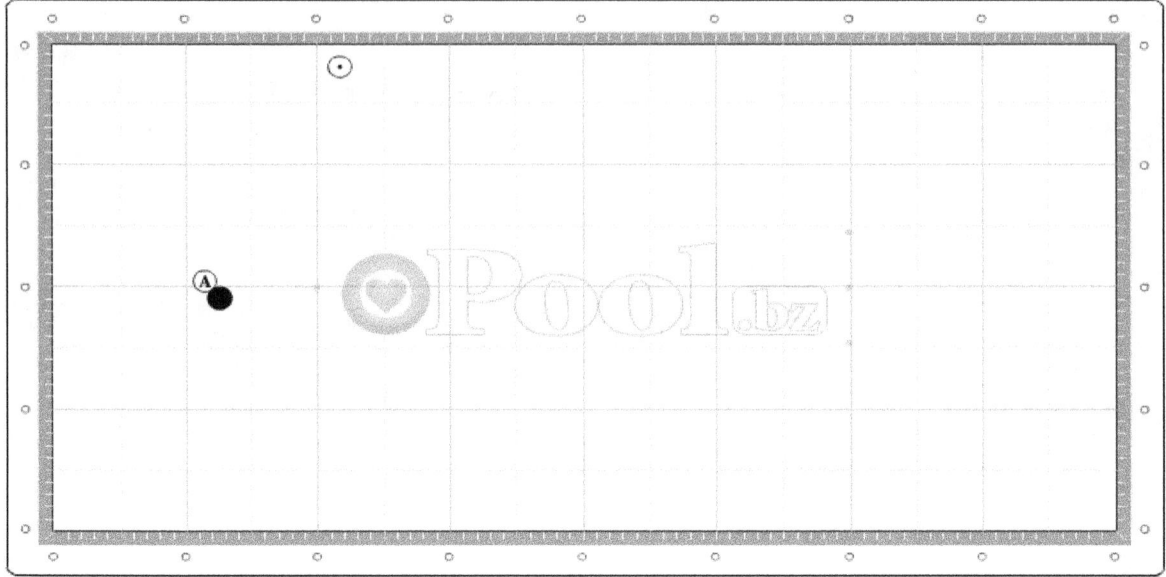

Notizen und Ideen:

Schussmuster

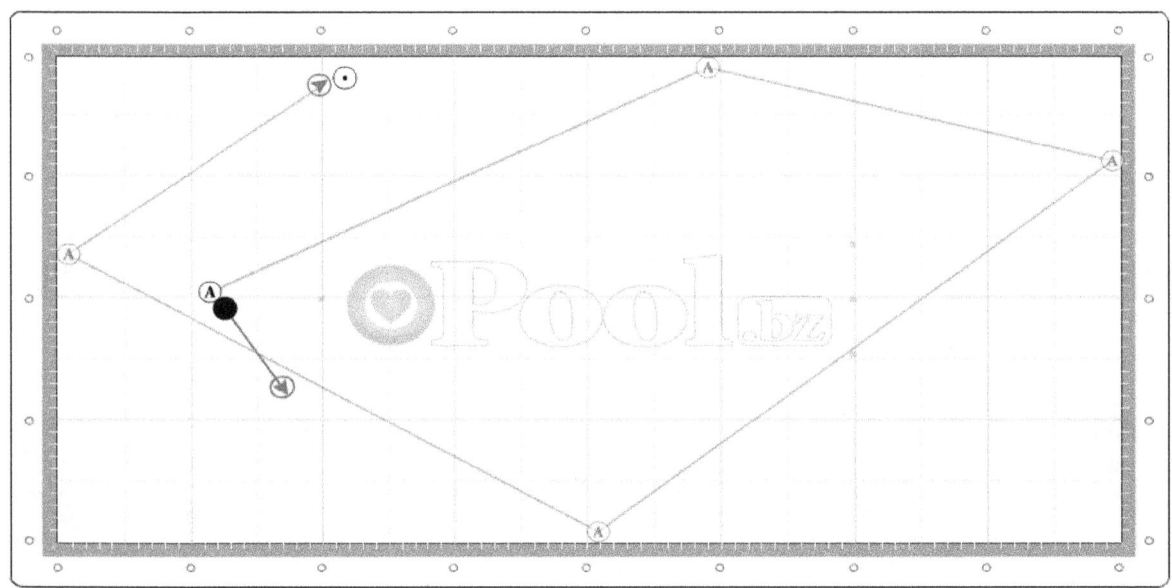

C:1d – Konfiguration

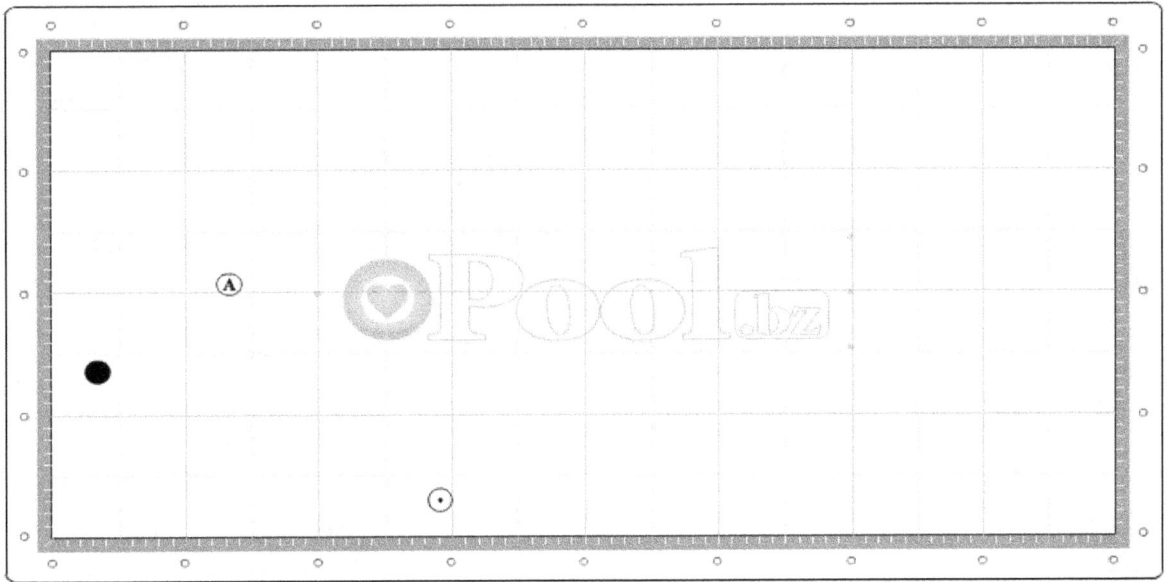

Notizen und Ideen:

Schussmuster

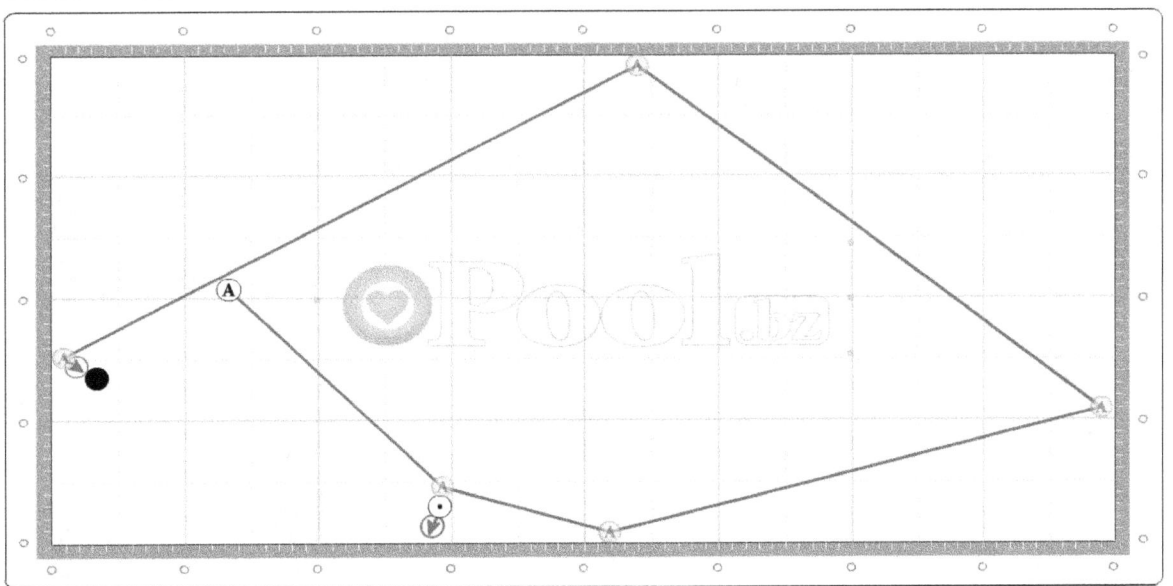

C: Gruppe 2

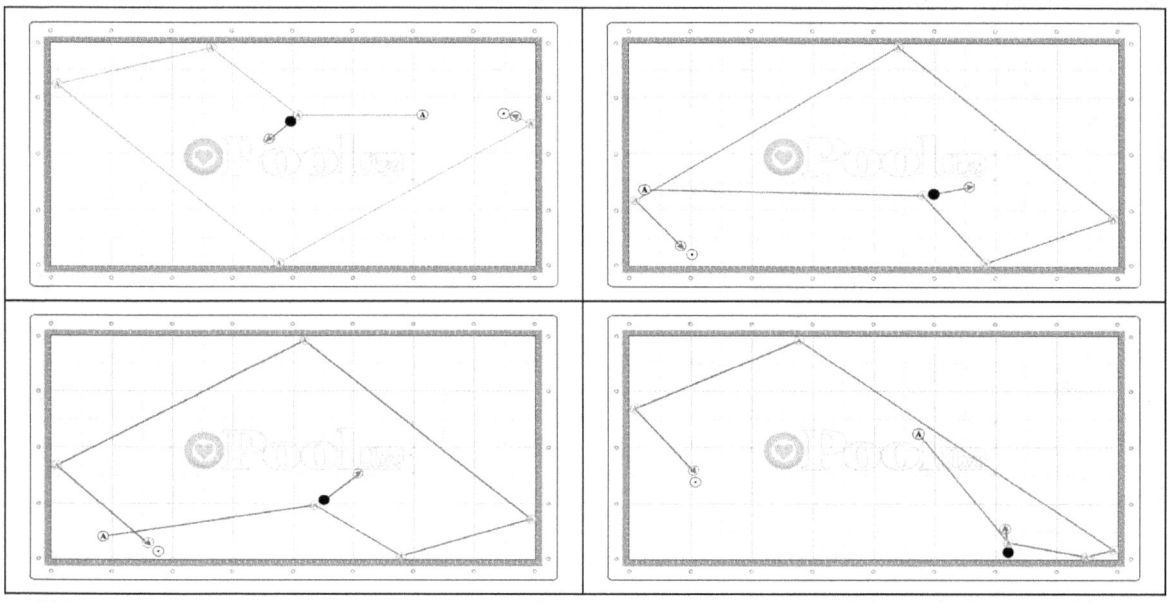

Analyse:

C:2a. _____

C:2b. _____

C:2c. _____

C:2d. _____

C:2a – Konfiguration

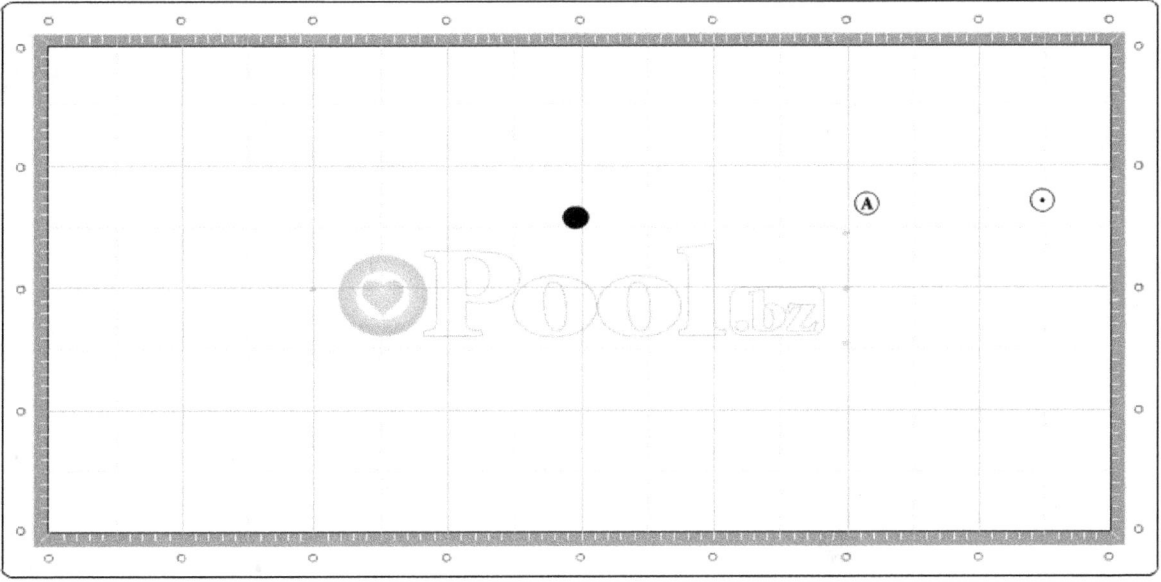

Notizen und Ideen:

Schussmuster

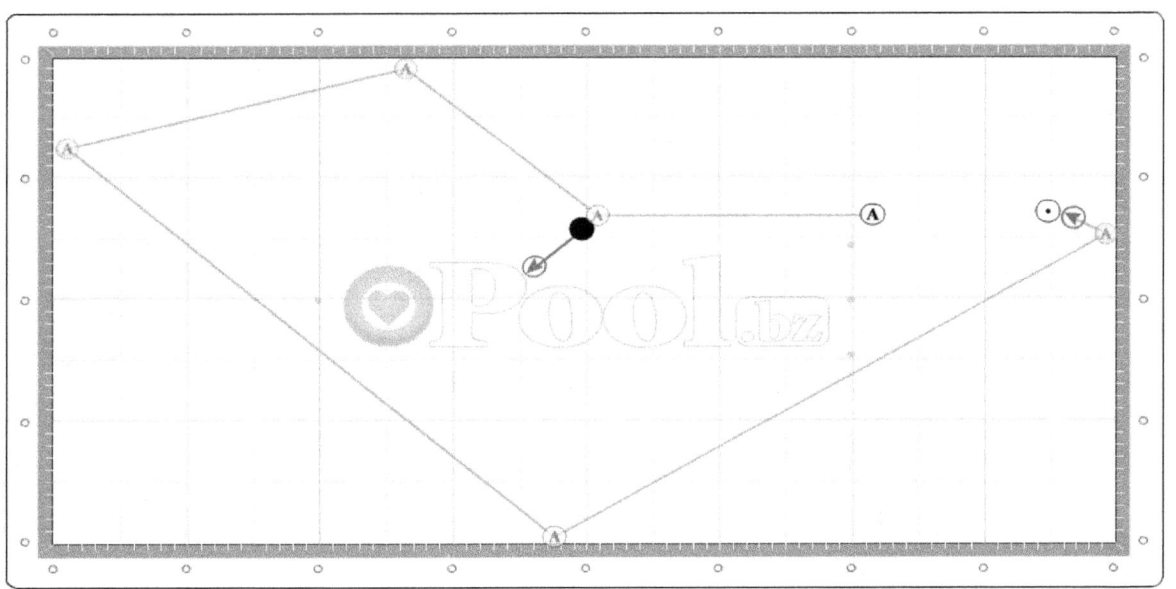

C:2b – Konfiguration

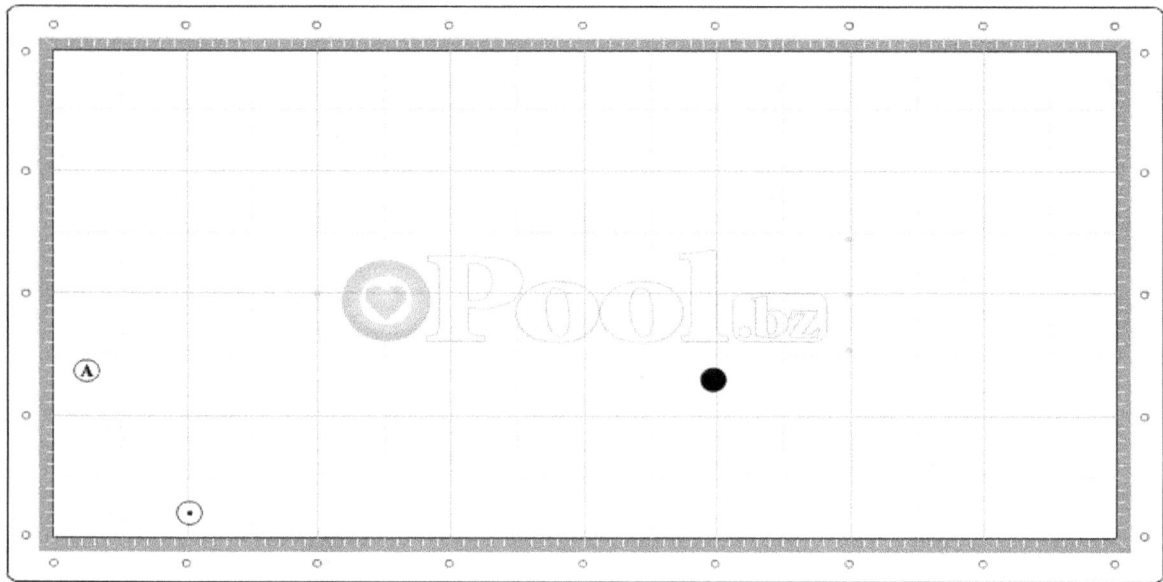

Notizen und Ideen:

Schussmuster

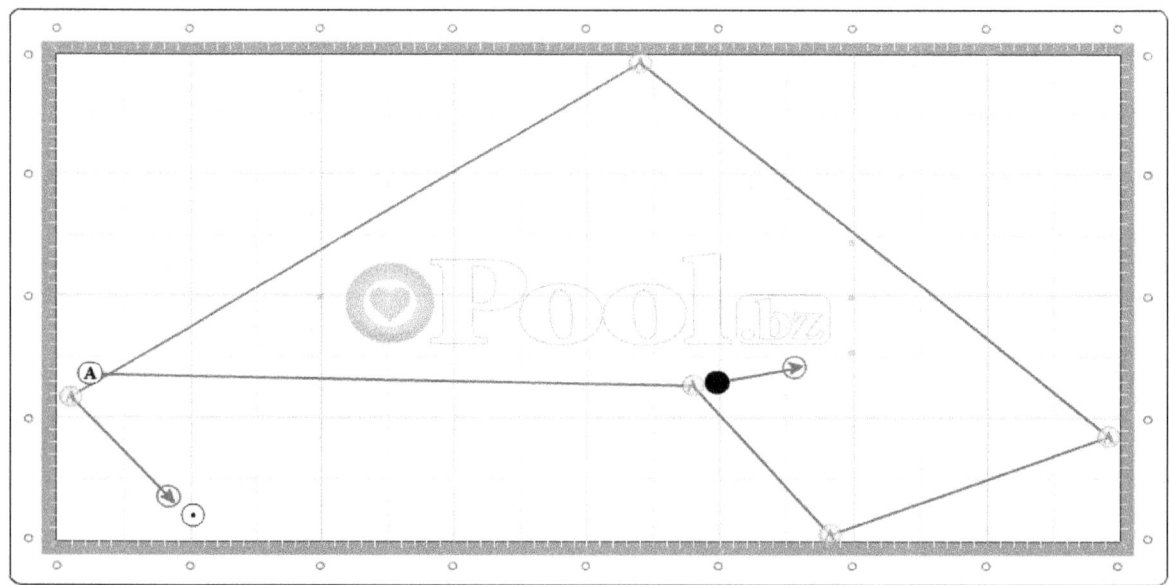

C:2c – Konfiguration

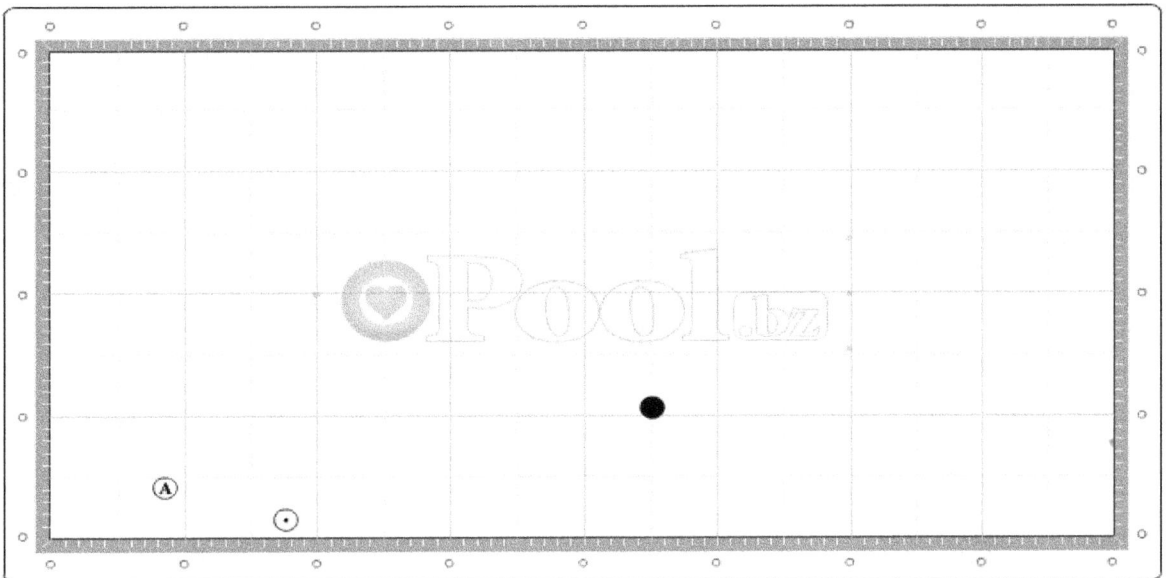

Notizen und Ideen:

Schussmuster

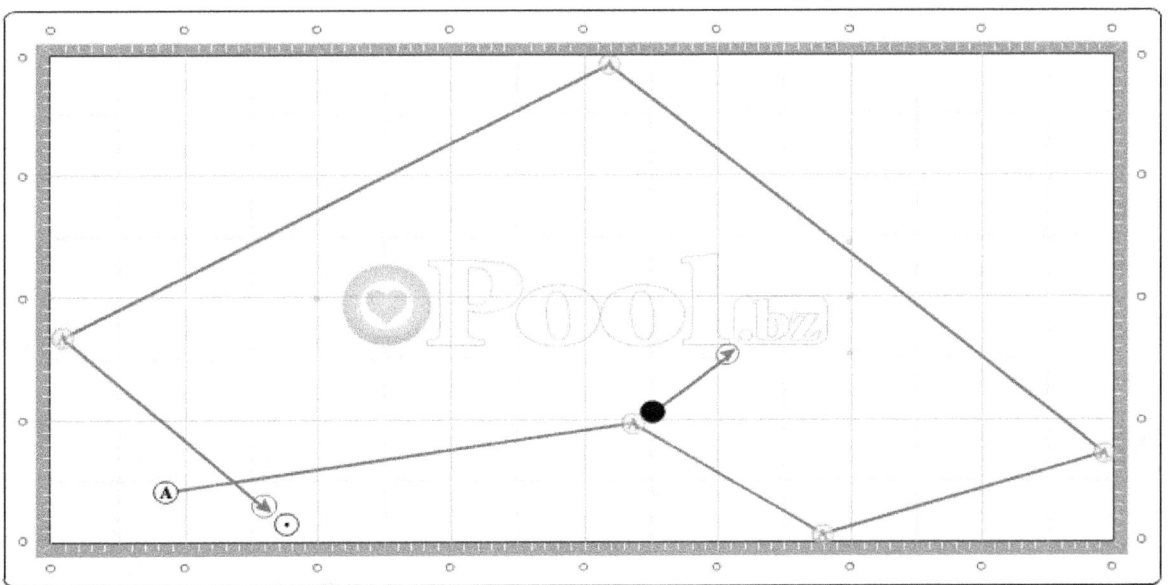

C:2d – Konfiguration

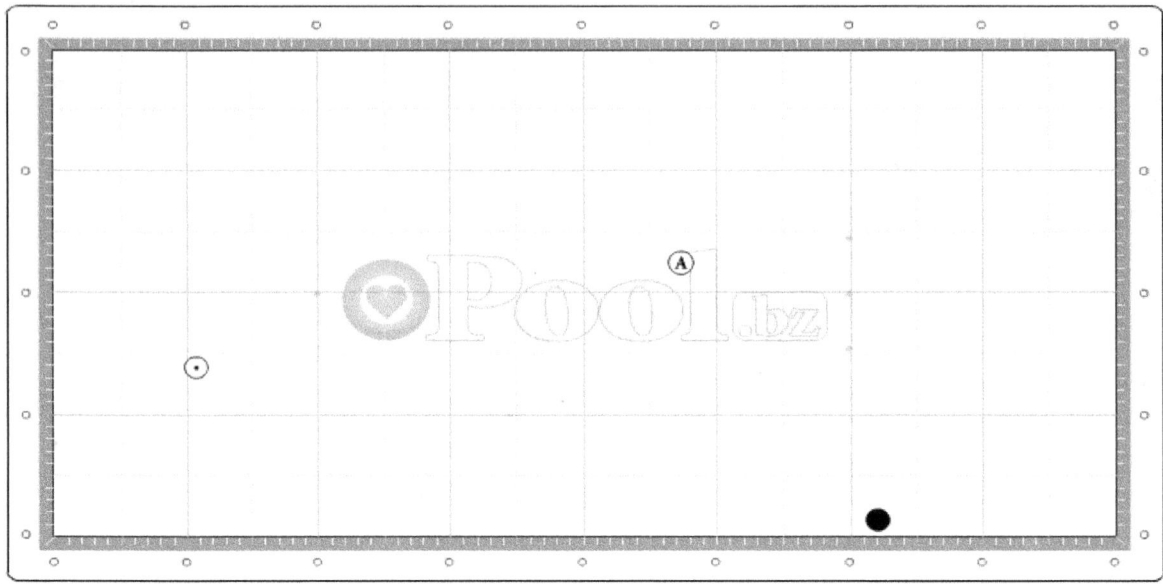

Notizen und Ideen:

Schussmuster

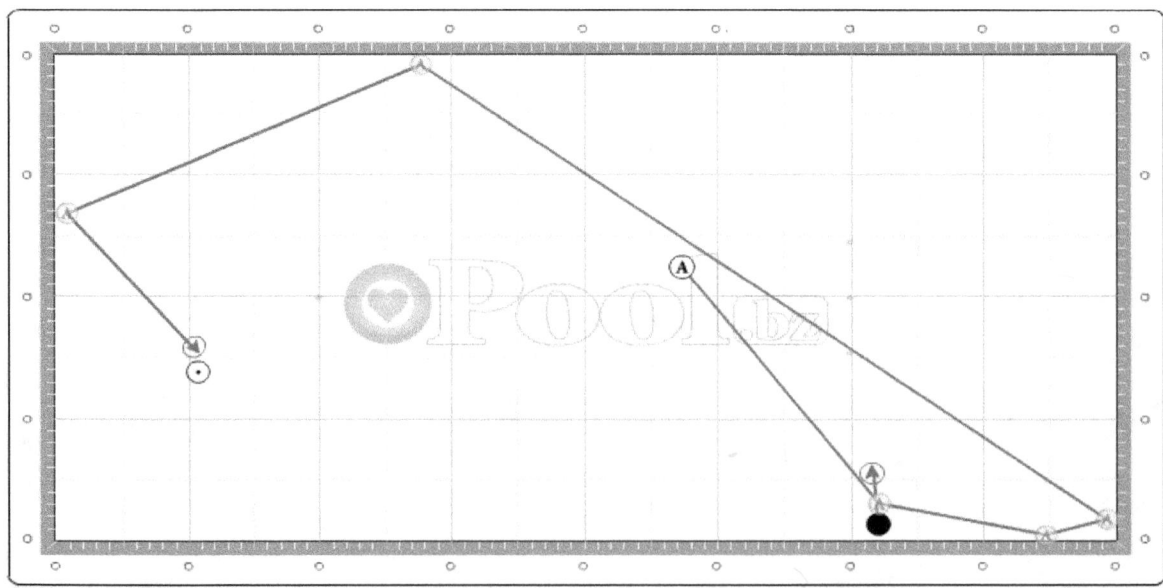

C: Gruppe 3

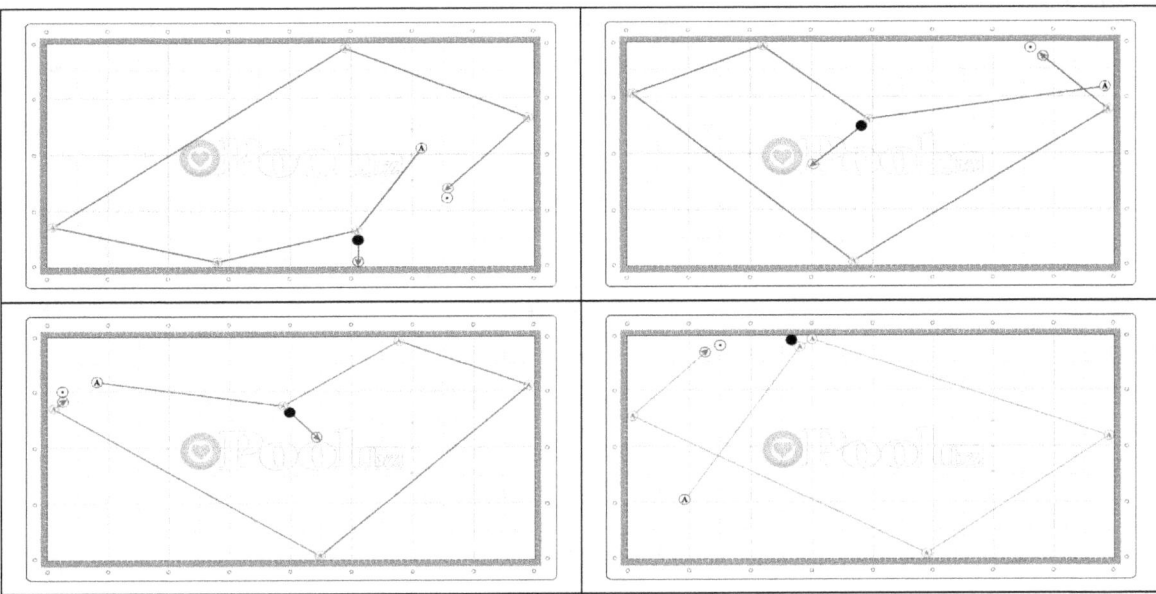

Analyse:

C:3a. _____

C:3b. _____

C:3c. _____

C:3d. _____

C:3a – Konfiguration

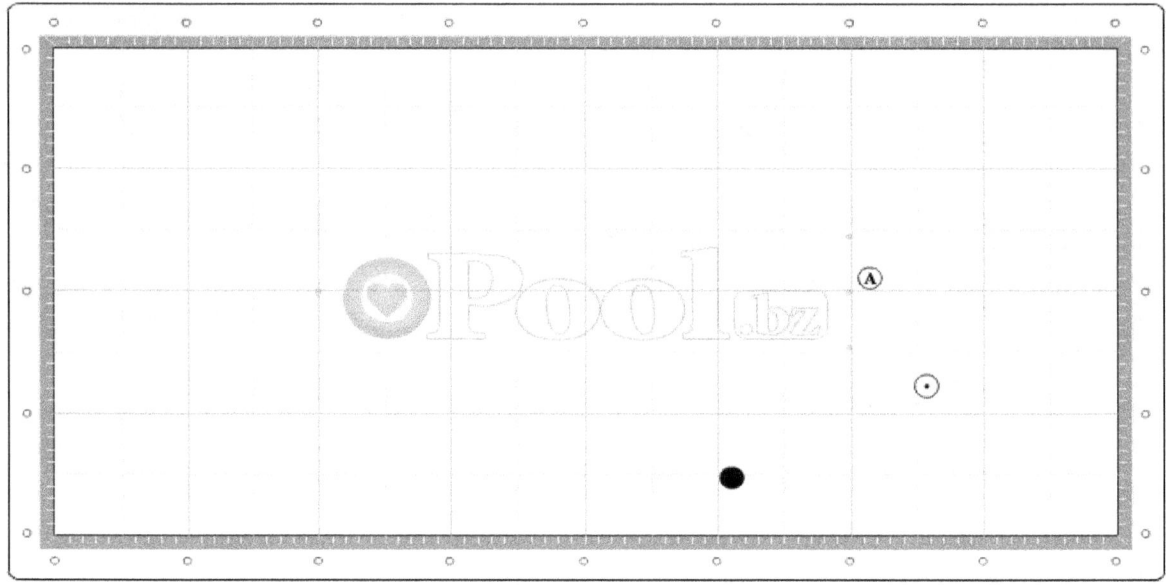

Notizen und Ideen:

Schussmuster

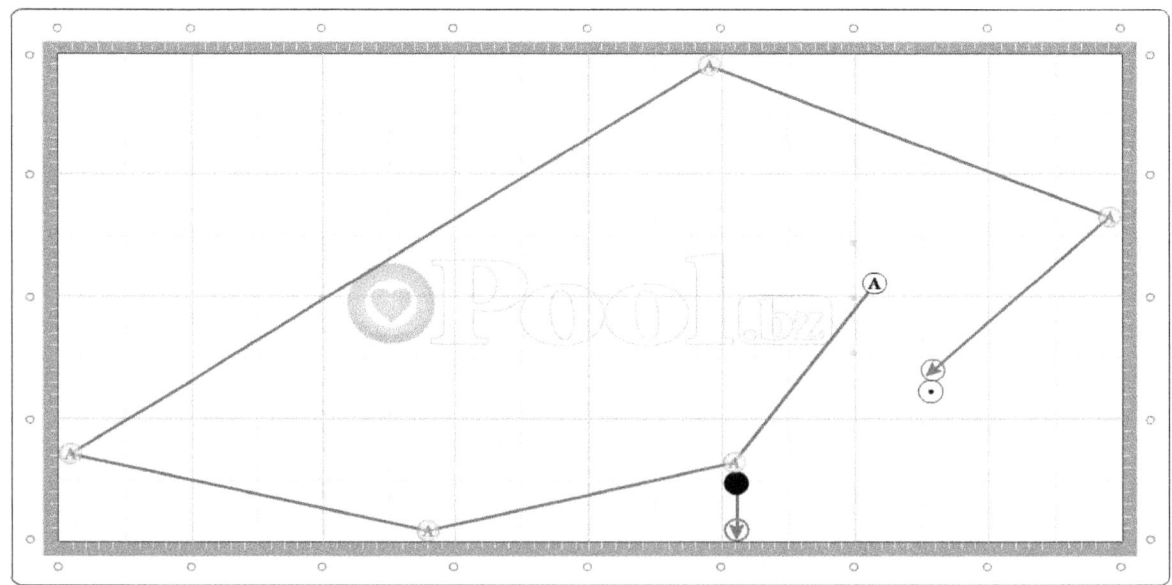

C:3b – Konfiguration

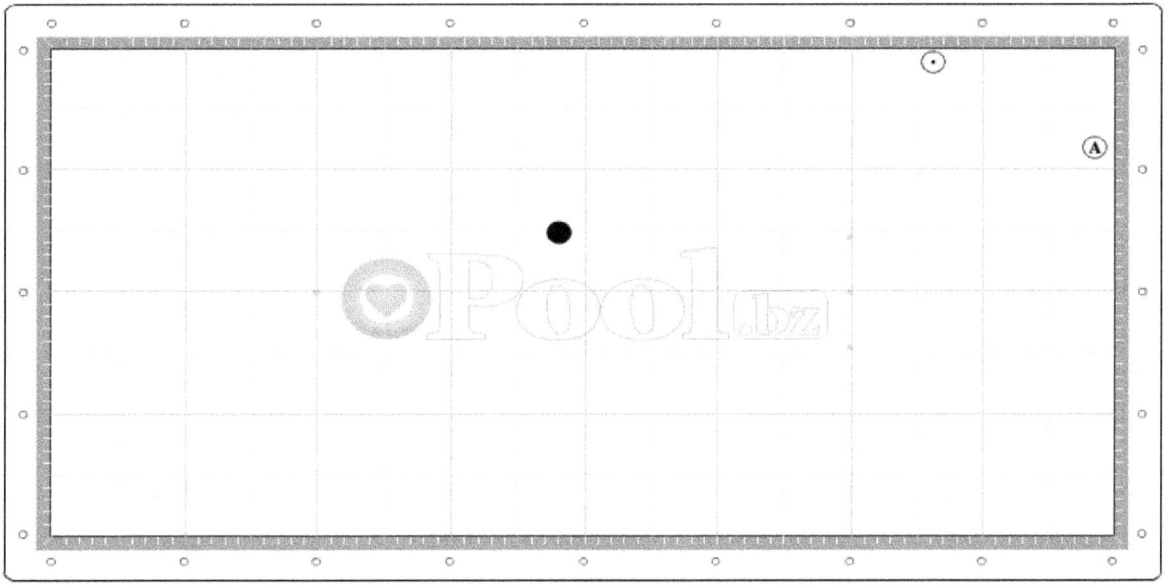

Notizen und Ideen:

Schussmuster

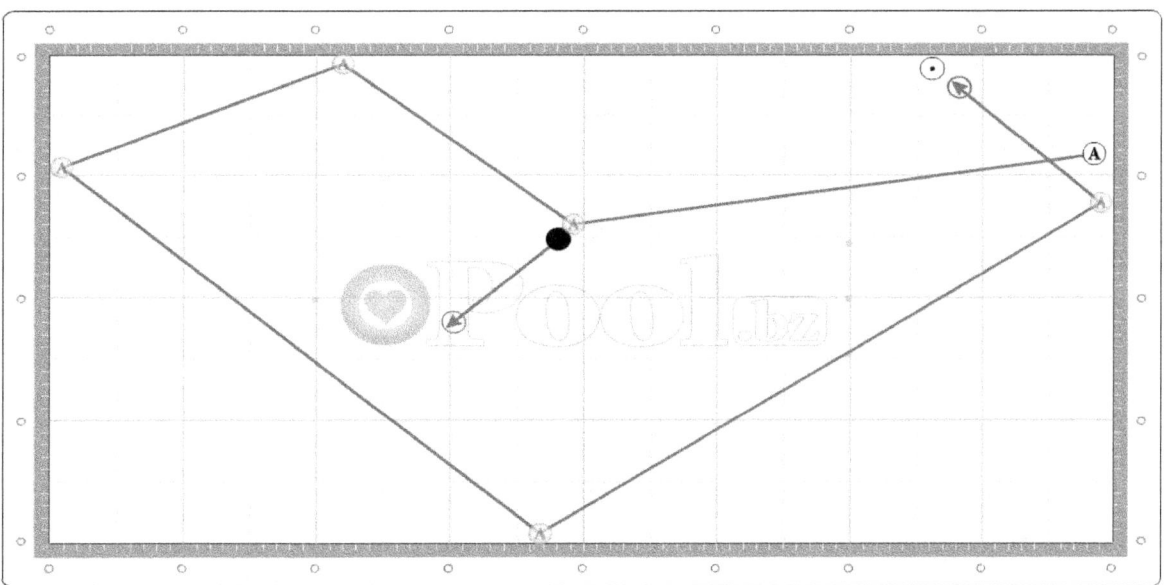

C:3c – Konfiguration

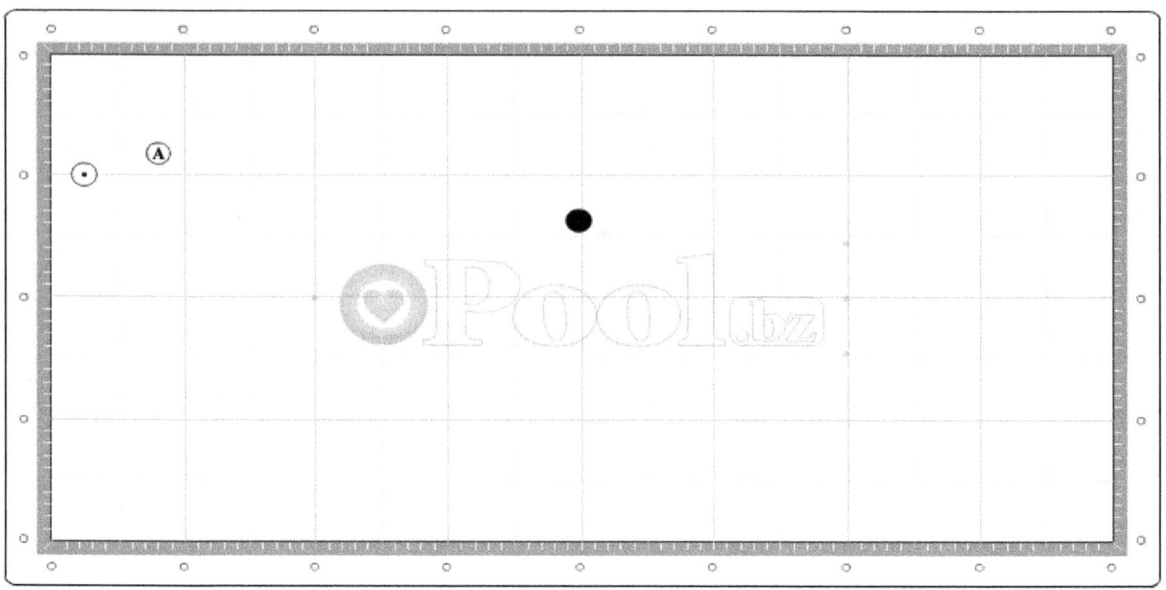

Notizen und Ideen:

Schussmuster

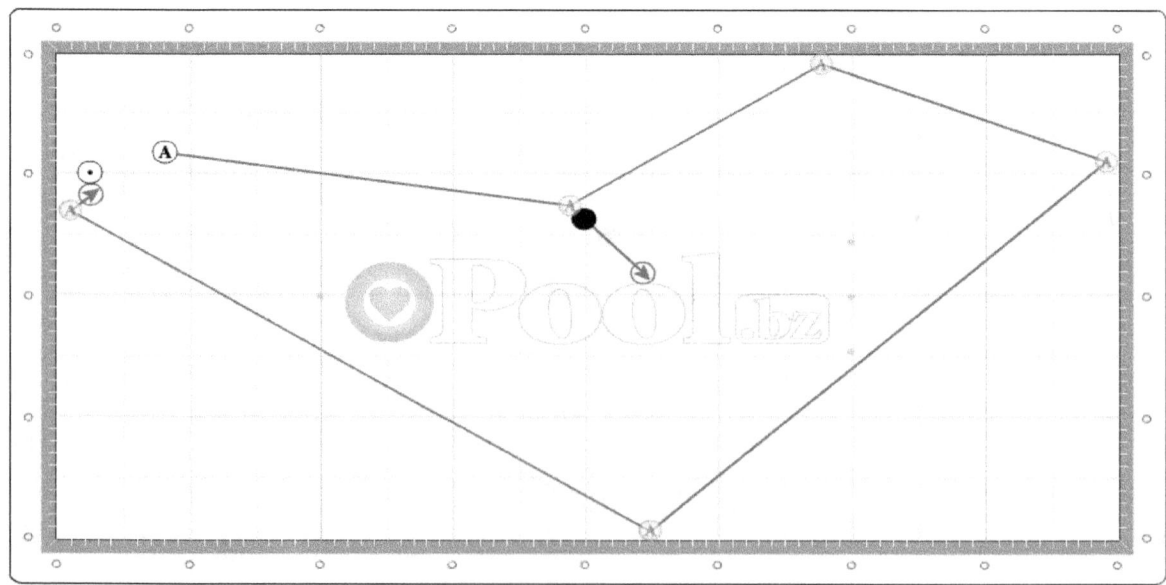

C:3d – Konfiguration

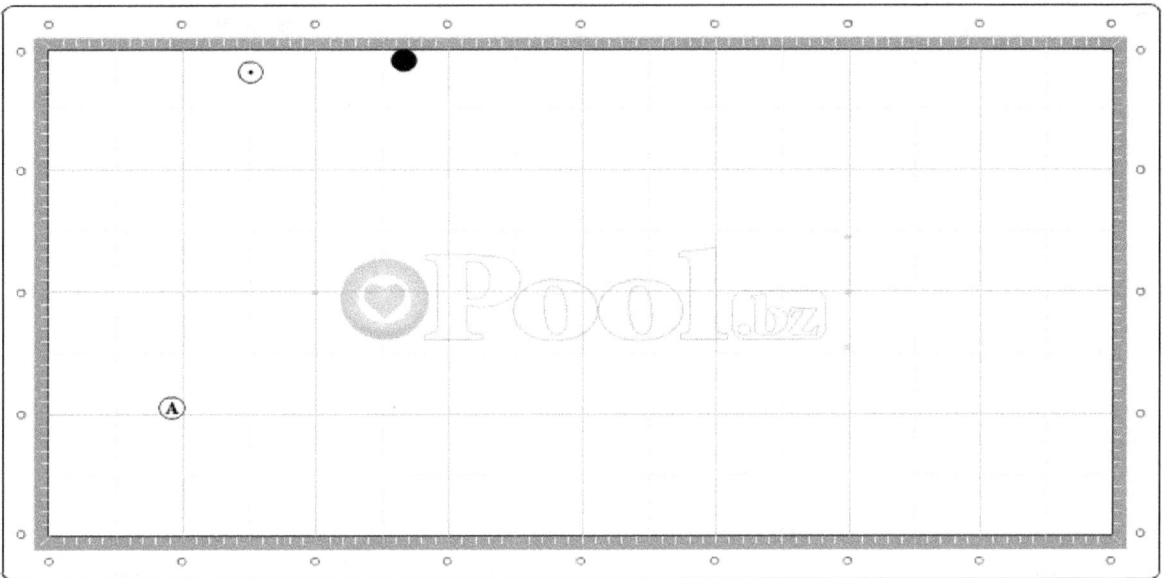

Notizen und Ideen:

Schussmuster

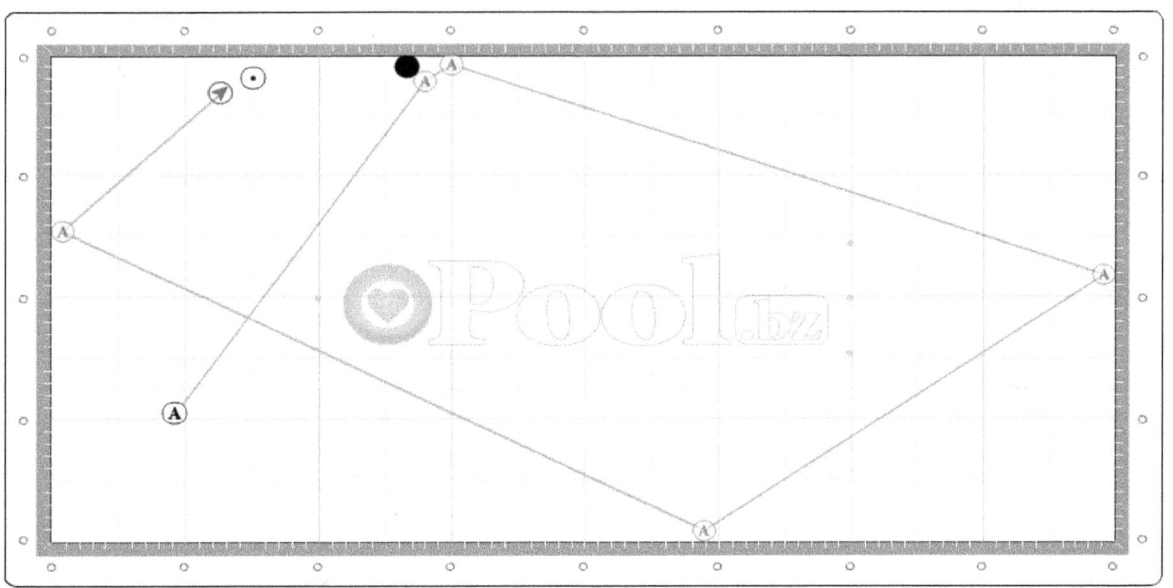

C: Gruppe 4

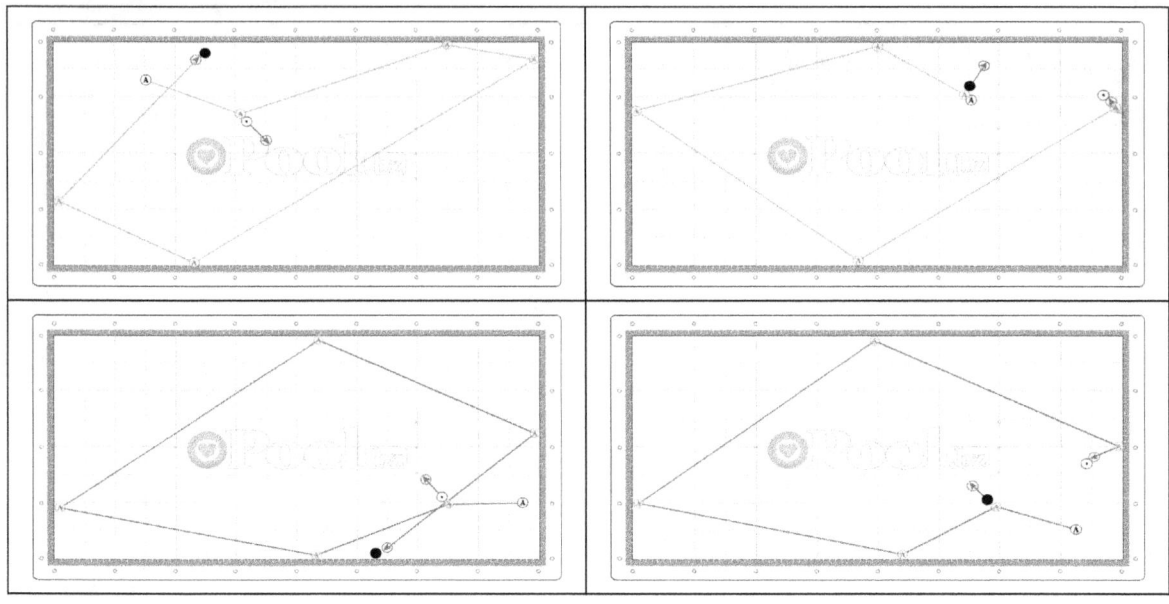

Analyse:

C:4a. _____

C:4b. _____

C:4c. _____

C:4d. _____

C:4a – Konfiguration

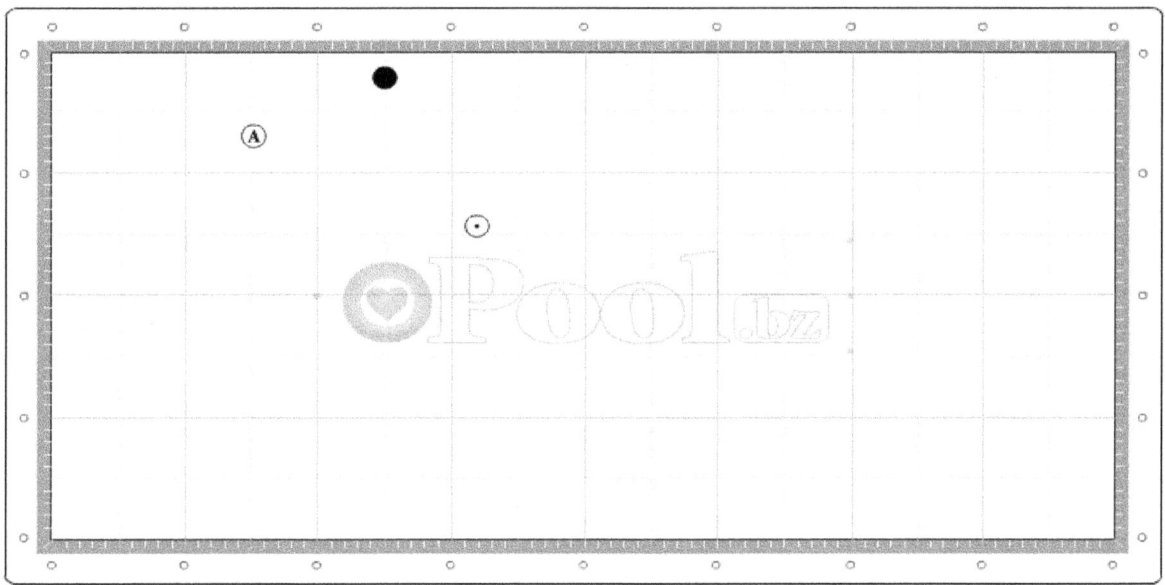

Notizen und Ideen:

Schussmuster

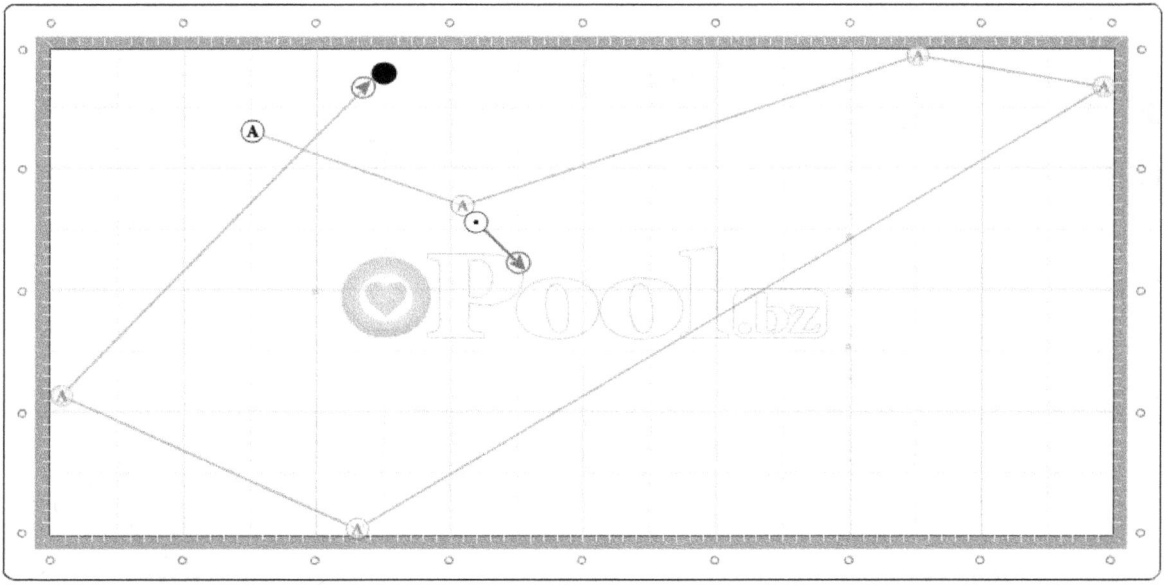

C:4b – Konfiguration

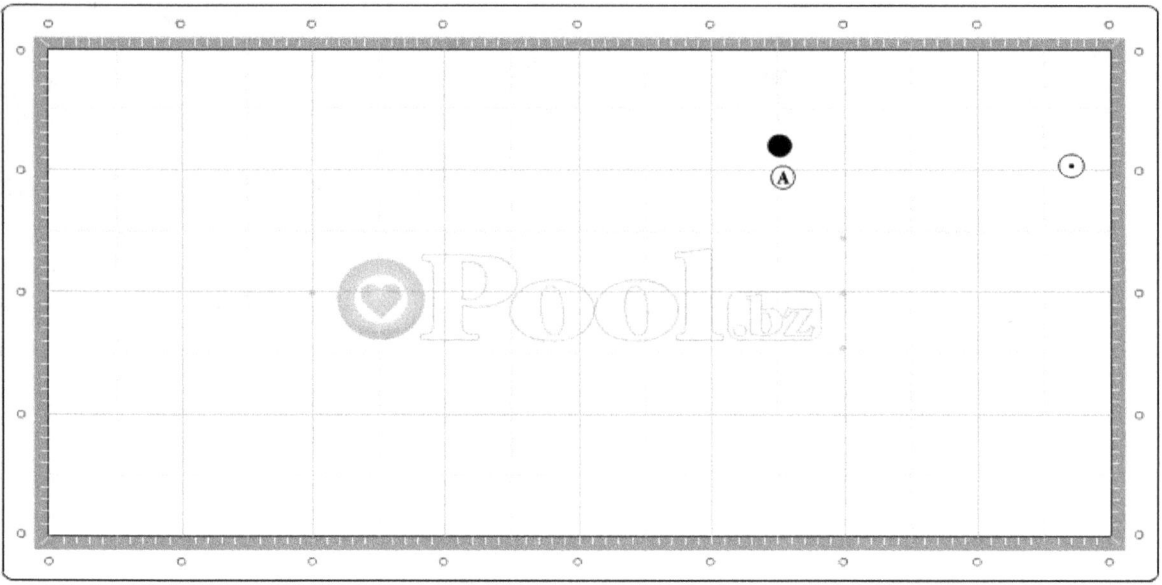

Notizen und Ideen:

Schussmuster

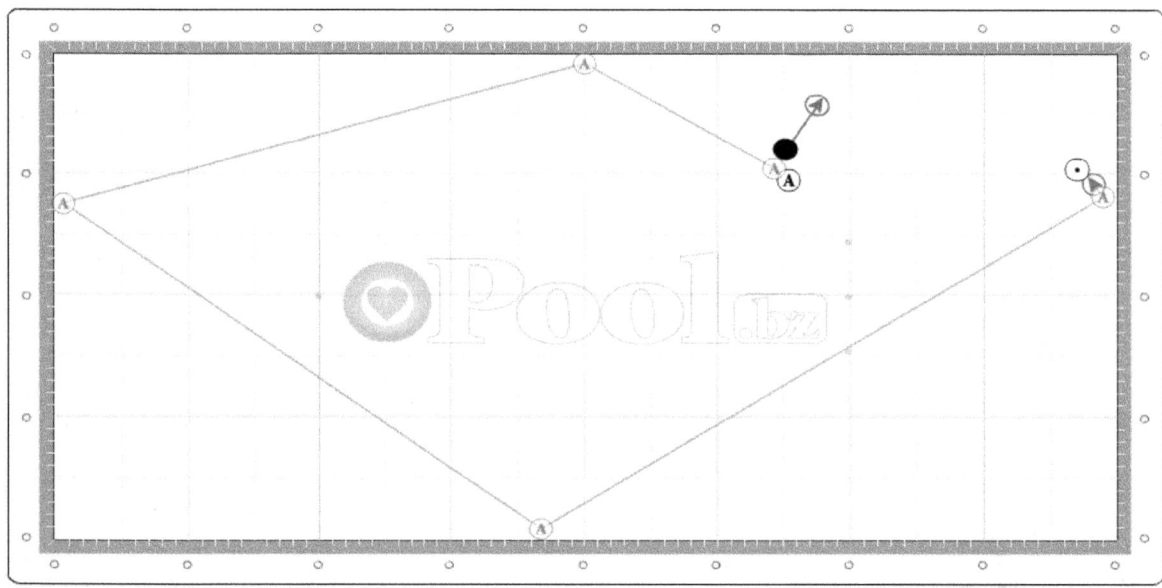

C:4c – Konfiguration

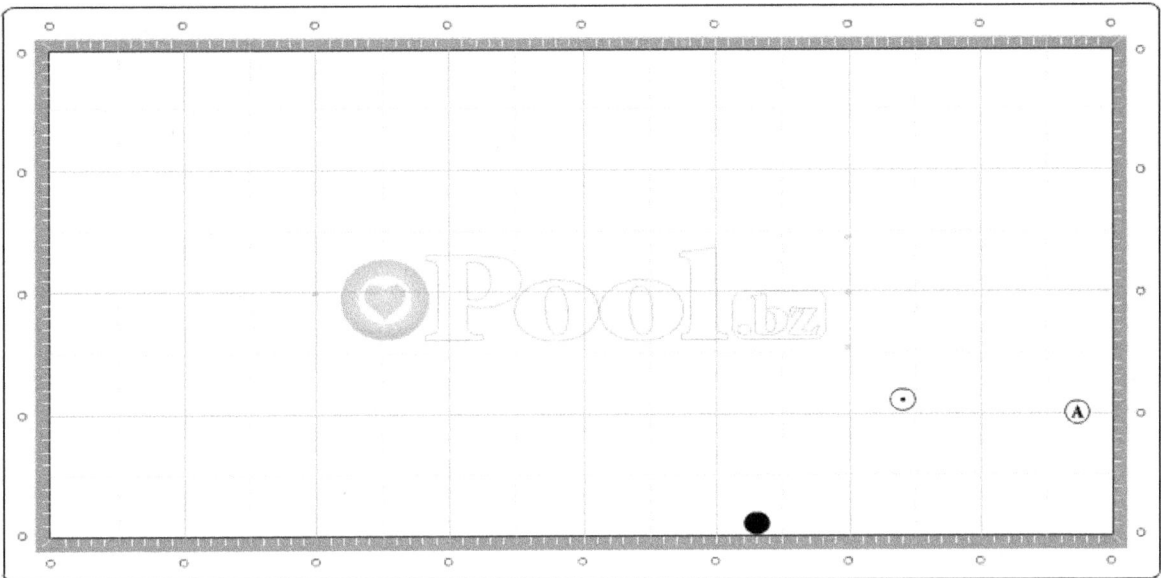

Notizen und Ideen:

Schussmuster

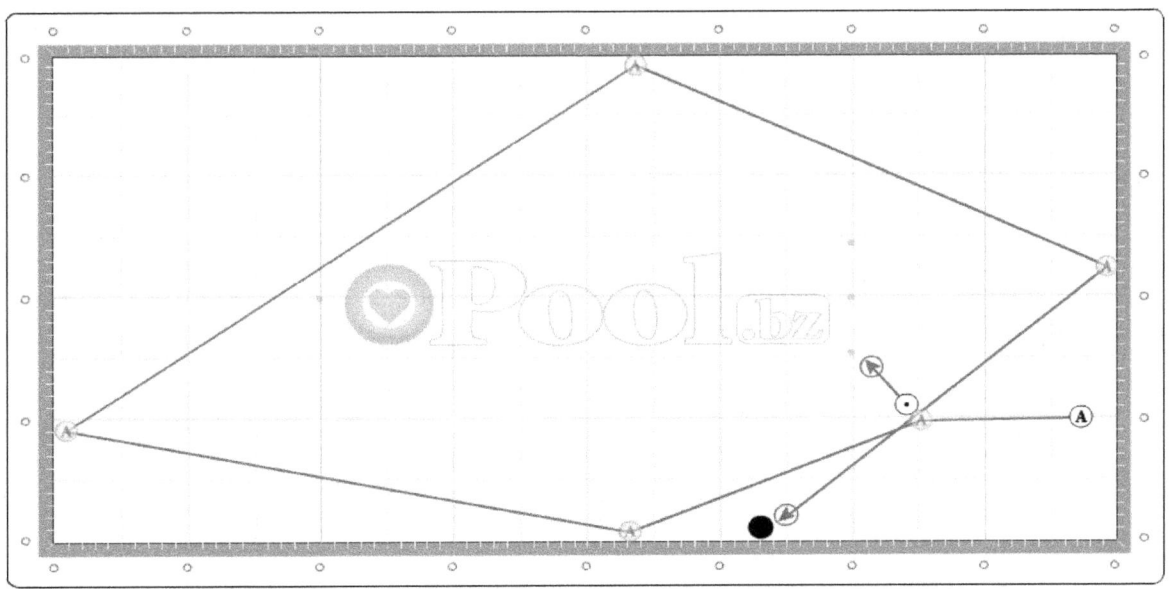

C:4d – Konfiguration

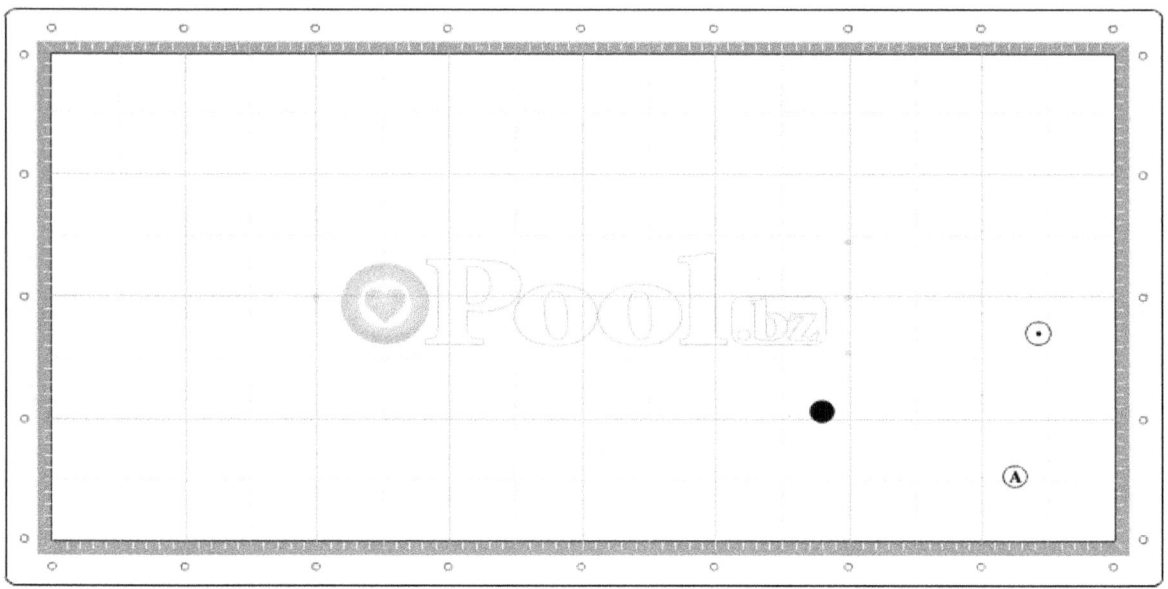

Notizen und Ideen:

Schussmuster

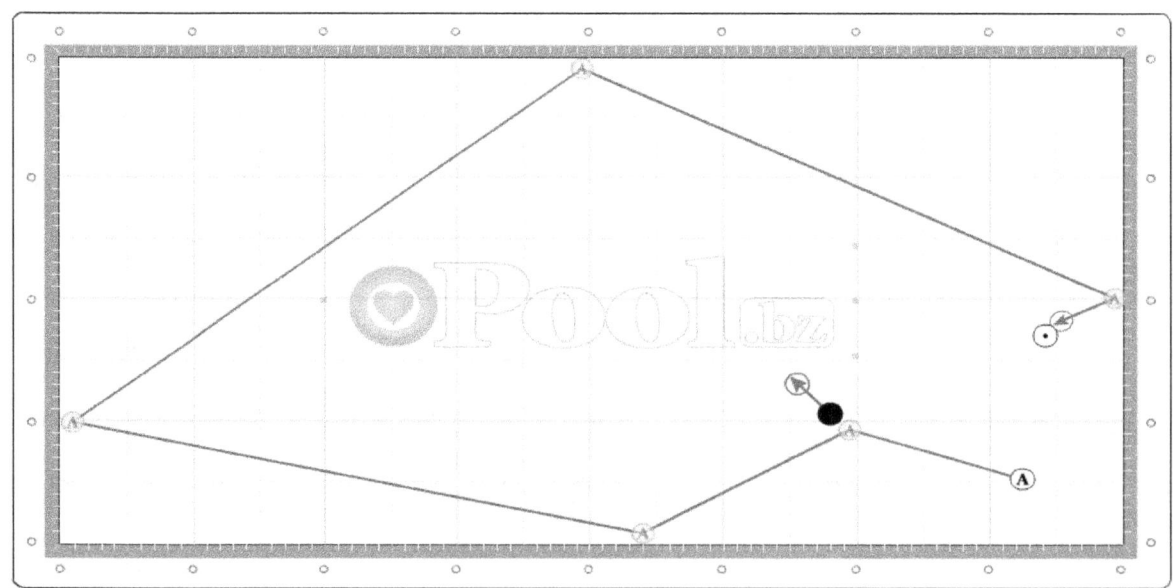

C: Gruppe 5

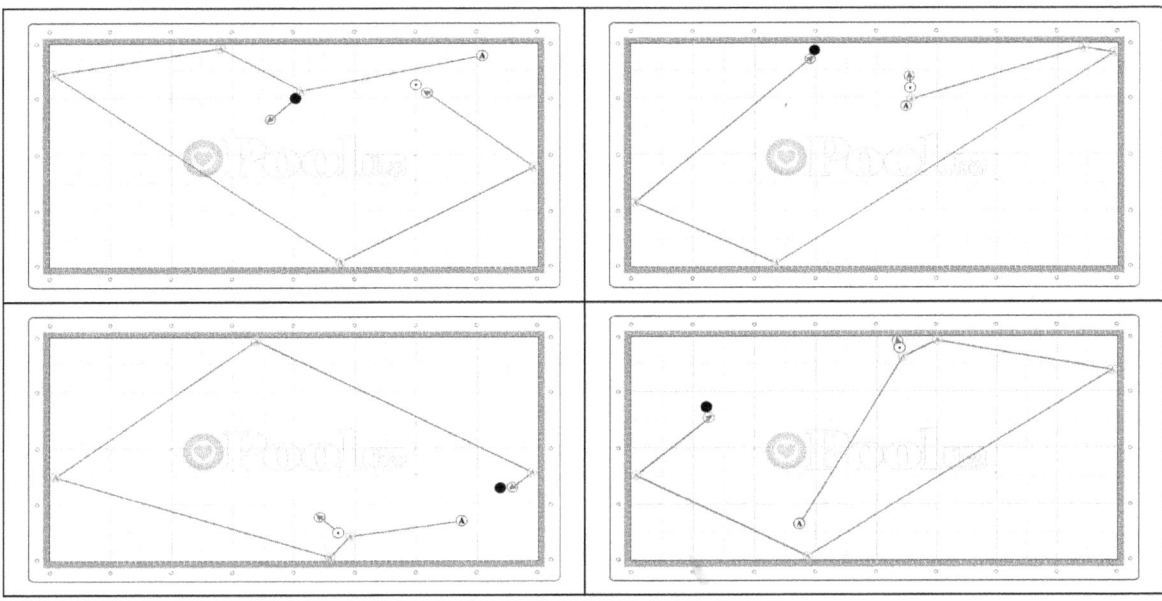

Analyse:

C:5a. _____

C:5b. _____

C:5c. _____

C:5d. _____

C:5a – Konfiguration

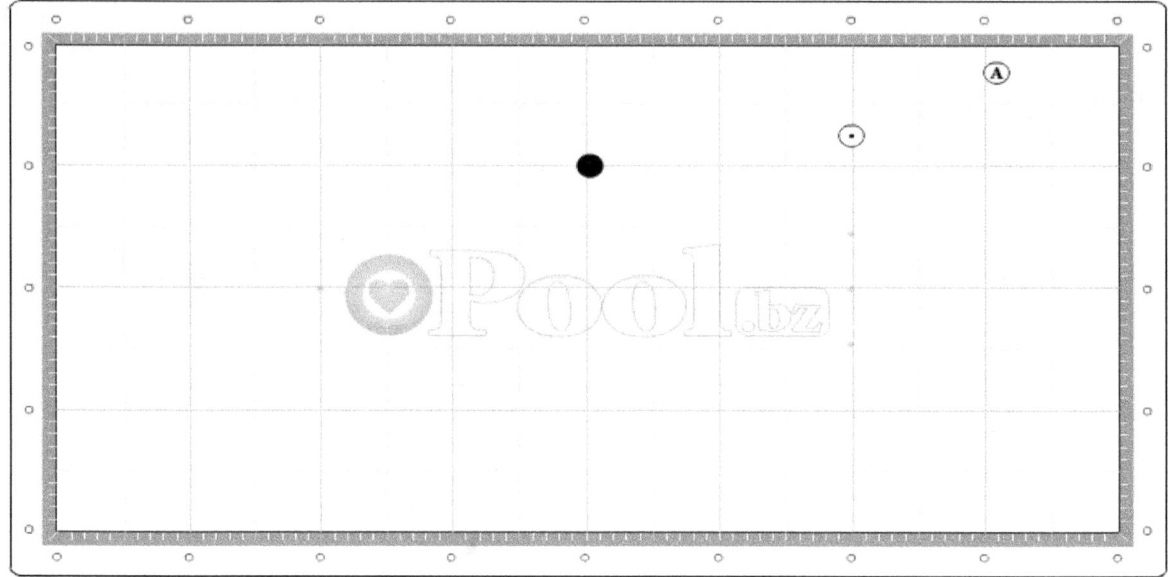

Notizen und Ideen:

Schussmuster

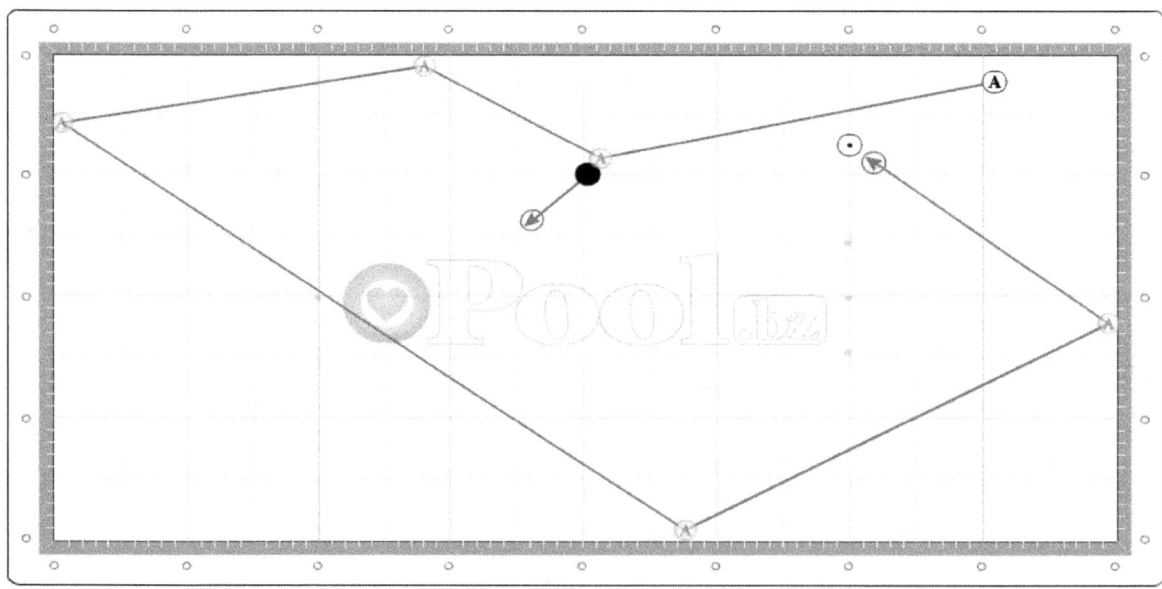

C:5b – Konfiguration

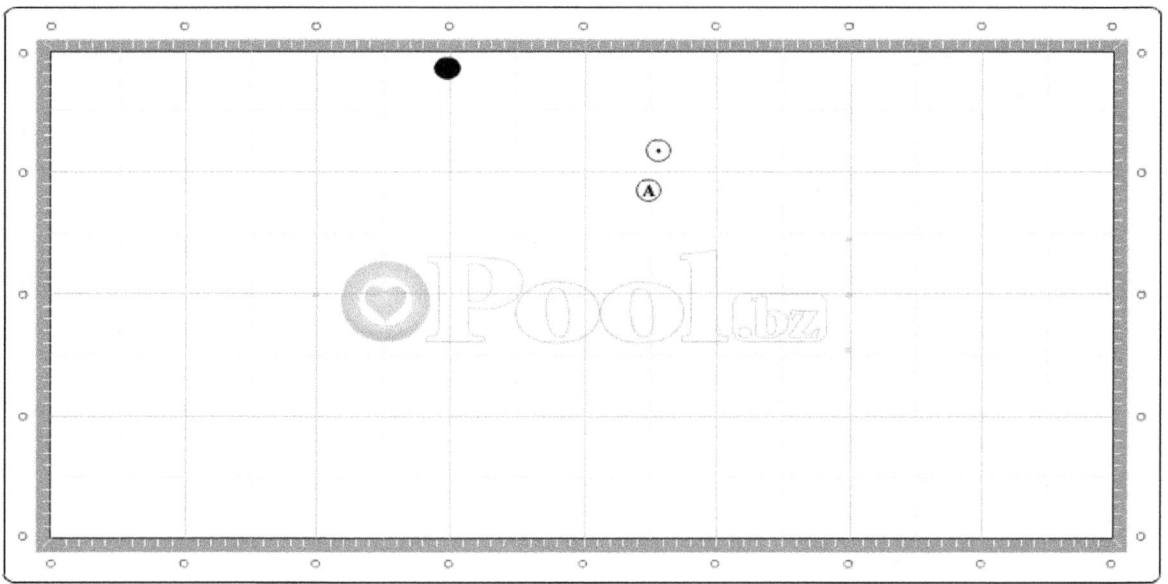

Notizen und Ideen:

Schussmuster

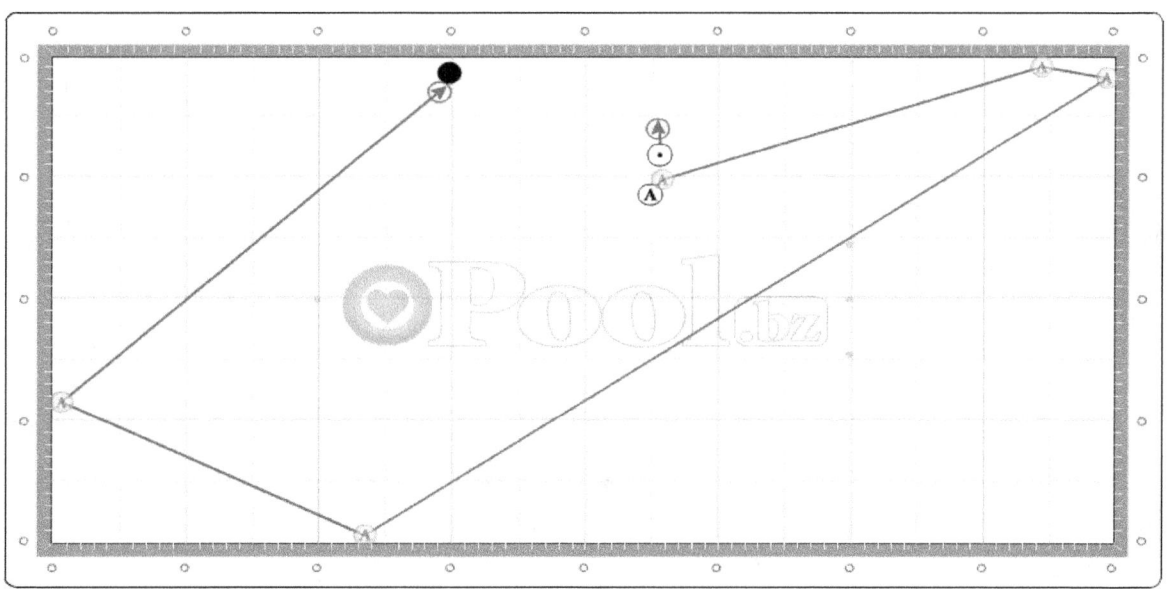

C:5c – Konfiguration

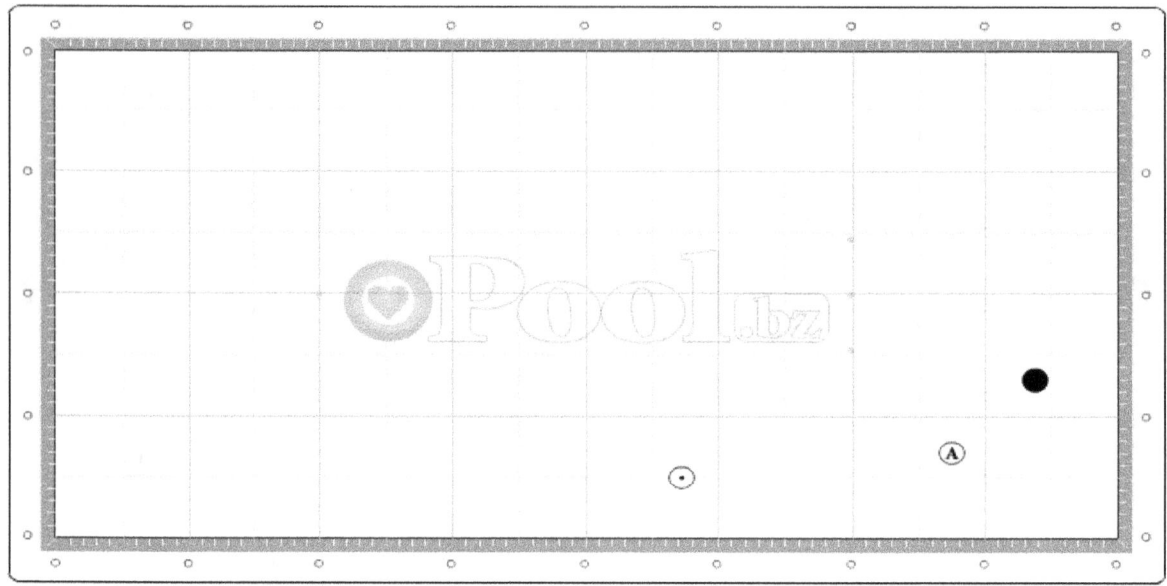

Notizen und Ideen:

Schussmuster

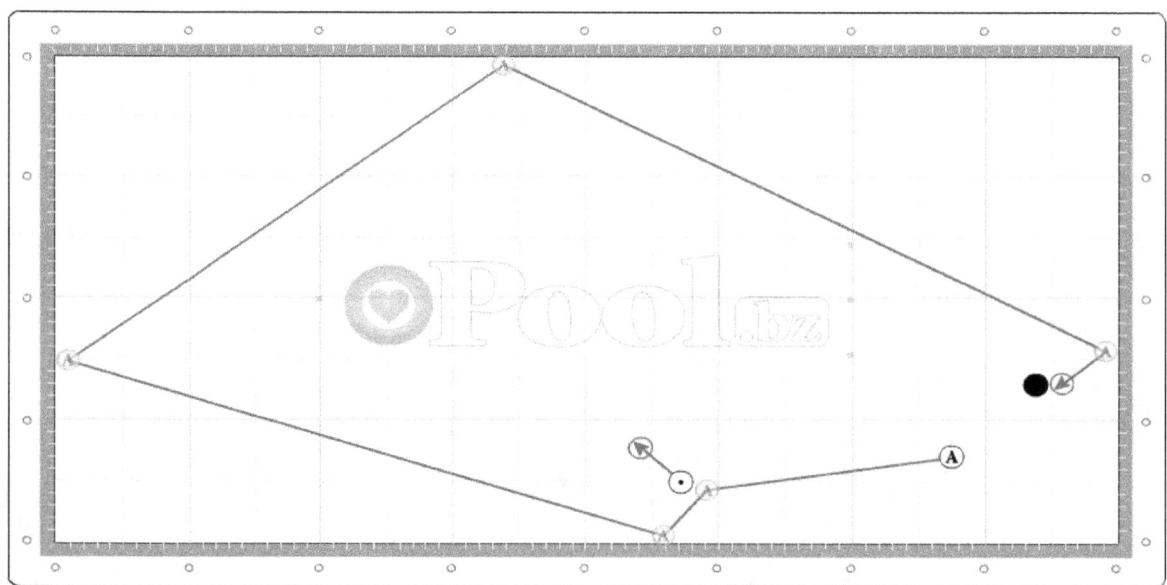

C:5d – Konfiguration

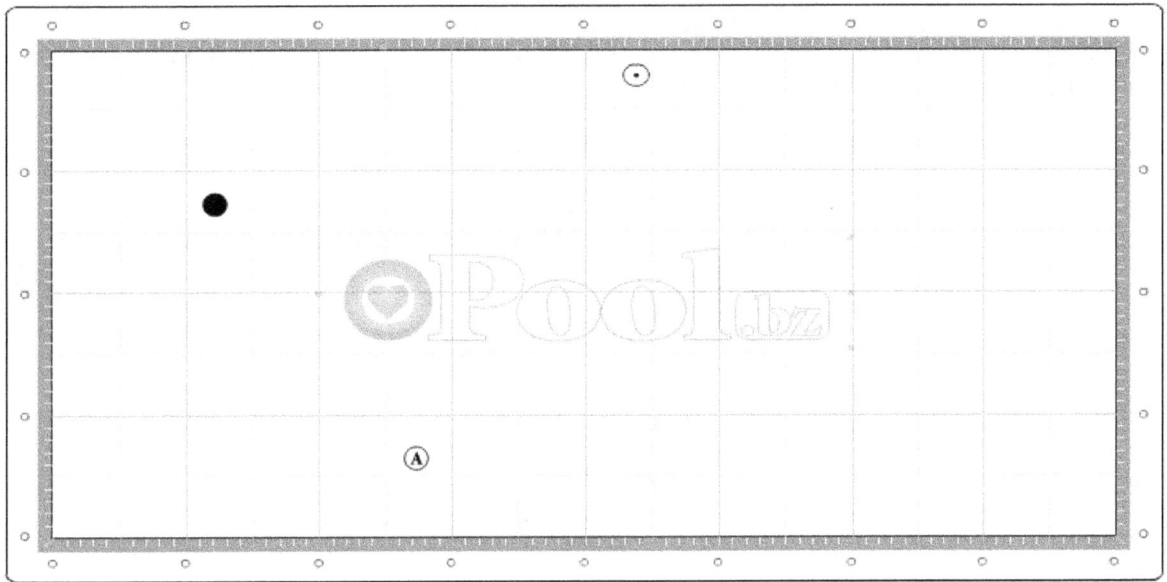

Notizen und Ideen:

Schussmuster

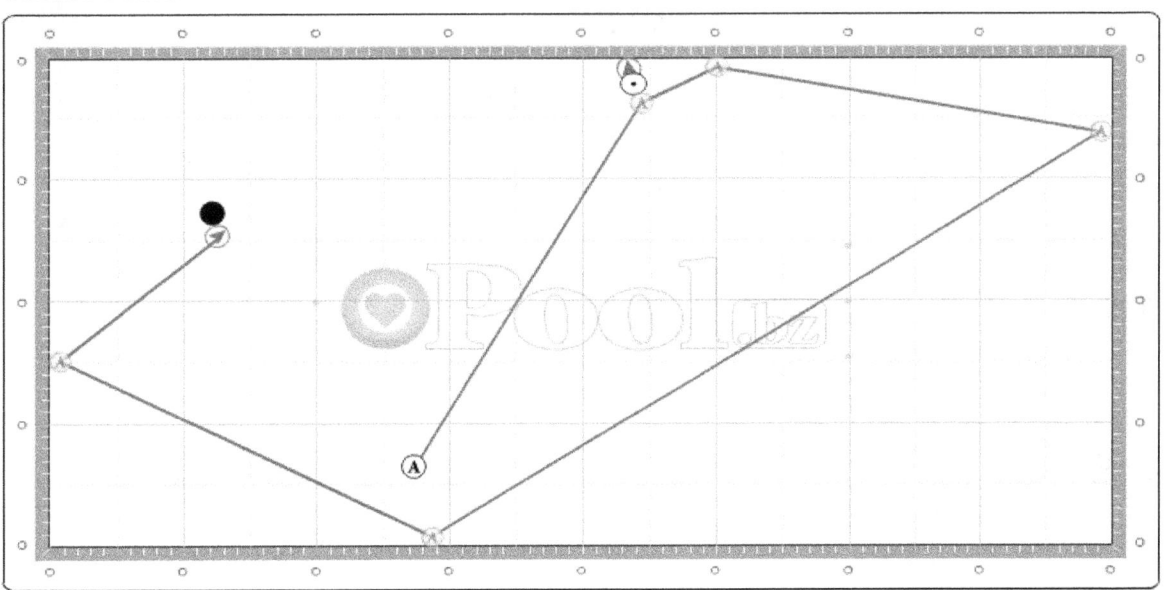

D: Vier band (kurzes band)

Der (CB) kommt vom ersten (OB) und geht in das kurze band. Der (CB) fährt zum gegenüberliegenden langen band. Der Kreis setzt sich in das gegenüberliegende kurze band fort. Nur dann verbindet sich das (CB) mit dem anderen (OB).

Ⓐ (CB) (Ihre Billardkugel) - ⊙ (OB) (Gegner Billardkugel) - ● (OB) (rote Billardkugel)

D: Gruppe 1

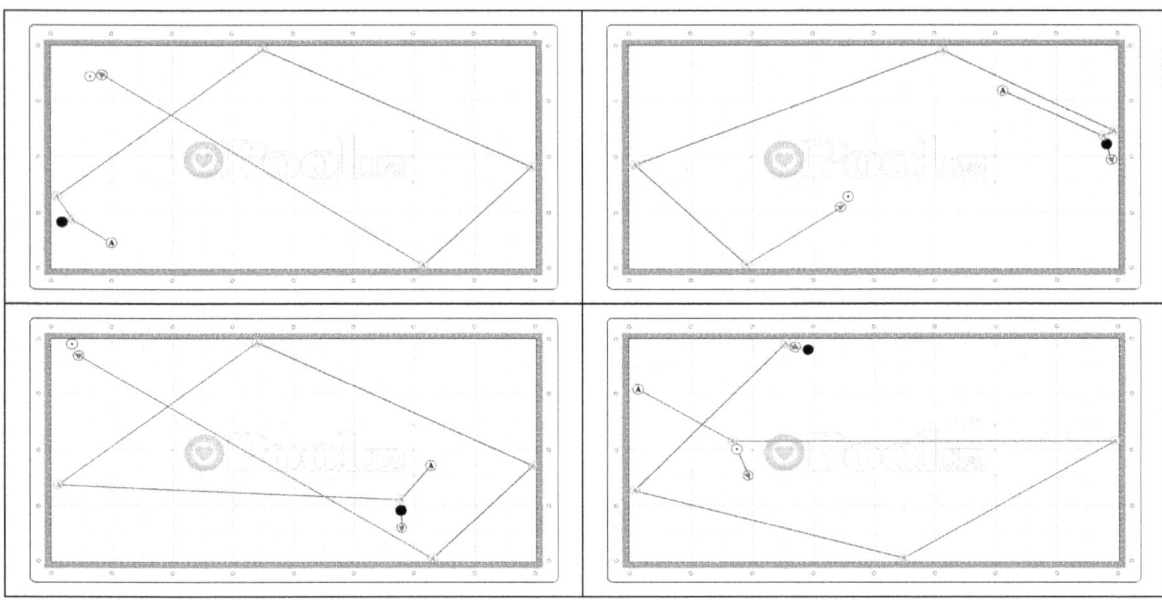

Analyse:

D:1a. _____

D:1b. _____

D:1c. _____

D:1d. _____

D:1a – Konfiguration

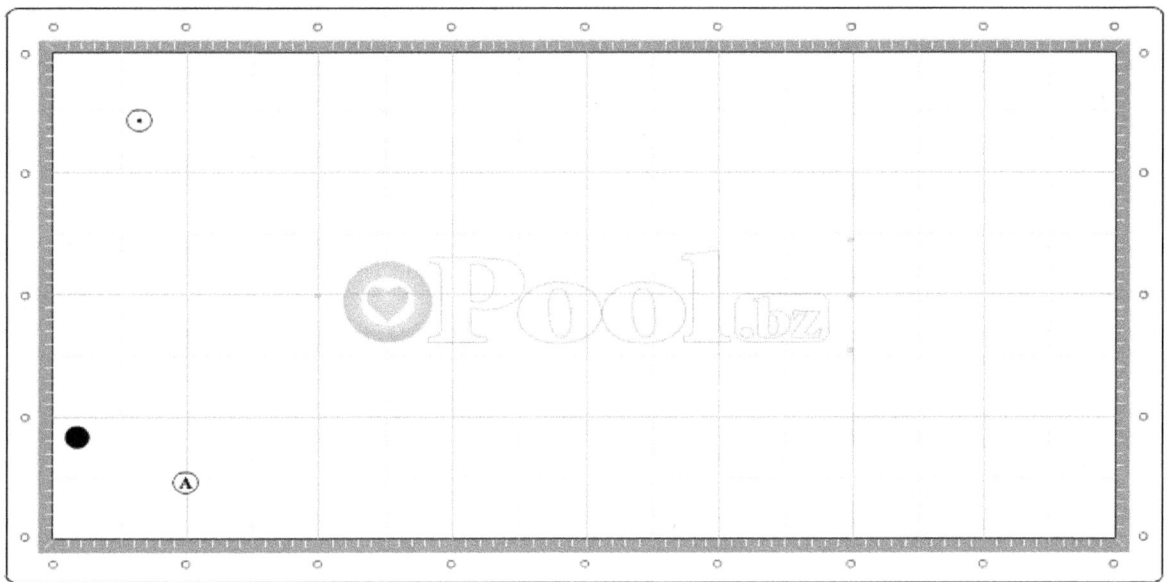

Notizen und Ideen:

Schussmuster

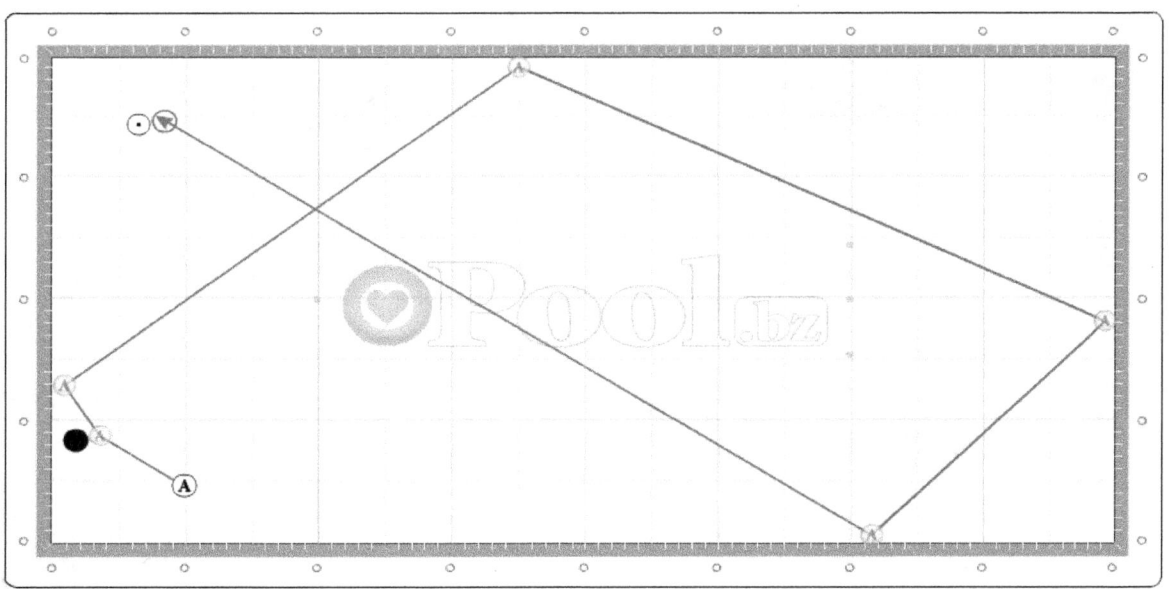

D:1b – Konfiguration

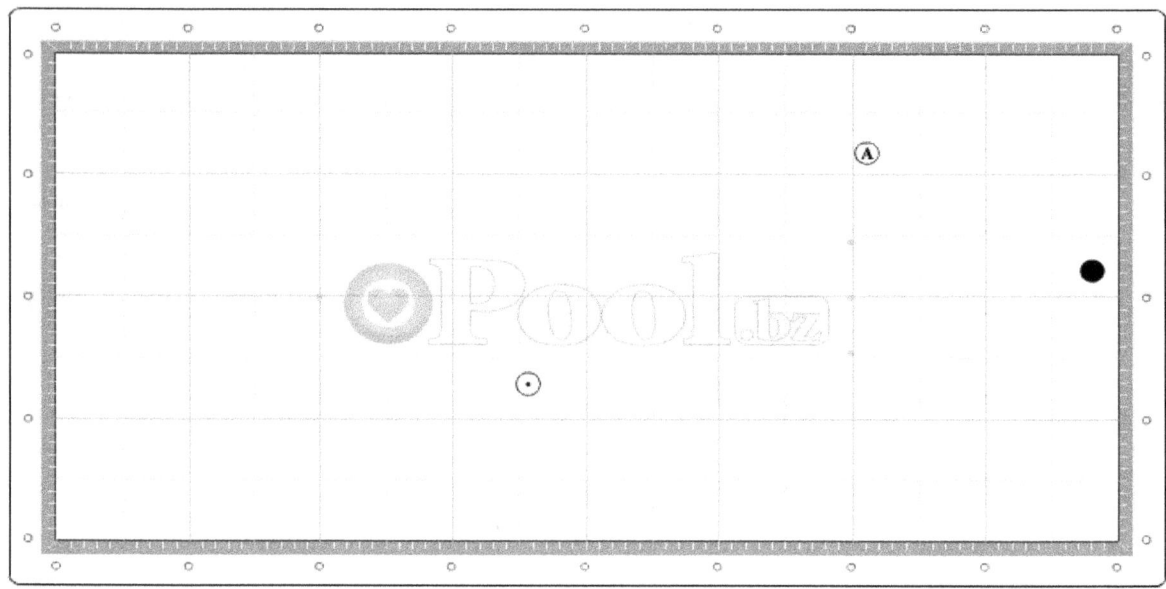

Notizen und Ideen:

Schussmuster

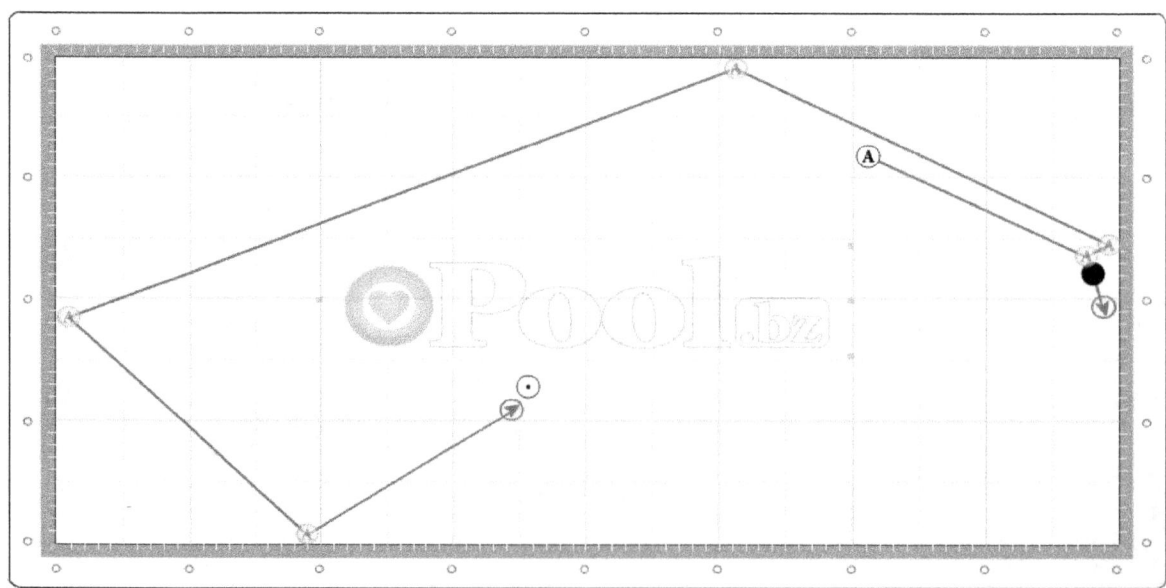

D:1c – Konfiguration

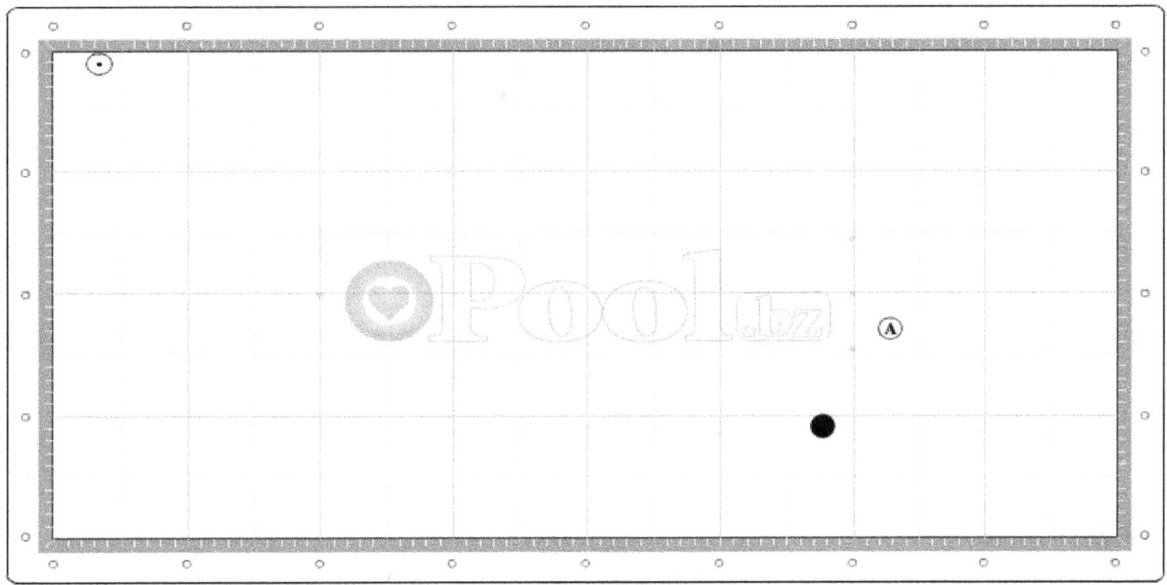

Notizen und Ideen:

Schussmuster

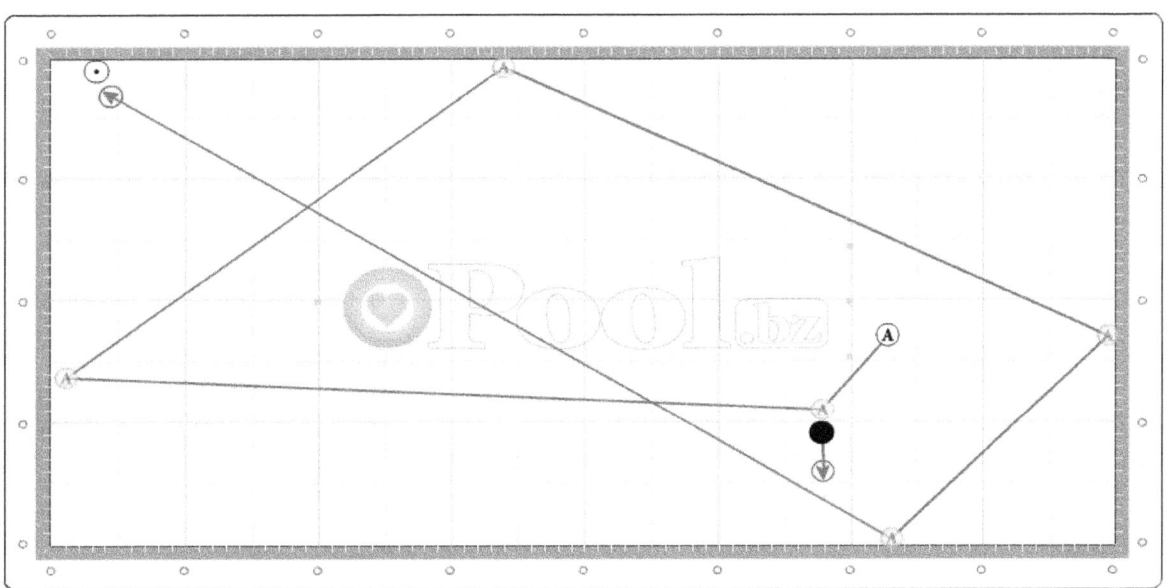

D:1d – Konfiguration

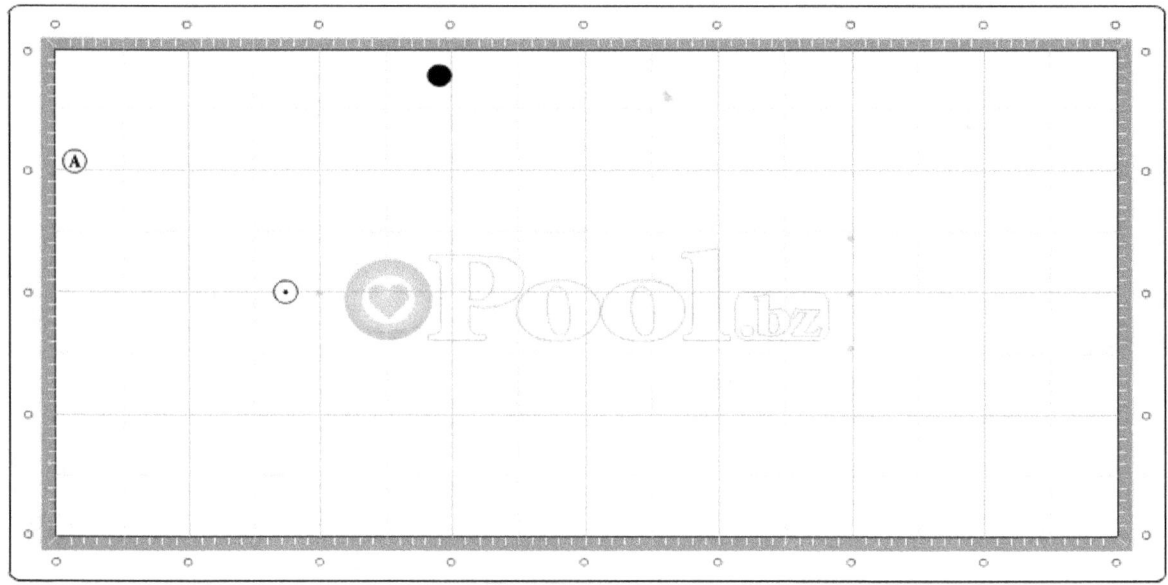

Notizen und Ideen:

Schussmuster

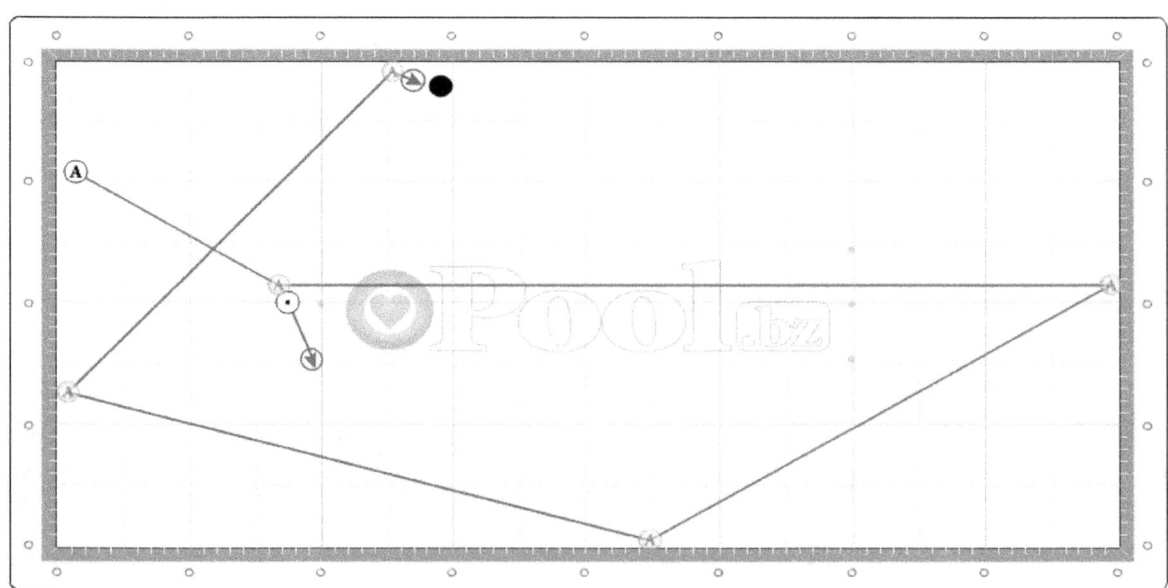

D: Gruppe 2

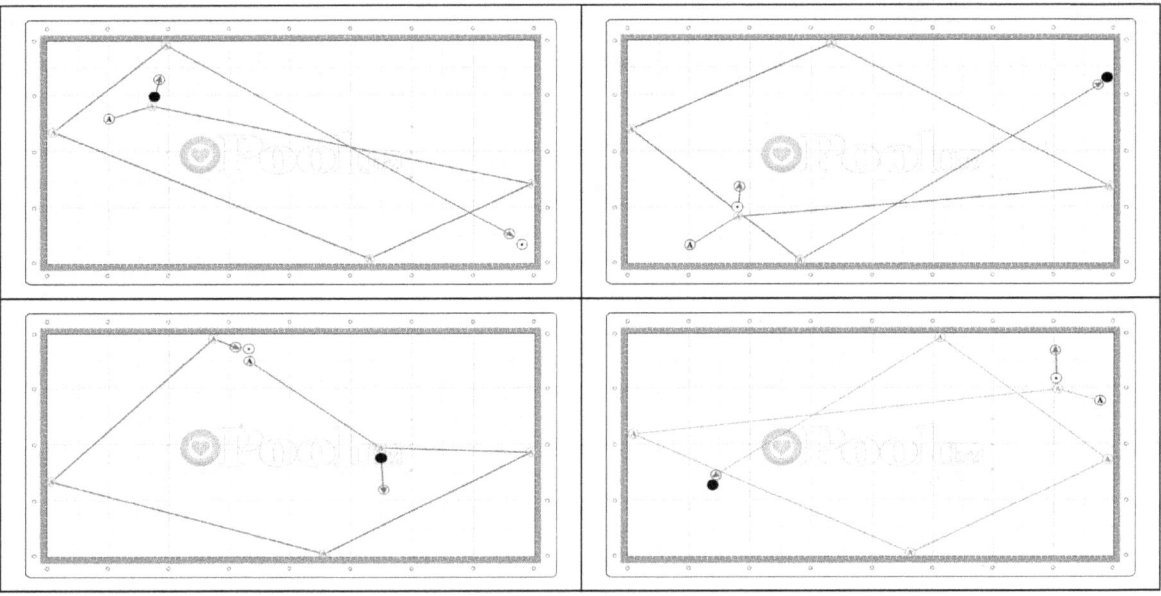

Analyse:

D:2a. _____

D:2b. _____

D:2c. _____

D:2d. _____

D:2a – Konfiguration

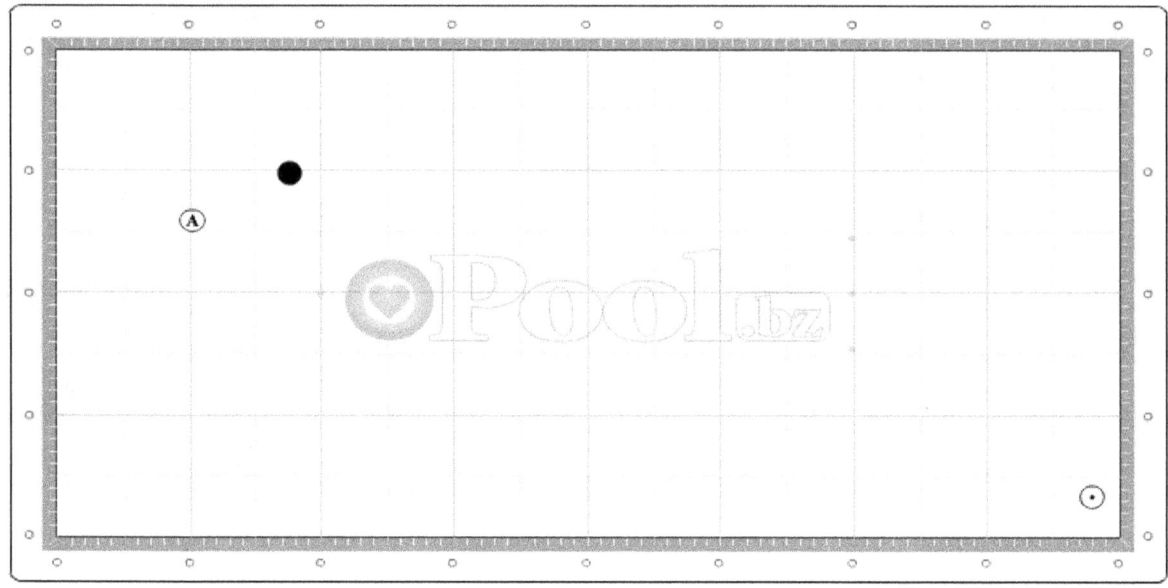

Notizen und Ideen:

Schussmuster

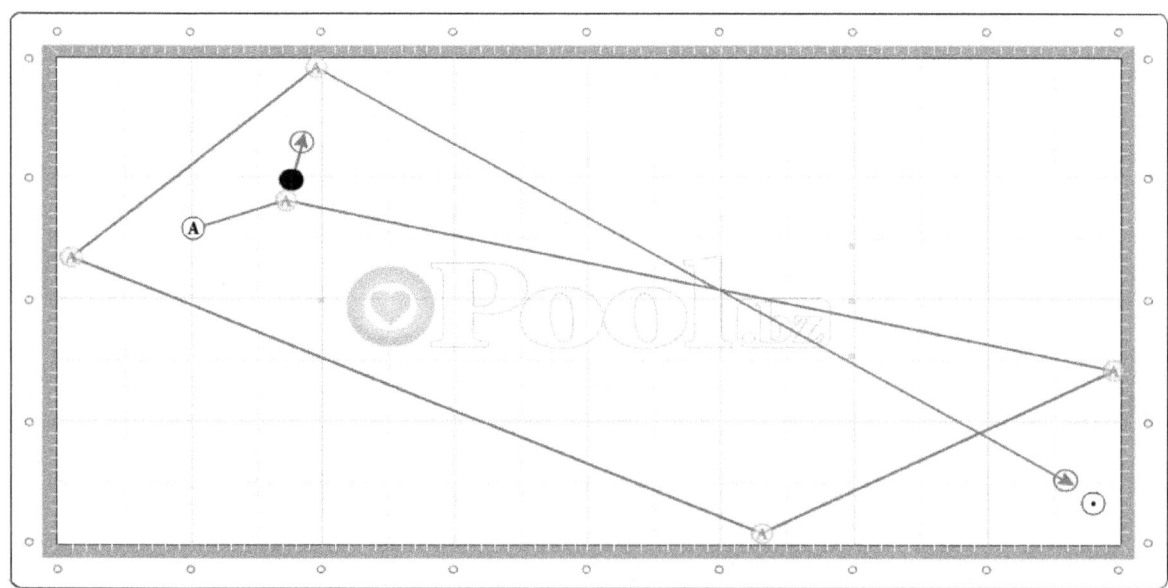

D:2b – Konfiguration

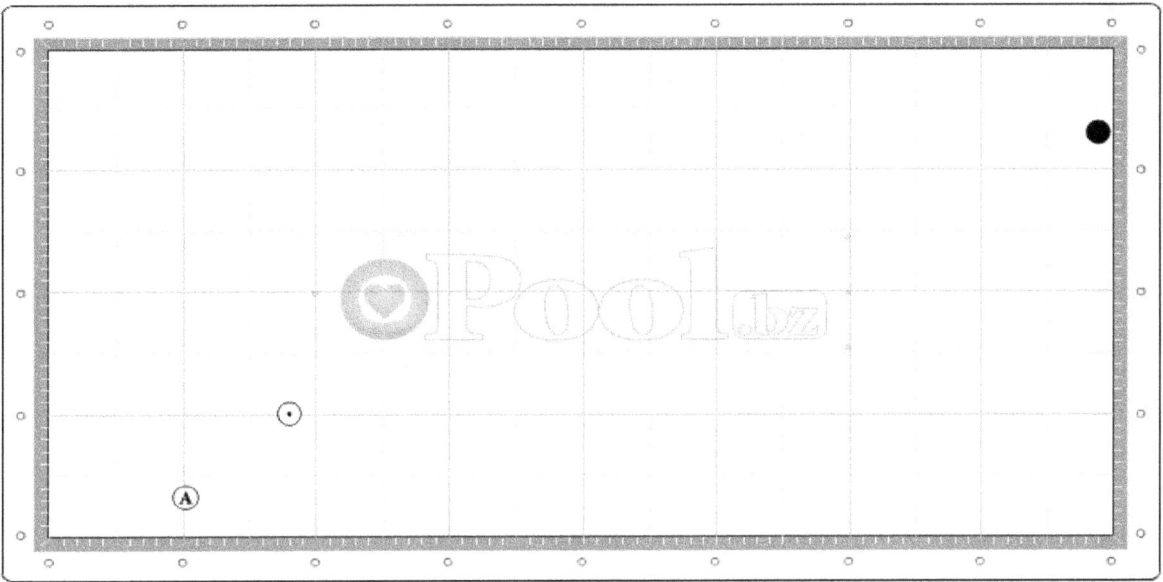

Notizen und Ideen:

Schussmuster

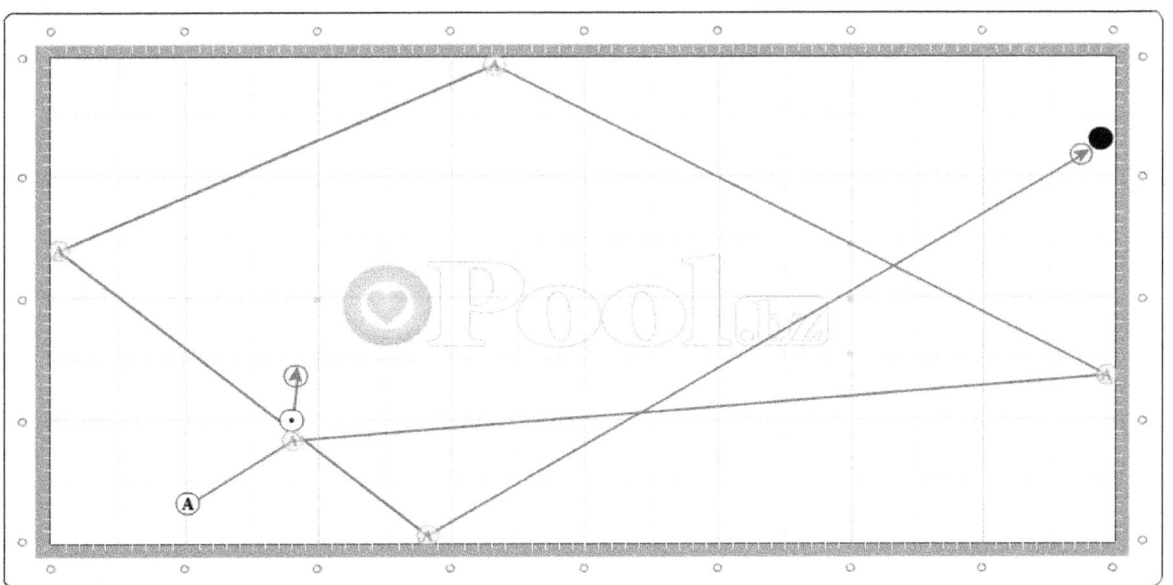

D:2c – Konfiguration

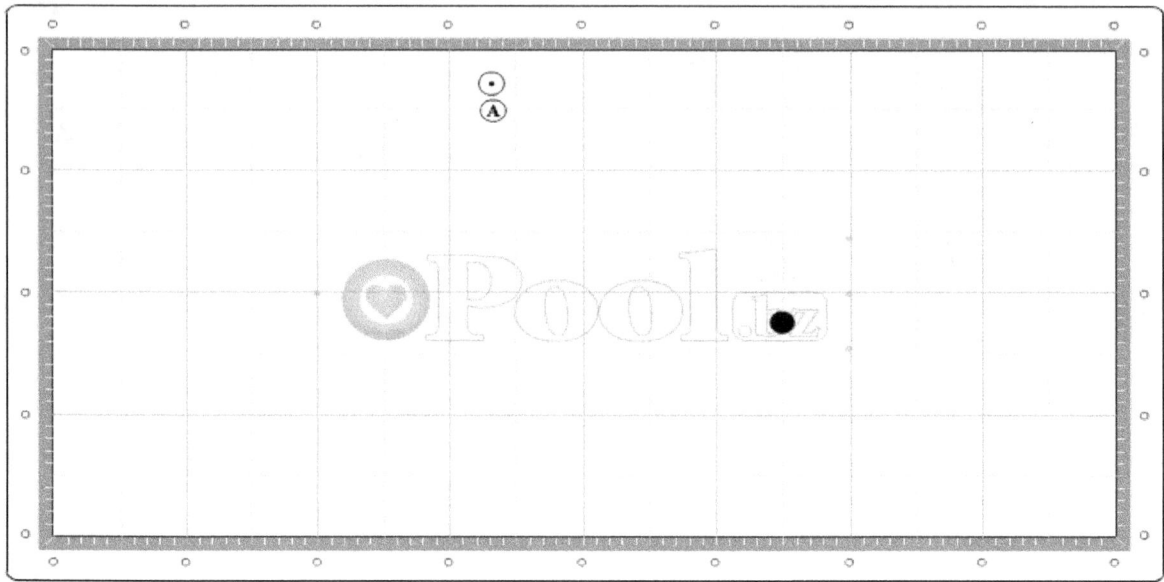

Notizen und Ideen:

Schussmuster

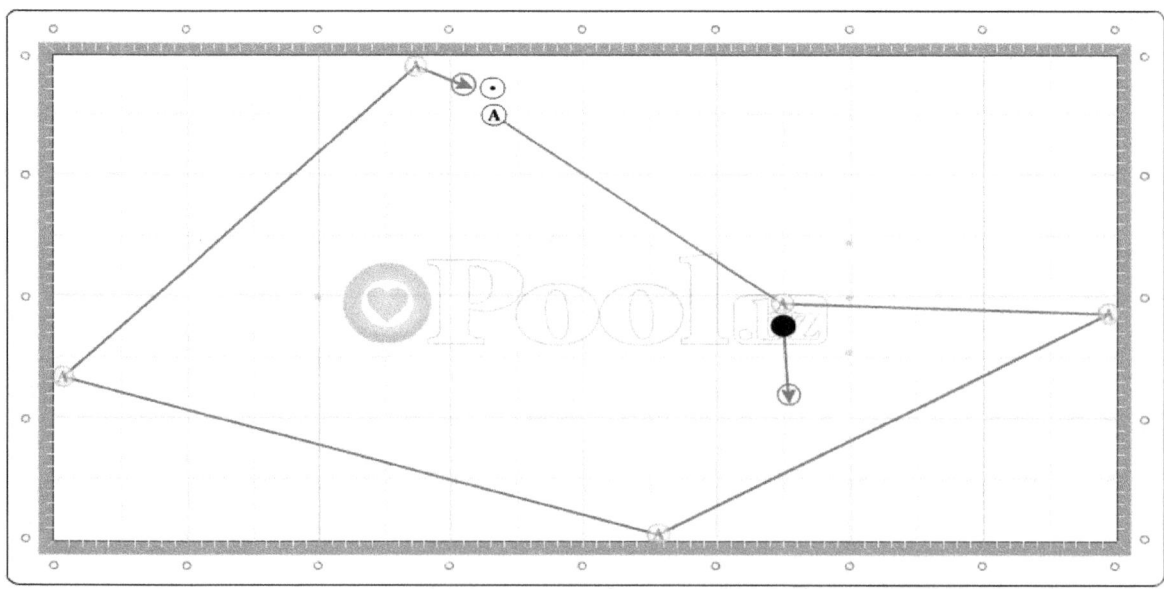

D:2d – Konfiguration

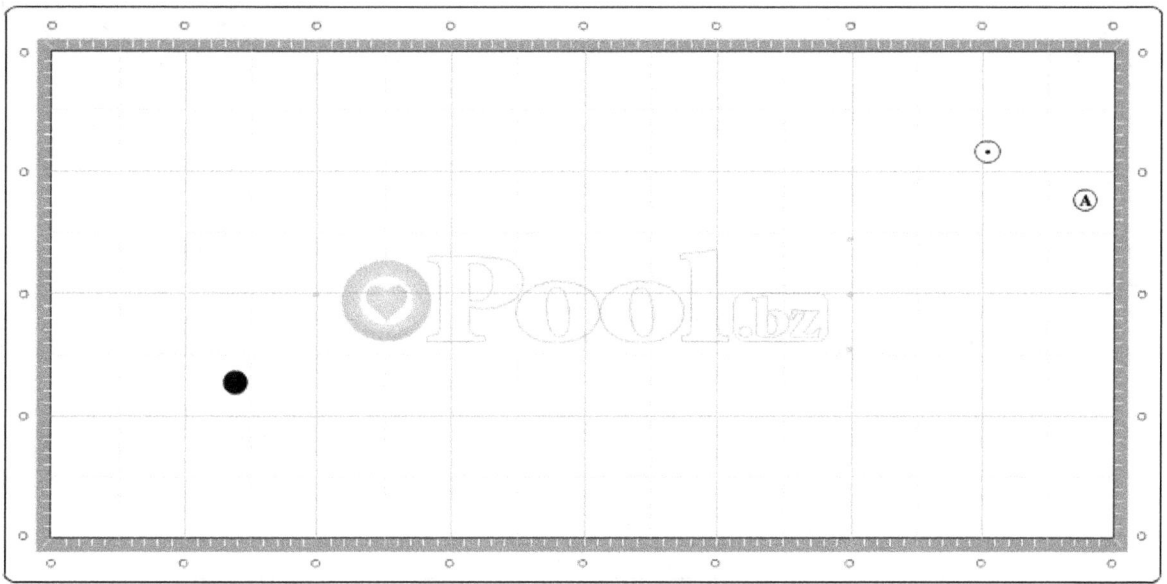

Notizen und Ideen:

Schussmuster

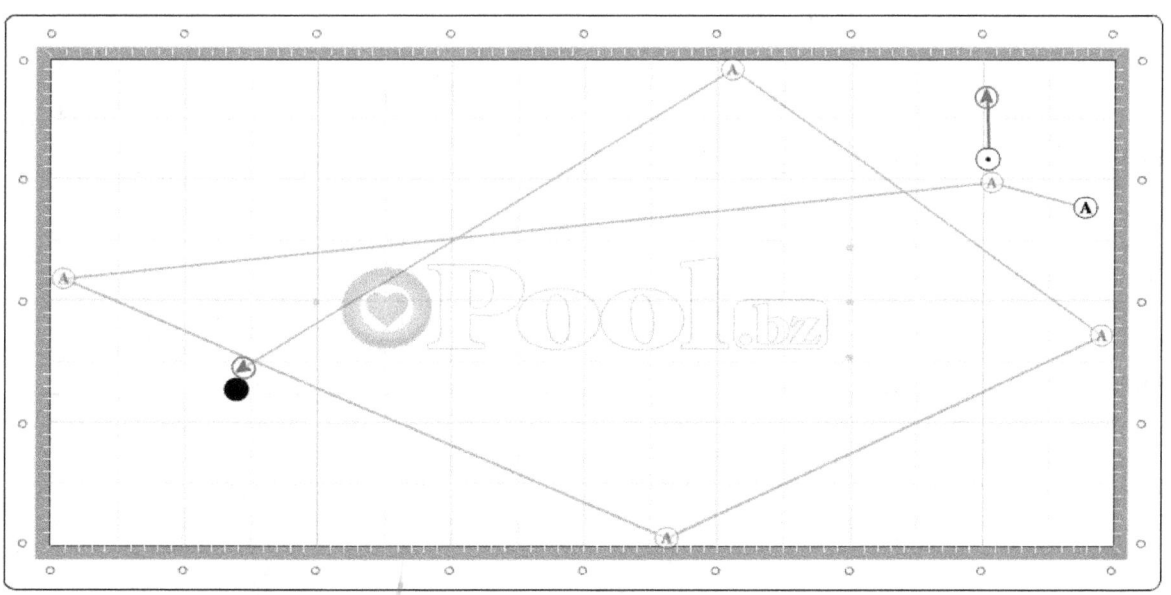

D: Gruppe 3

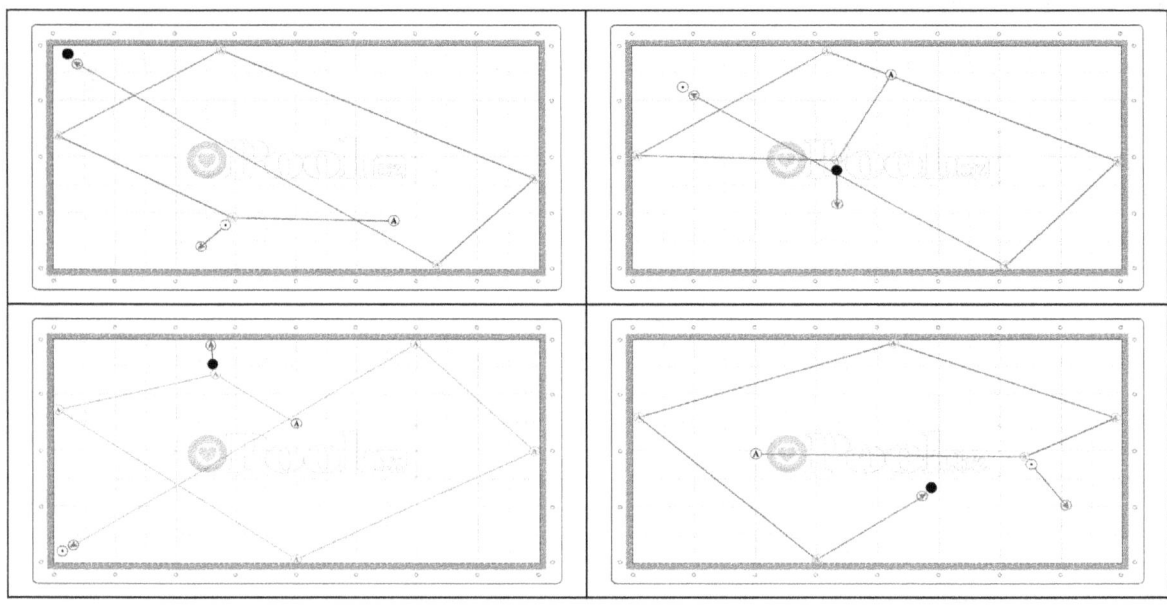

Analyse:

D:3a. _____

D:3b. _____

D:3c. _____

D:3d. _____

D:3a – Konfiguration

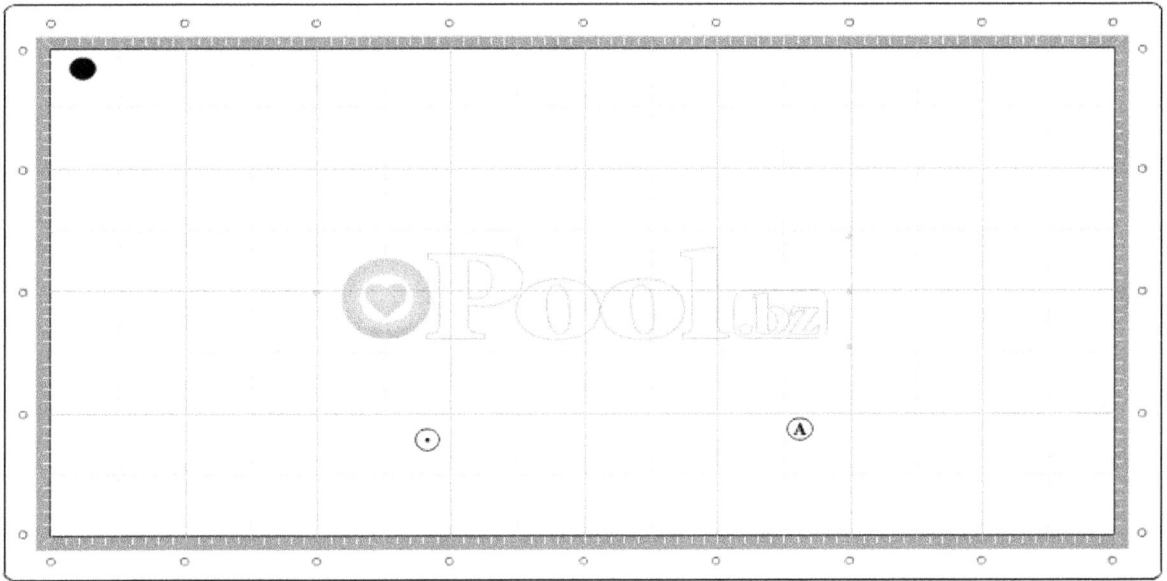

Notizen und Ideen:

Schussmuster

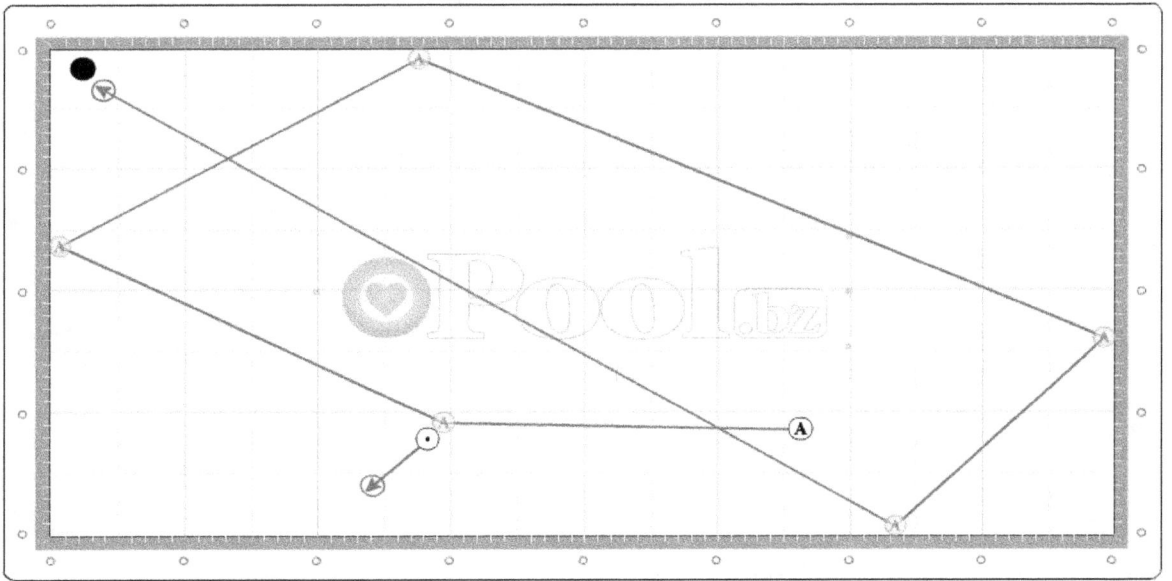

D:3b – Konfiguration

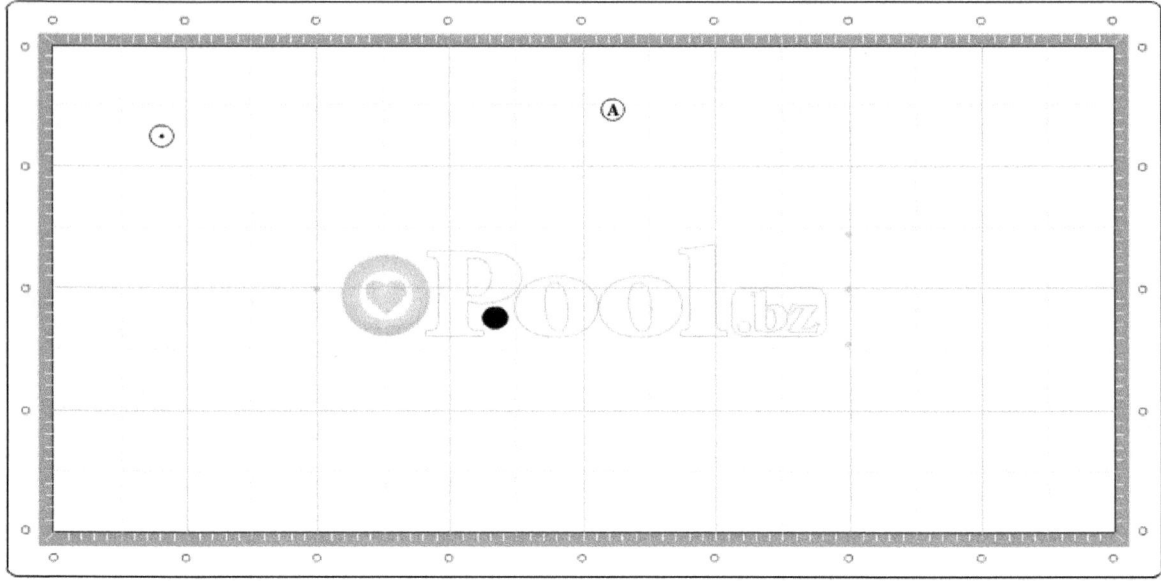

Notizen und Ideen:

Schussmuster

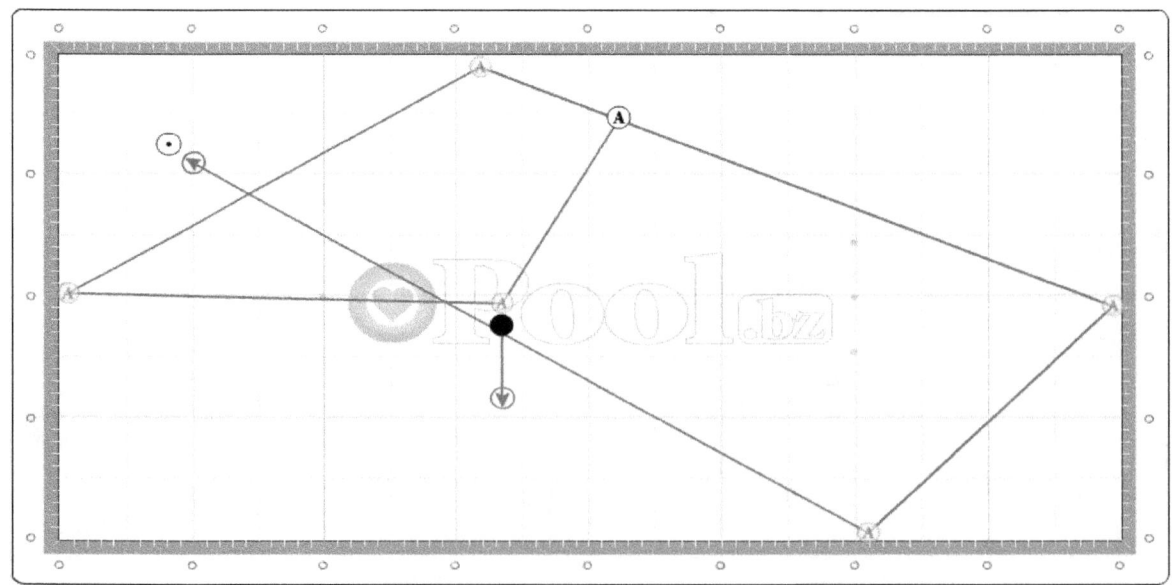

D:3c – Konfiguration

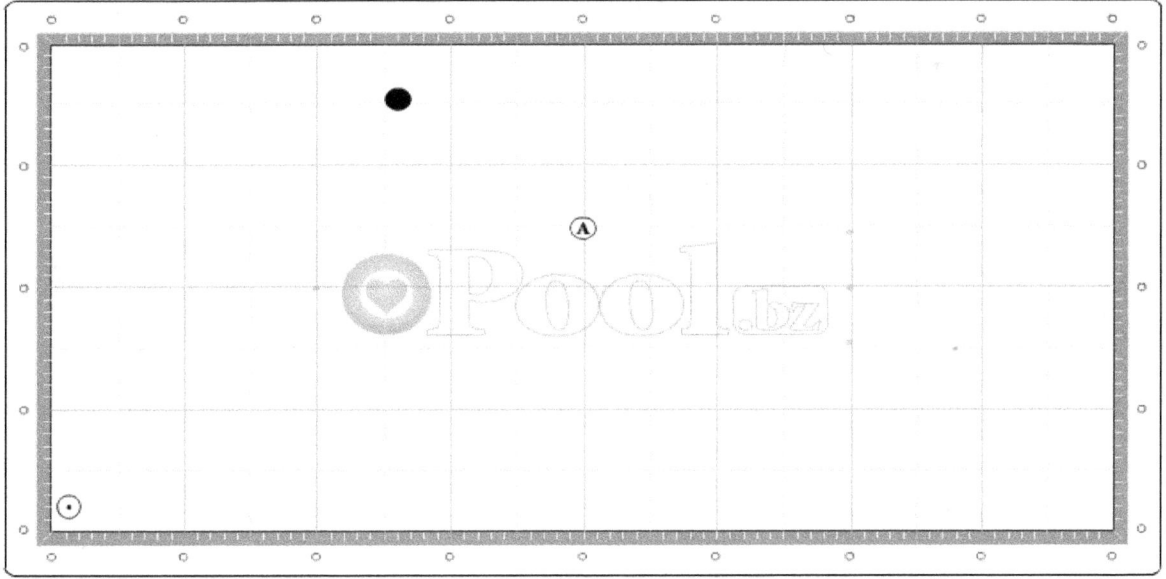

Notizen und Ideen:

Schussmuster

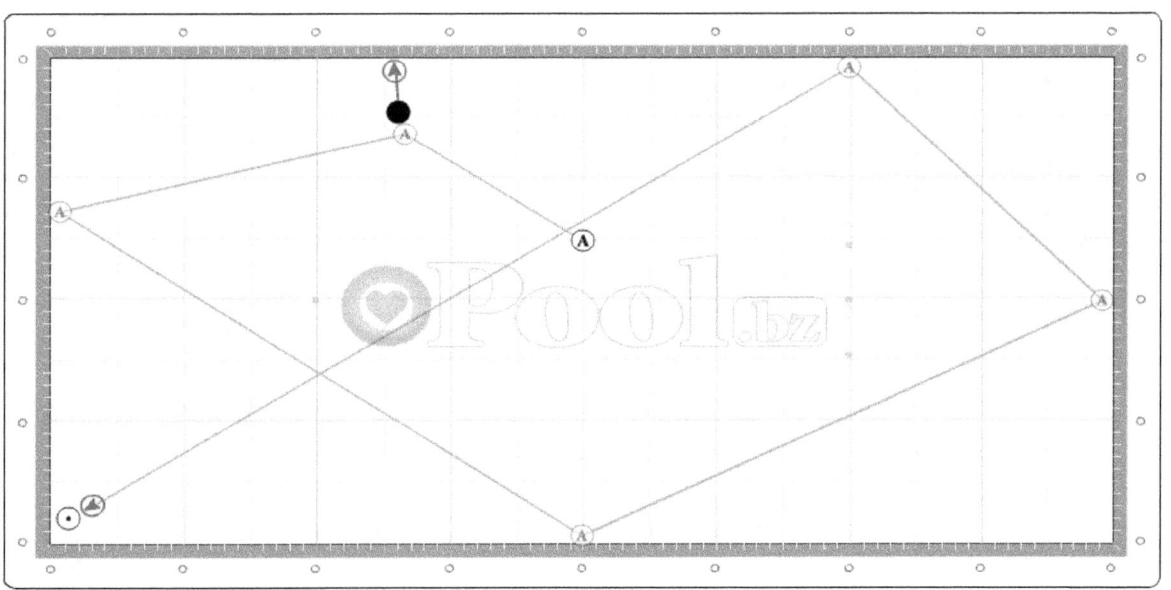

D:3d – Konfiguration

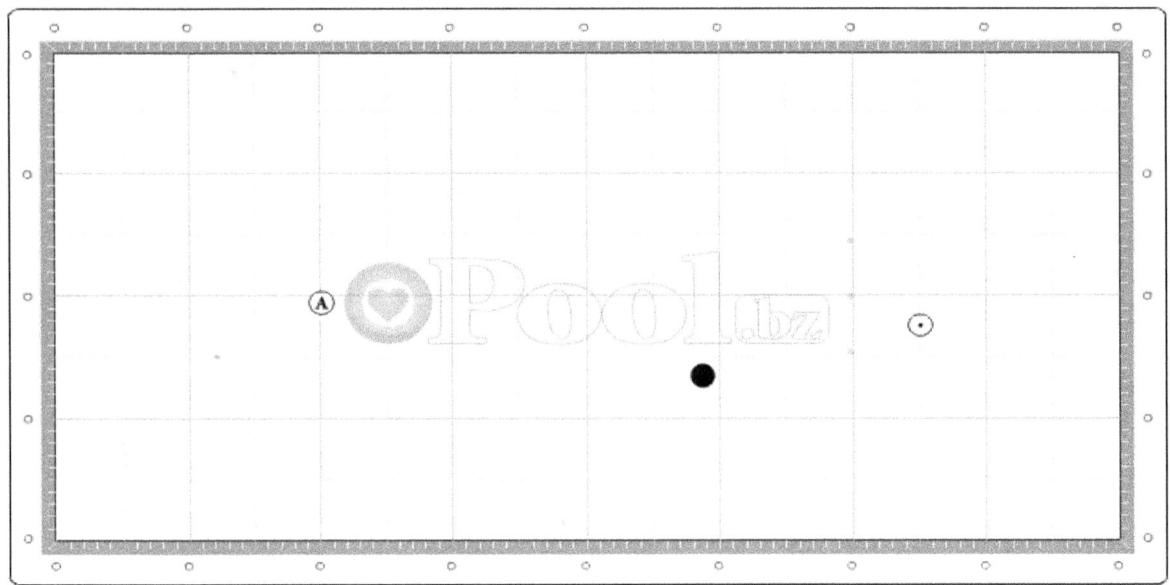

Notizen und Ideen:

Schussmuster

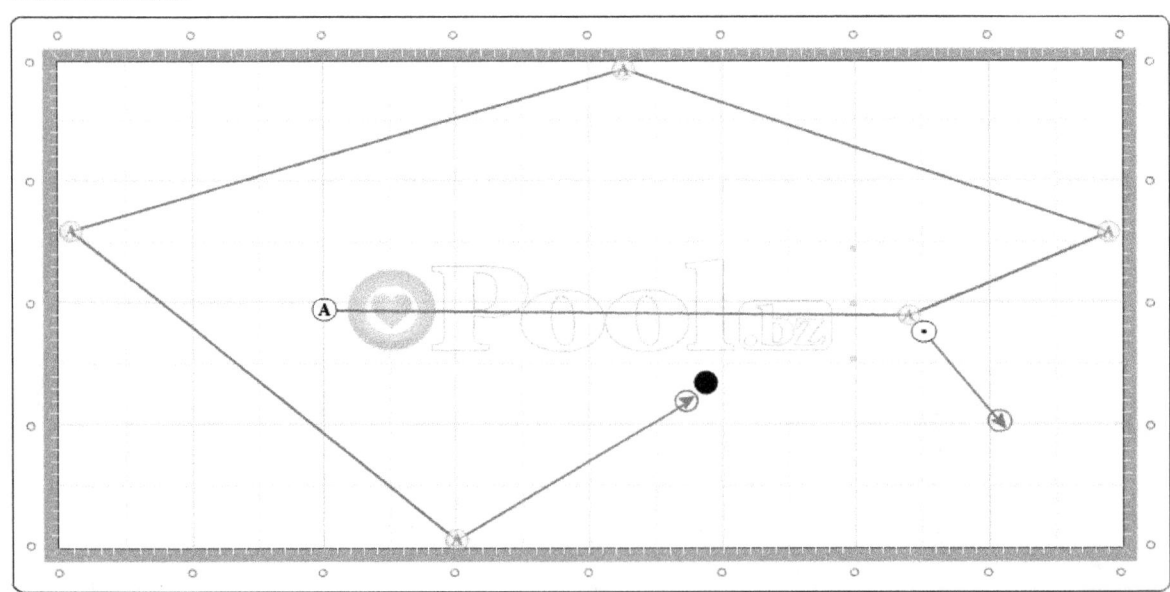

D: Gruppe 4

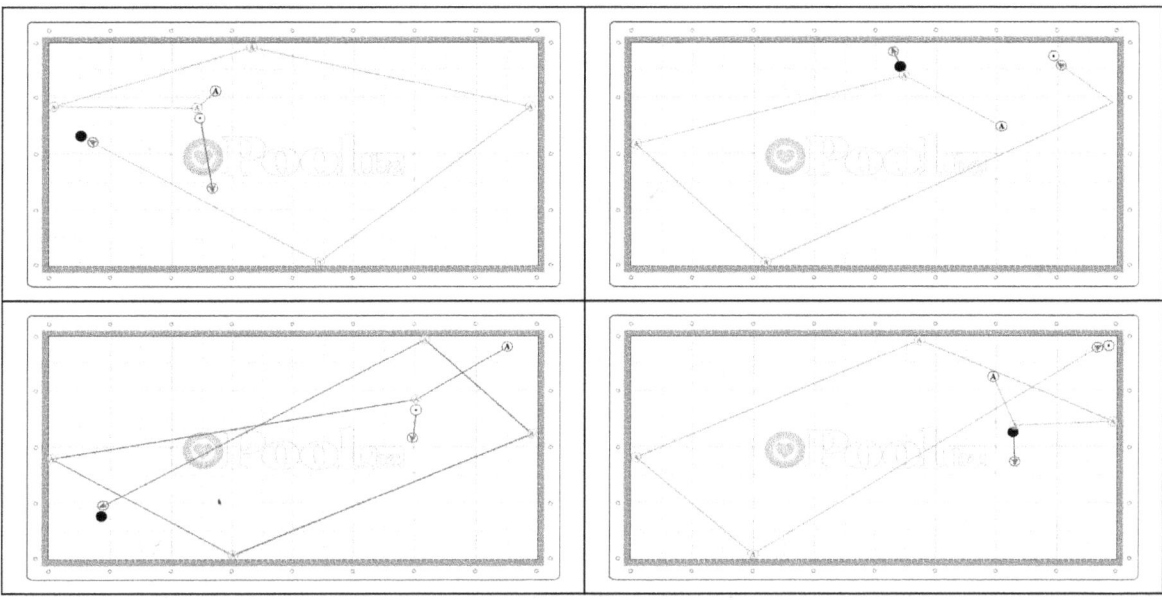

Analyse:

D:4a. _____

D:4b. _____

D:4c. _____

D:4d. _____

D:4a – Konfiguration

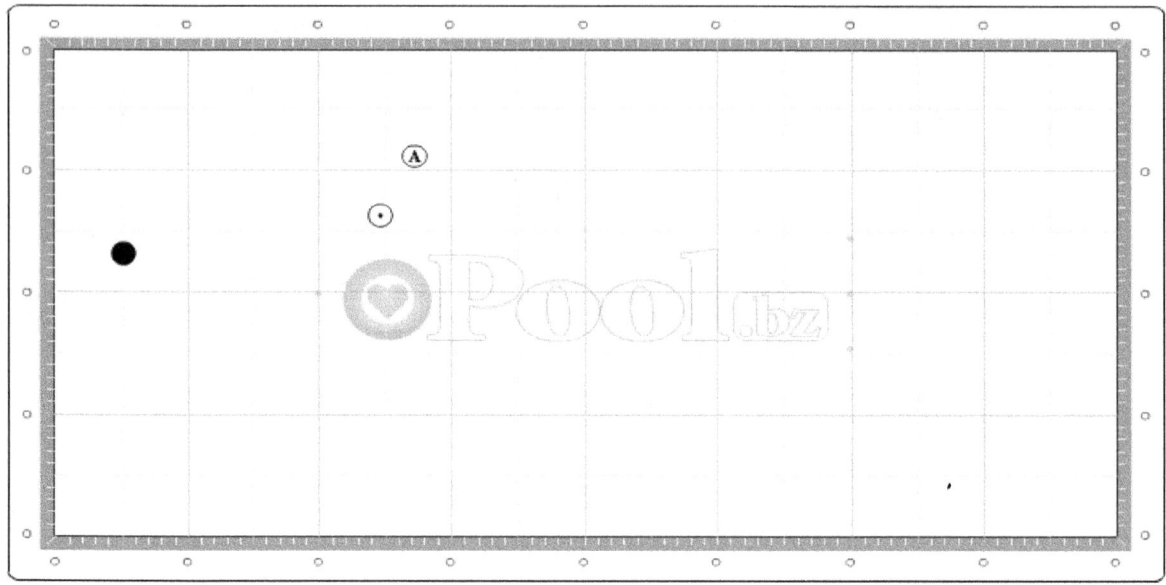

Notizen und Ideen:

Schussmuster

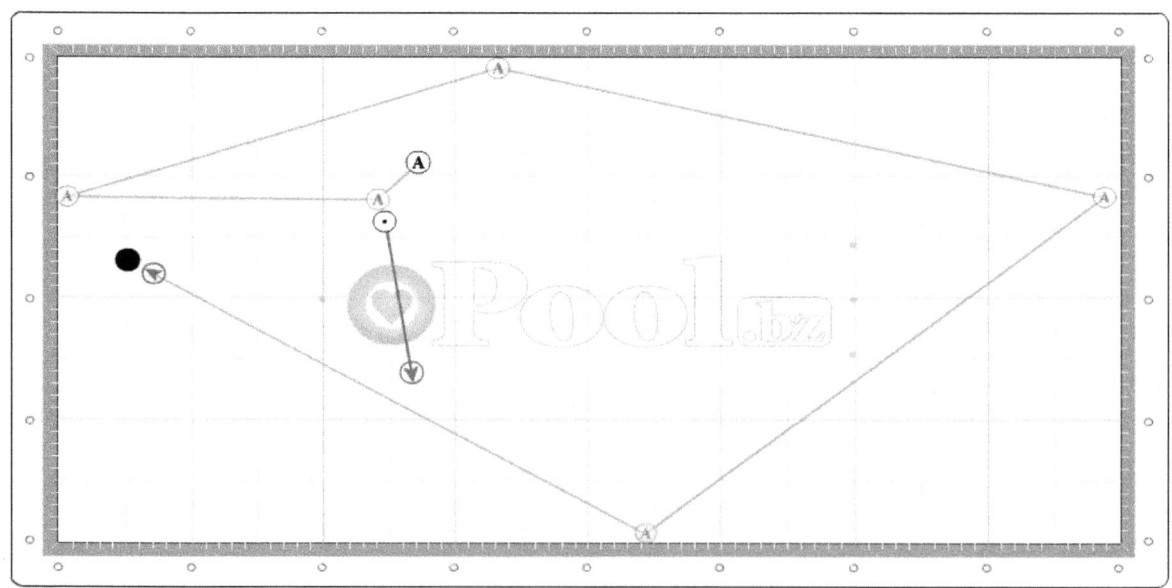

D:4b – Konfiguration

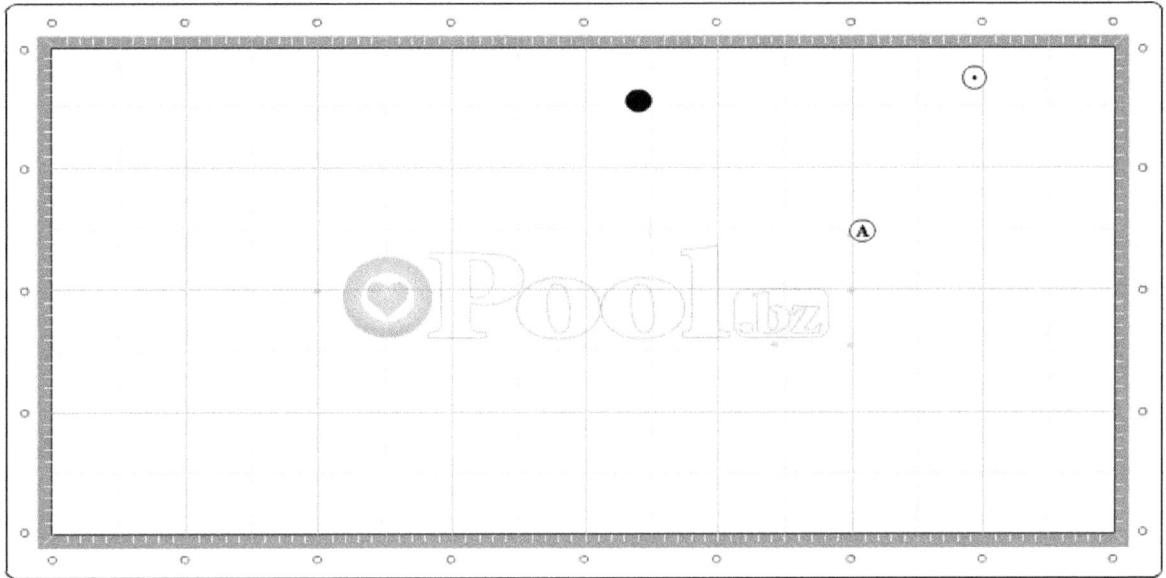

Notizen und Ideen:

Schussmuster

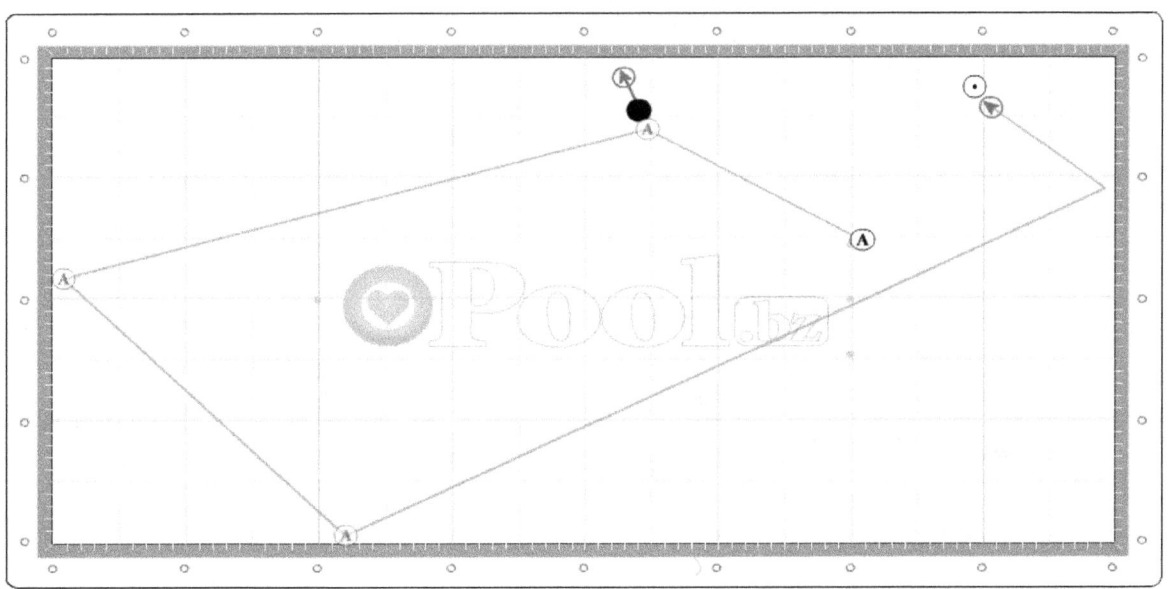

D:4c – Konfiguration

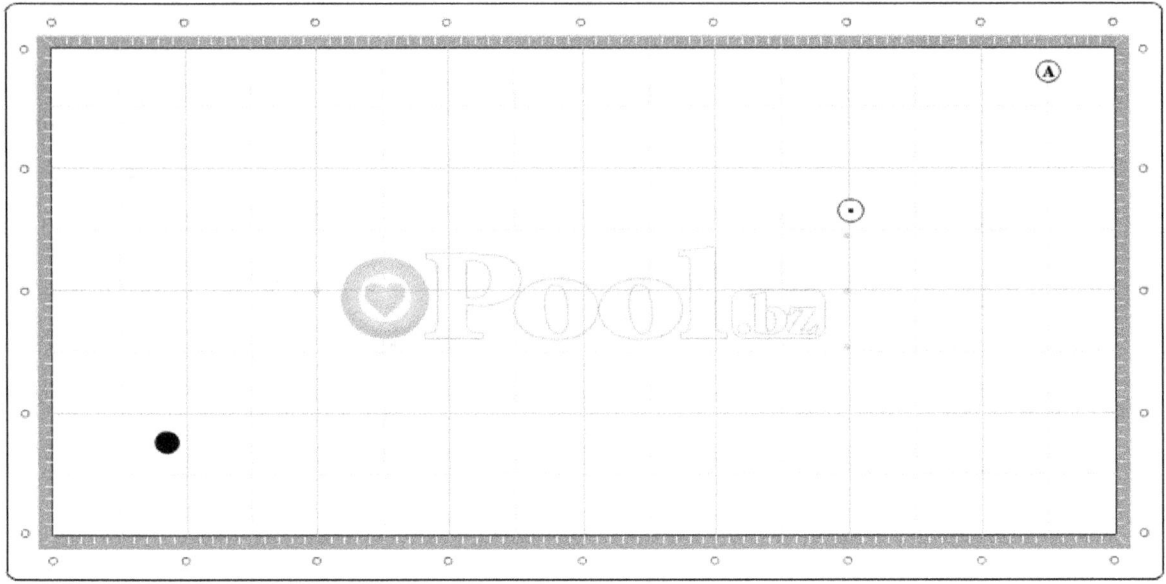

Notizen und Ideen:

Schussmuster

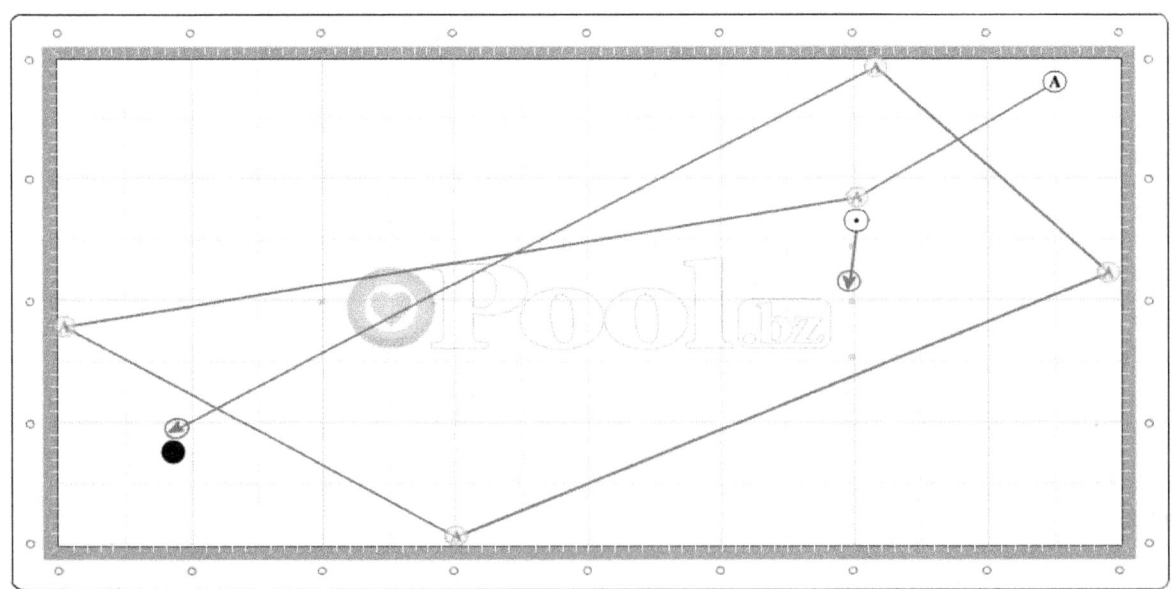

D:4d – Konfiguration

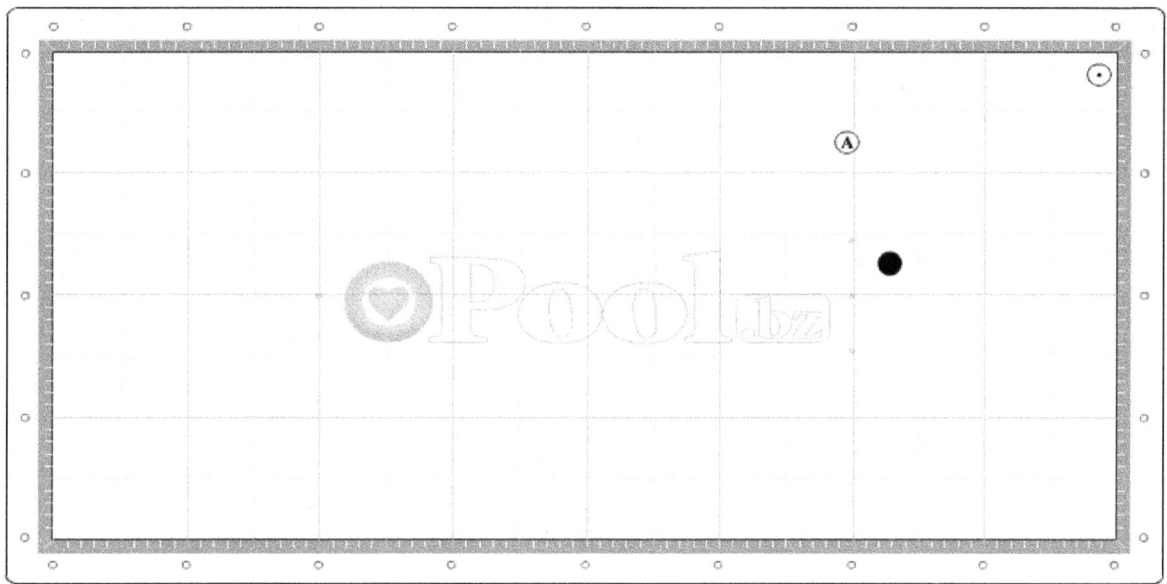

Notizen und Ideen:

Schussmuster

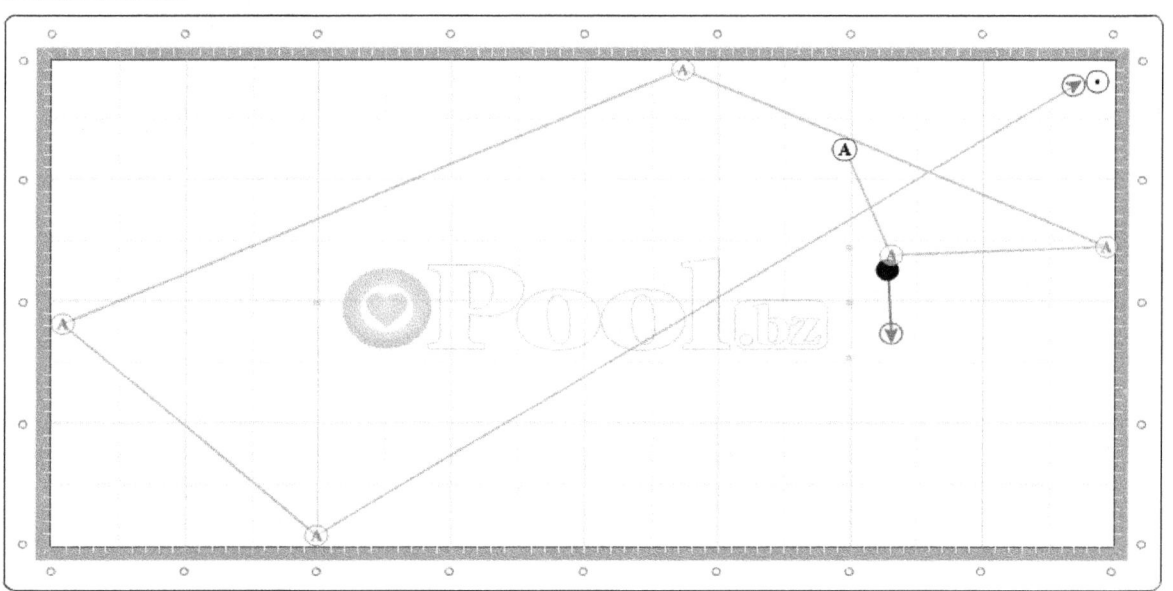

E: Fünf band (langes band)

Der (CB) kommt vom ersten (OB) und in das lange band. Das (CB) fährt in fünf band, bevor es das andere berührt (OB).

(A) (CB) (Ihre Billardkugel) - ⊙ (OB) (Gegner Billardkugel) - ● (OB) (rote Billardkugel)

E: Gruppe 1

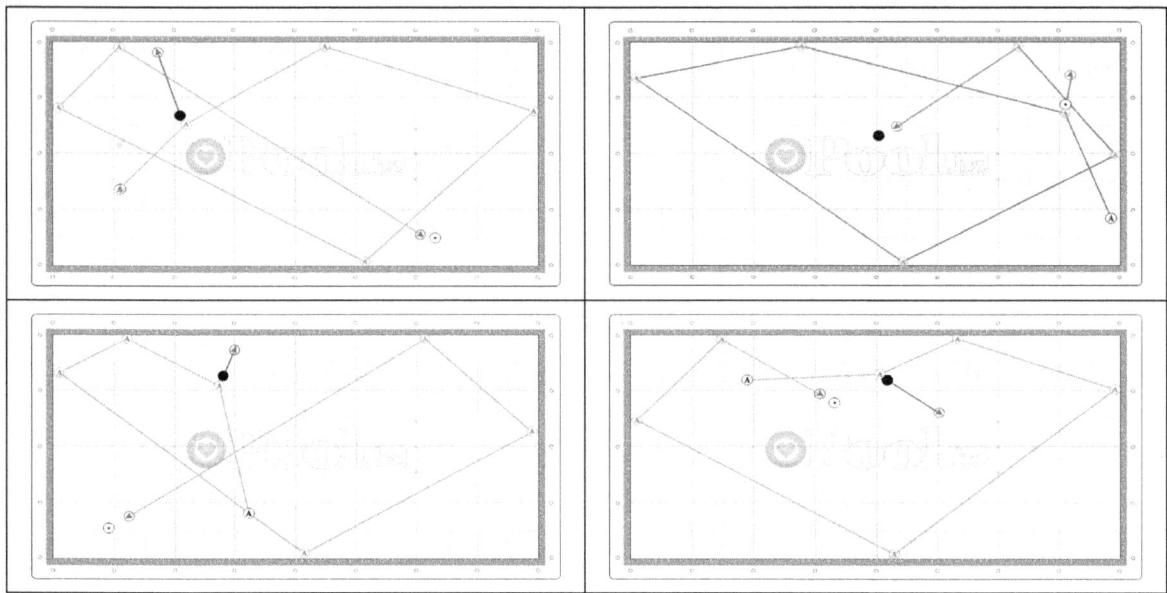

Analyse:

E:1a. _____

E:1b. _____

E:1c. _____

E:1d. _____

E:1a – Konfiguration

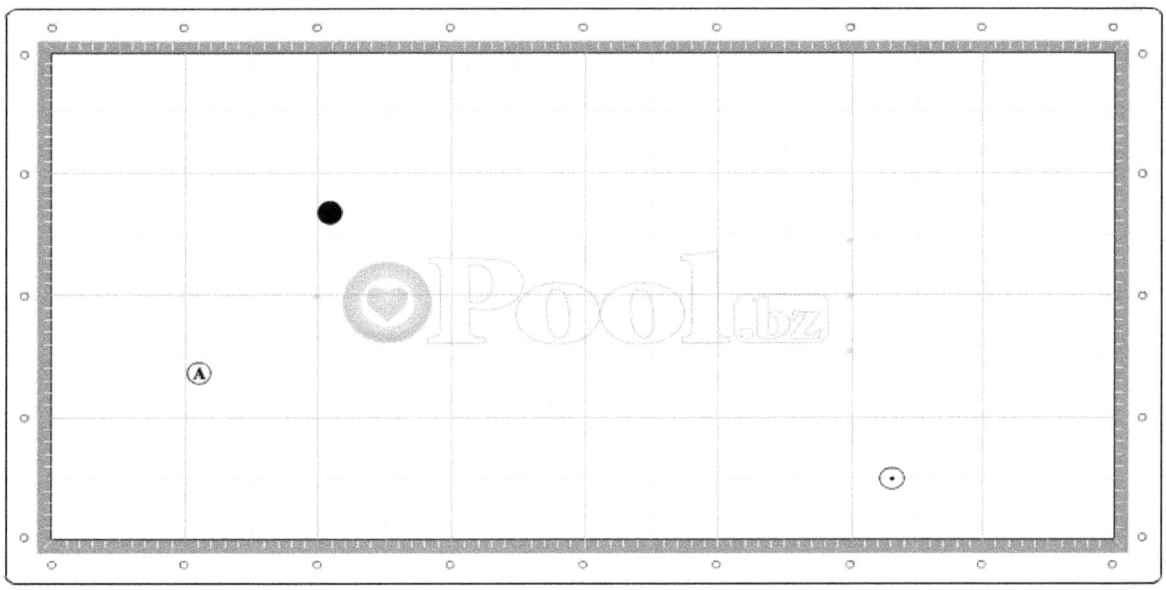

Notizen und Ideen:

Schussmuster

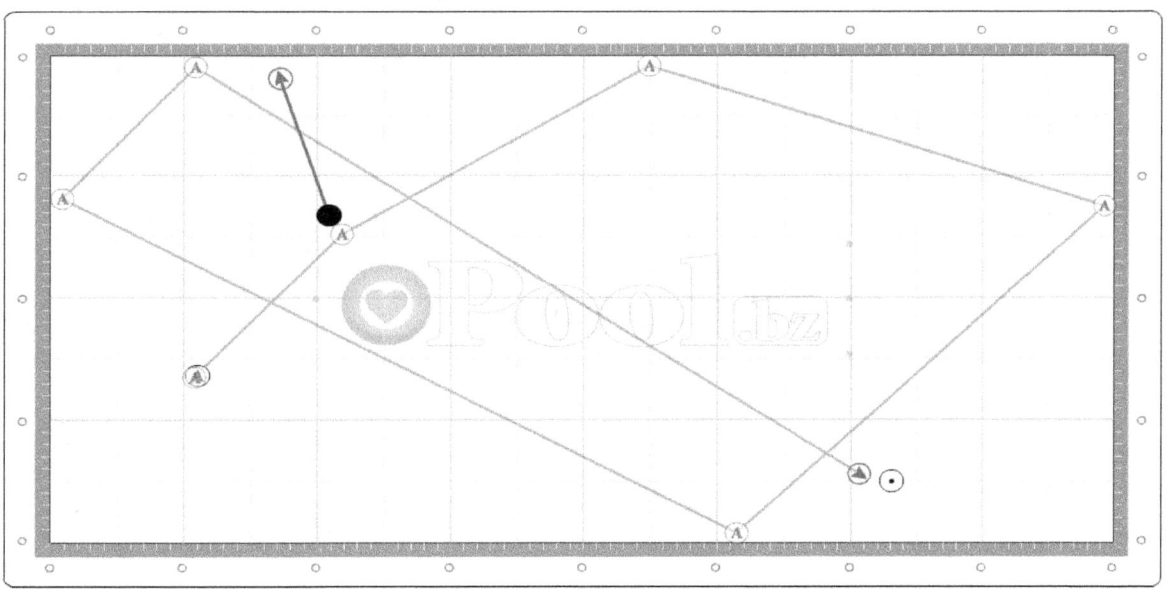

E:1b – Konfiguration

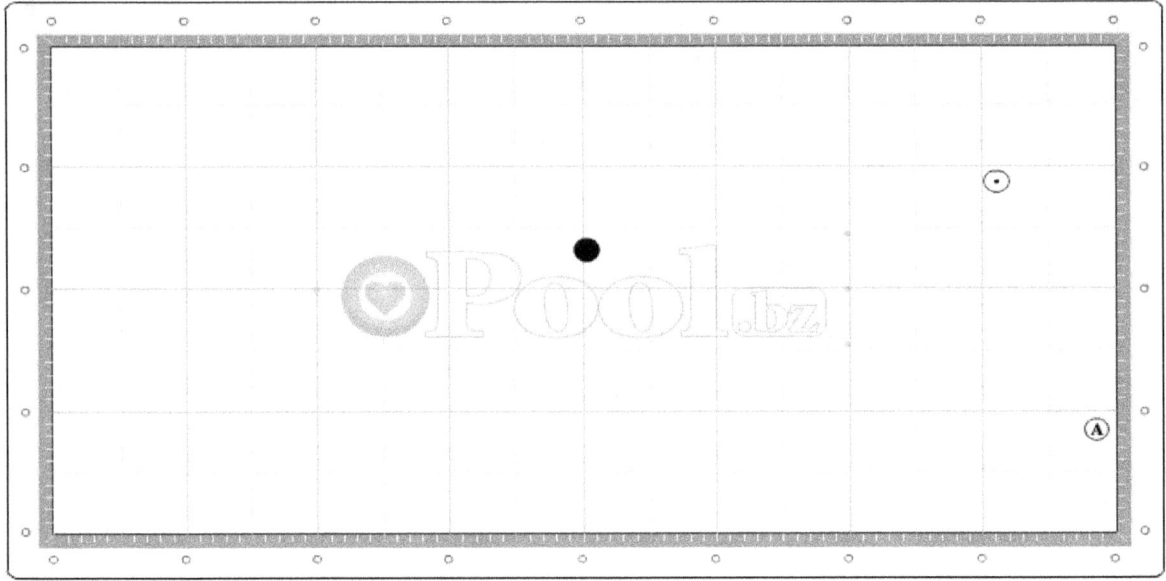

Notizen und Ideen:

Schussmuster

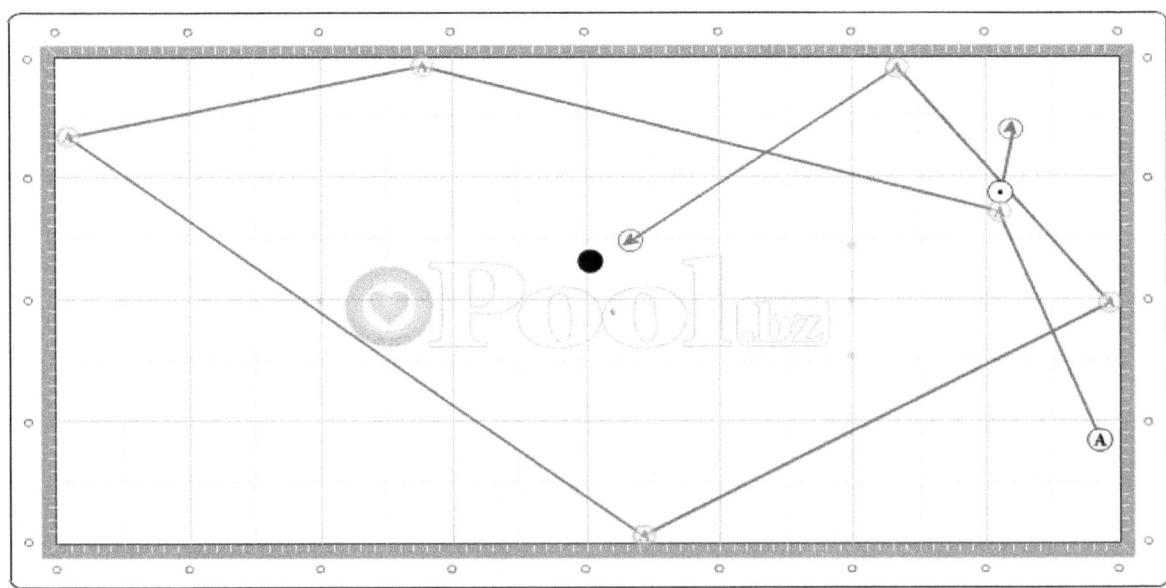

E:1c – Konfiguration

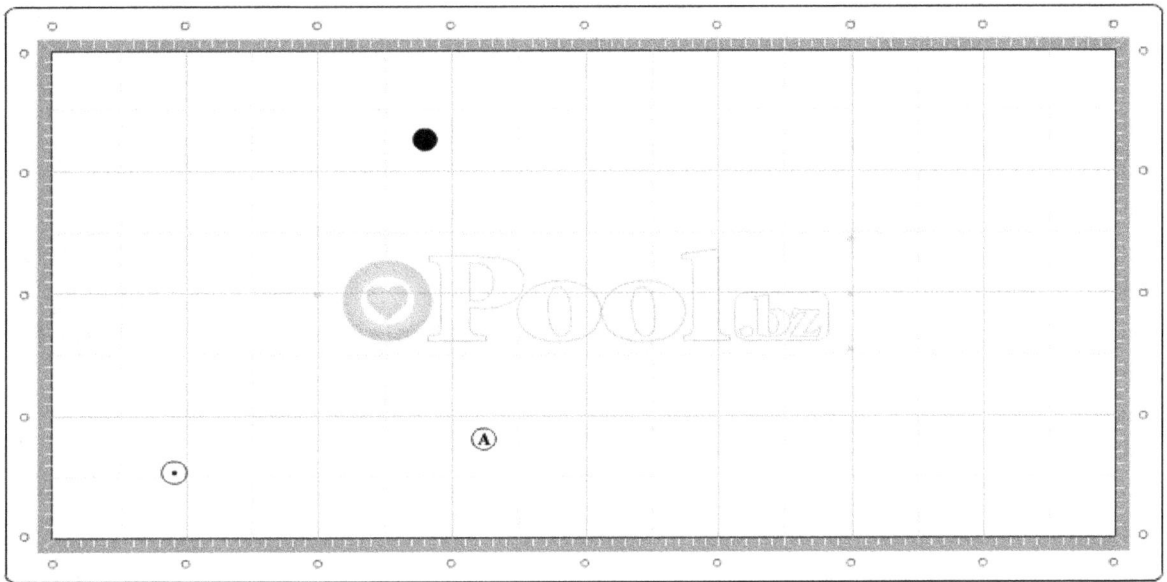

Notizen und Ideen:

Schussmuster

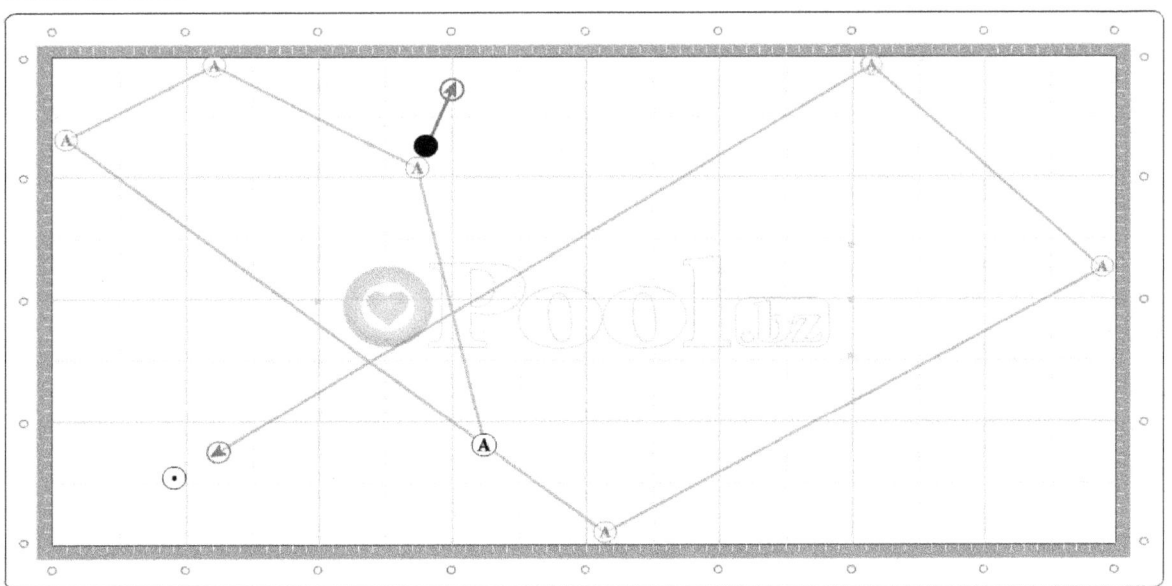

E:1d – Konfiguration

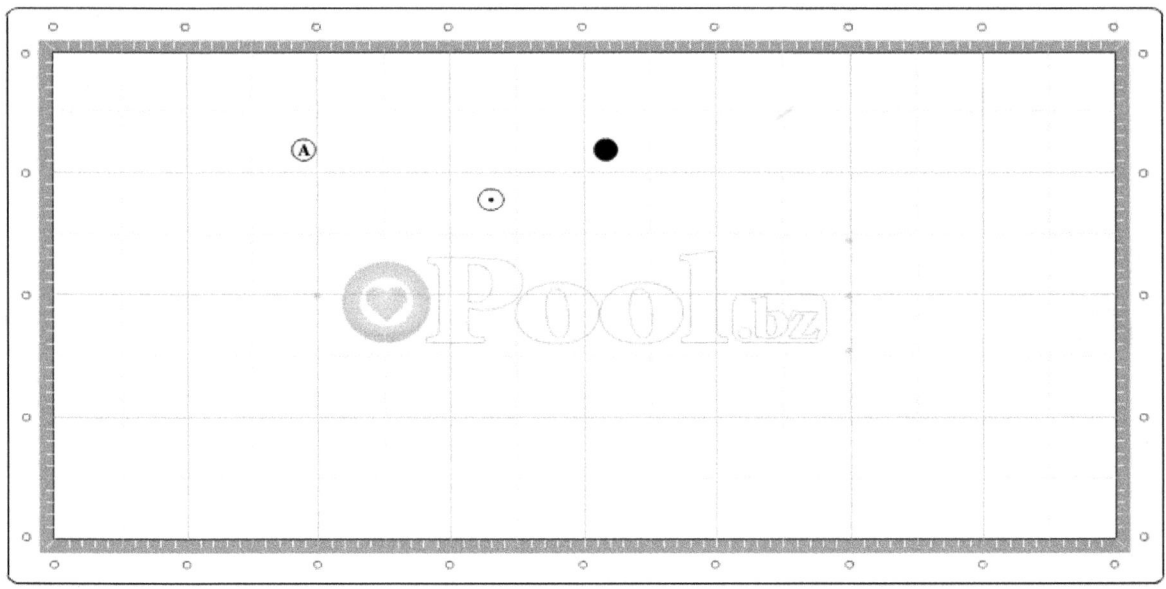

Notizen und Ideen:

Schussmuster

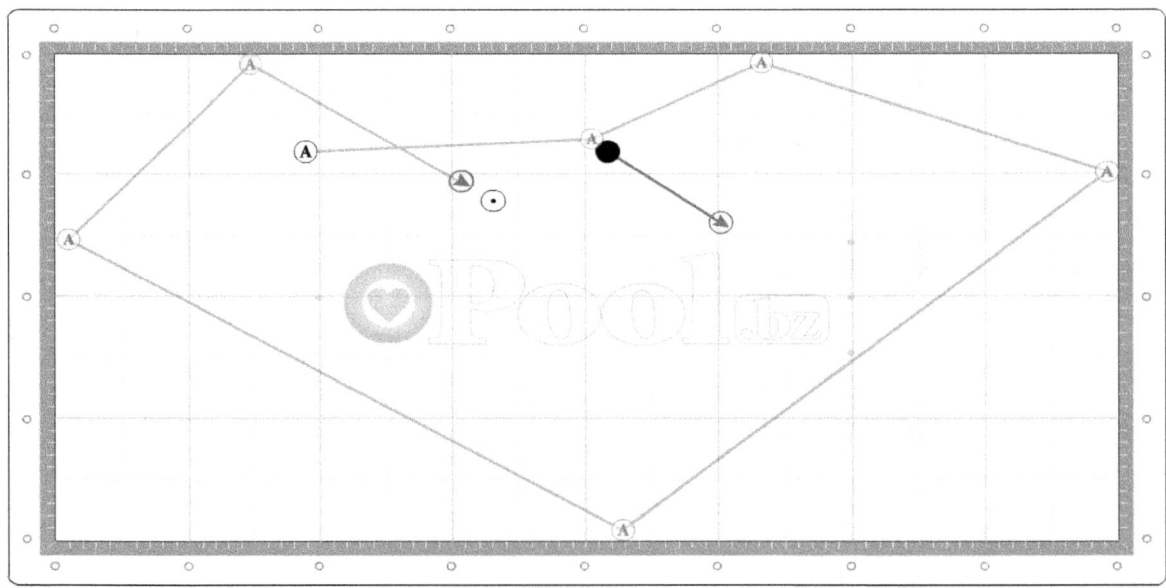

E: Gruppe 2

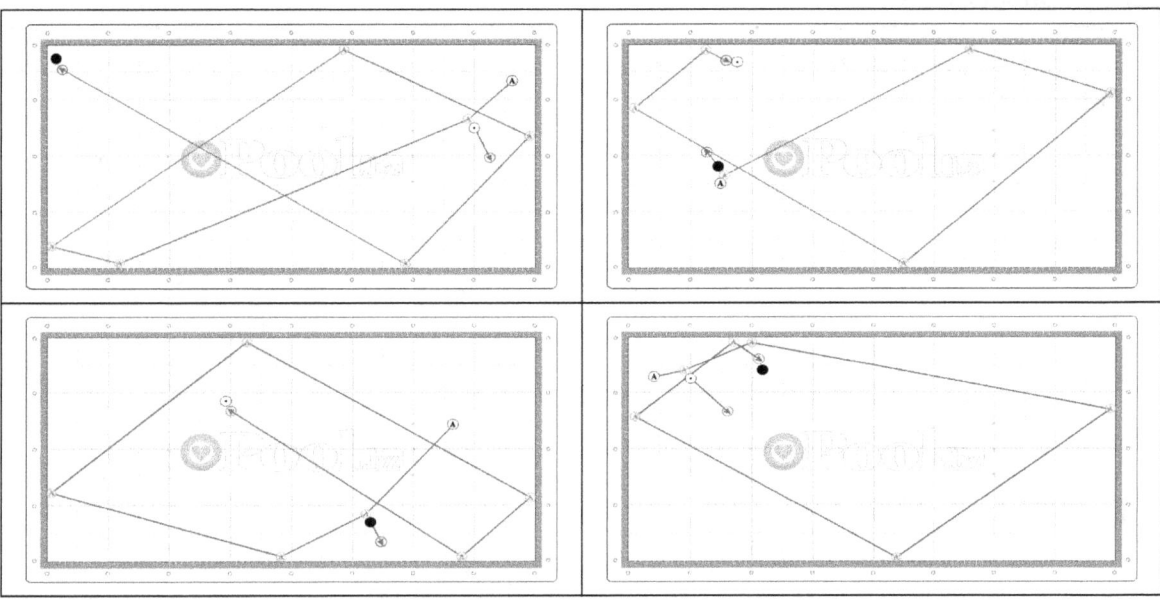

Analyse:

E:2a. _____

E:2b. _____

E:2c. _____

E:2d. _____

E:2a – Konfiguration

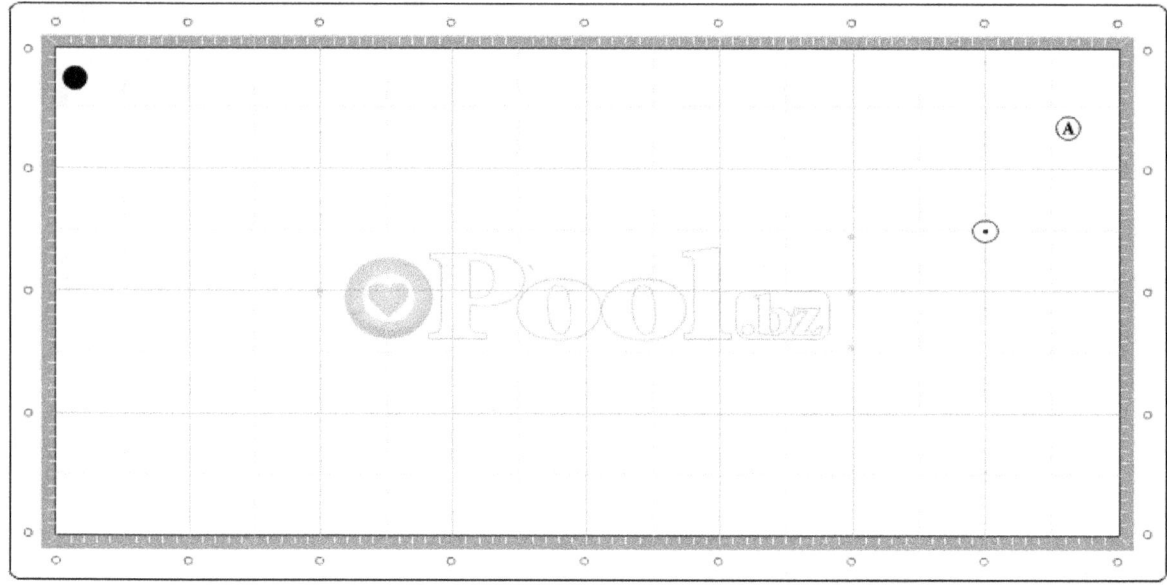

Notizen und Ideen:

Schussmuster

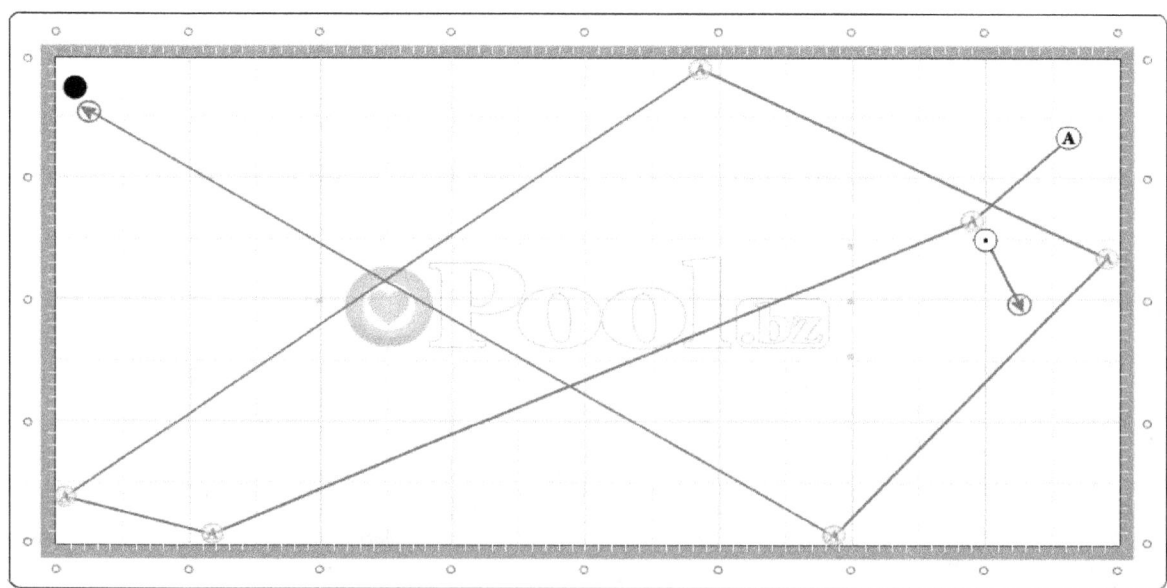

E:2b – Konfiguration

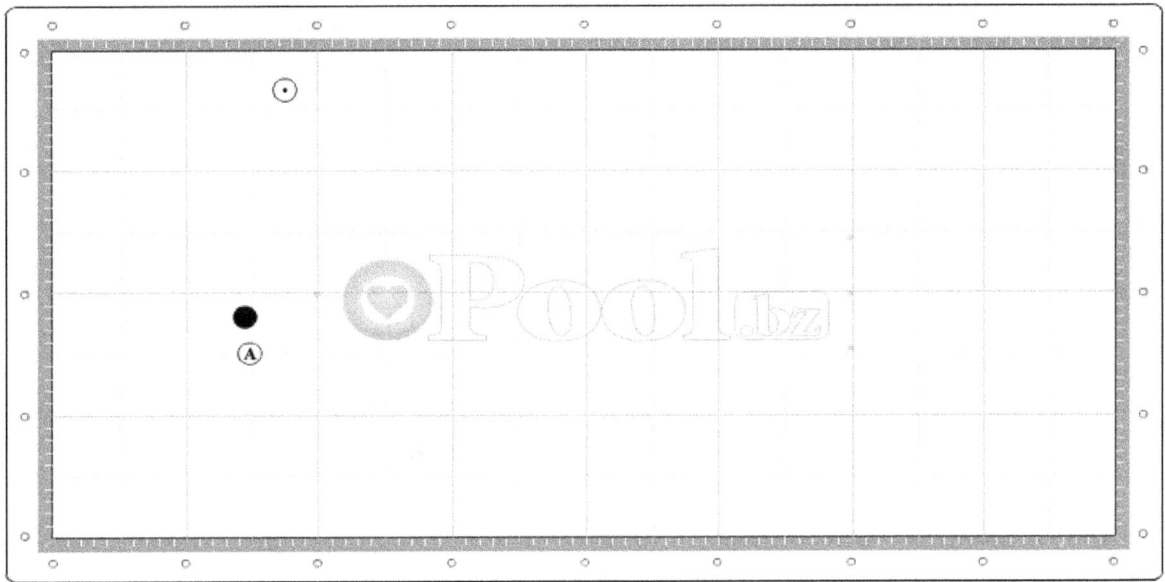

Notizen und Ideen:

Schussmuster

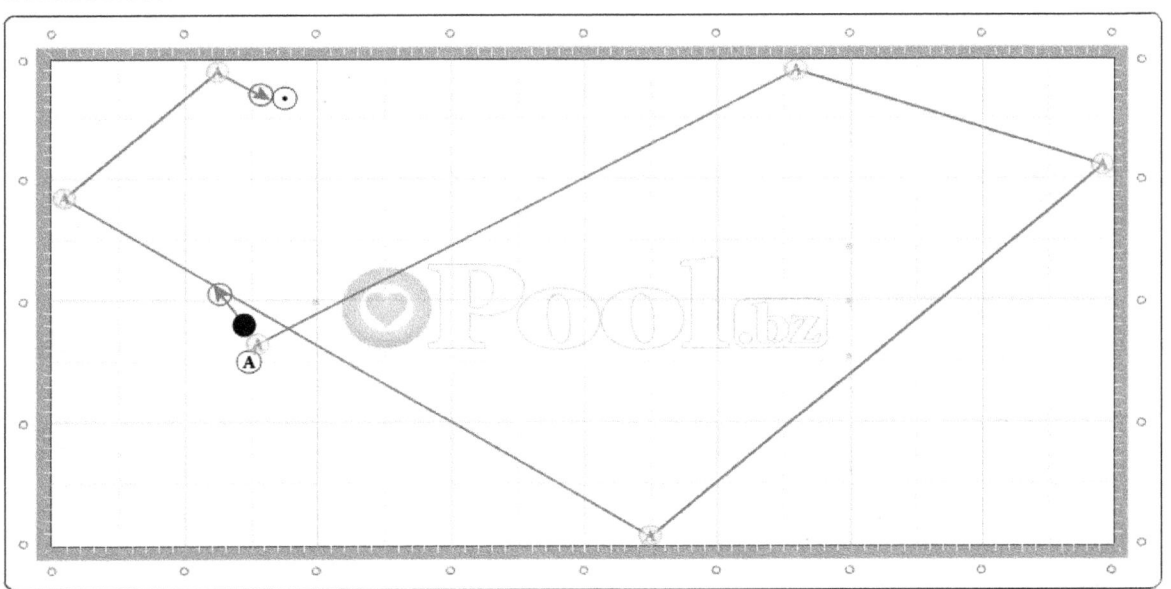

E:2c – Konfiguration

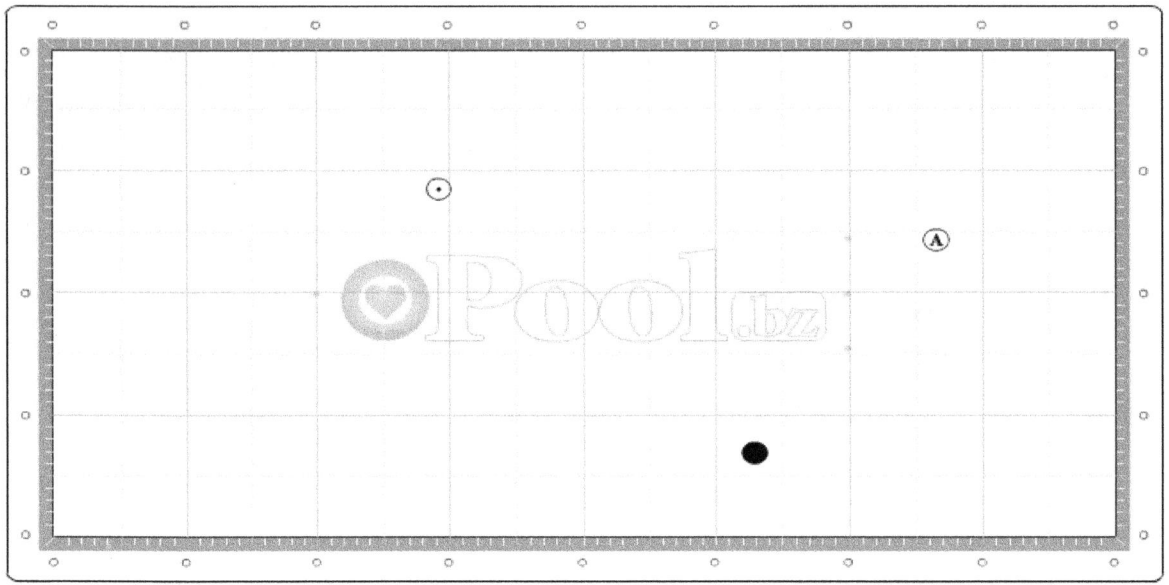

Notizen und Ideen:

Schussmuster

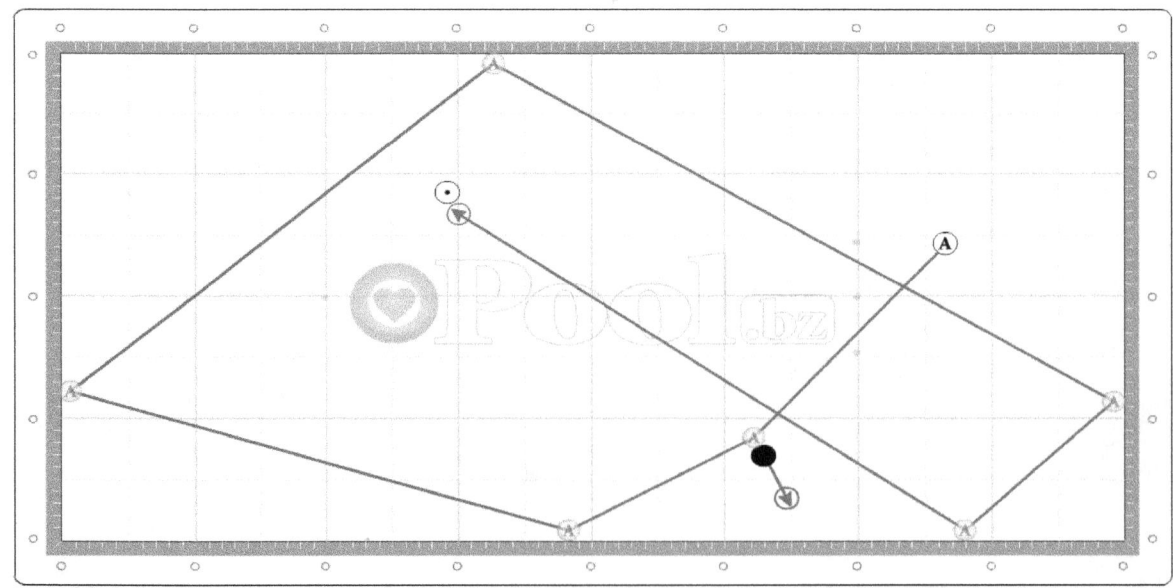

E:2d – Konfiguration

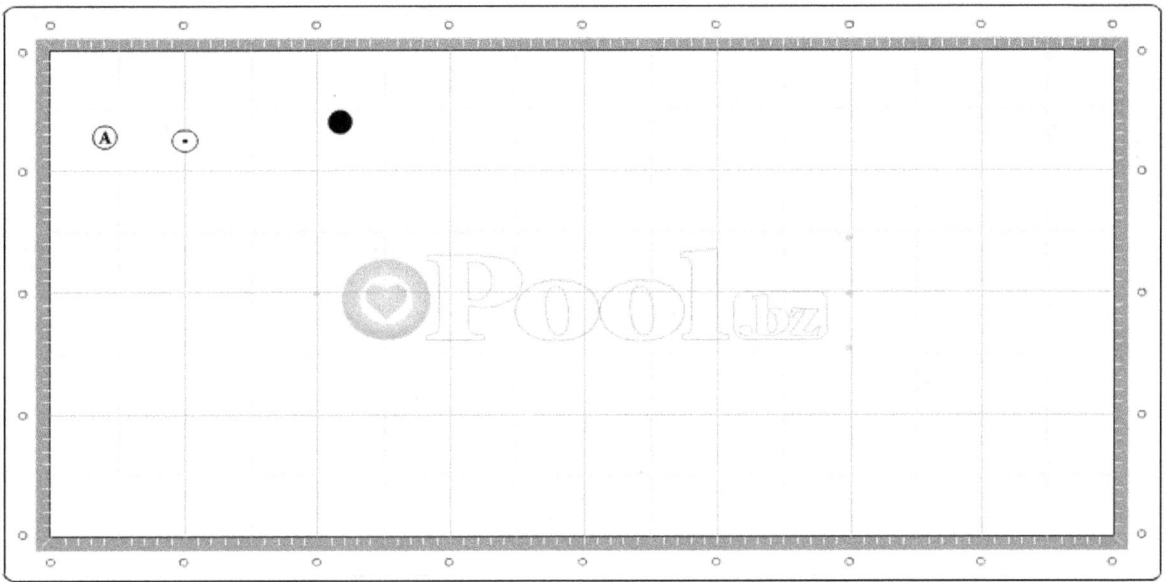

Notizen und Ideen:

Schussmuster

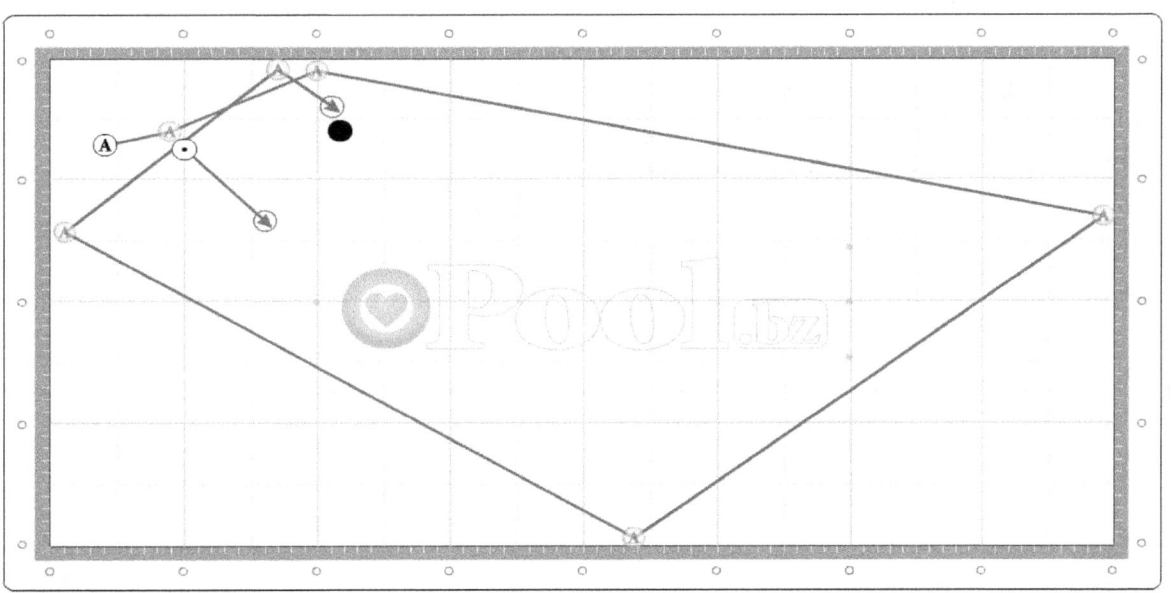

E: Gruppe 3

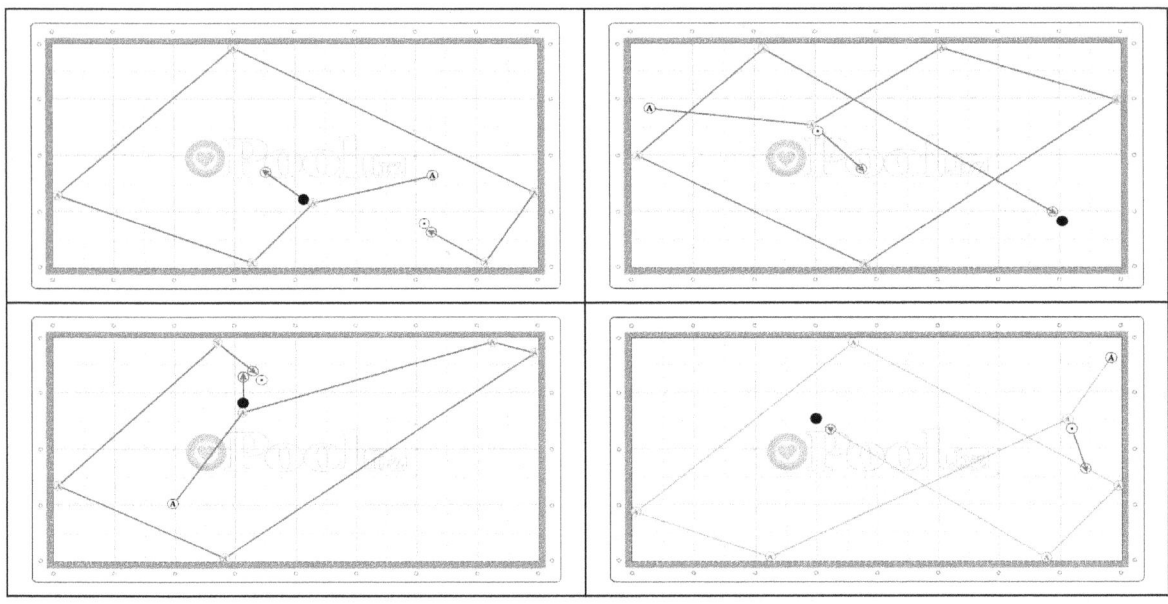

Analyse:

E:3a. _____

E:3b. _____

E:3c. _____

E:3d. _____

E:3a – Konfiguration

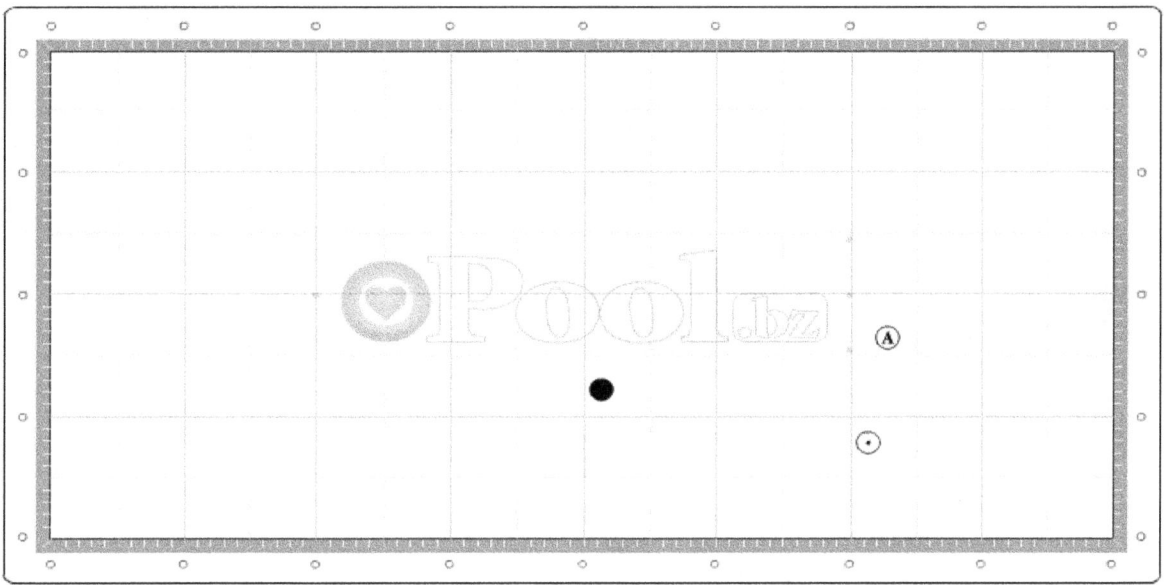

Notizen und Ideen:

Schussmuster

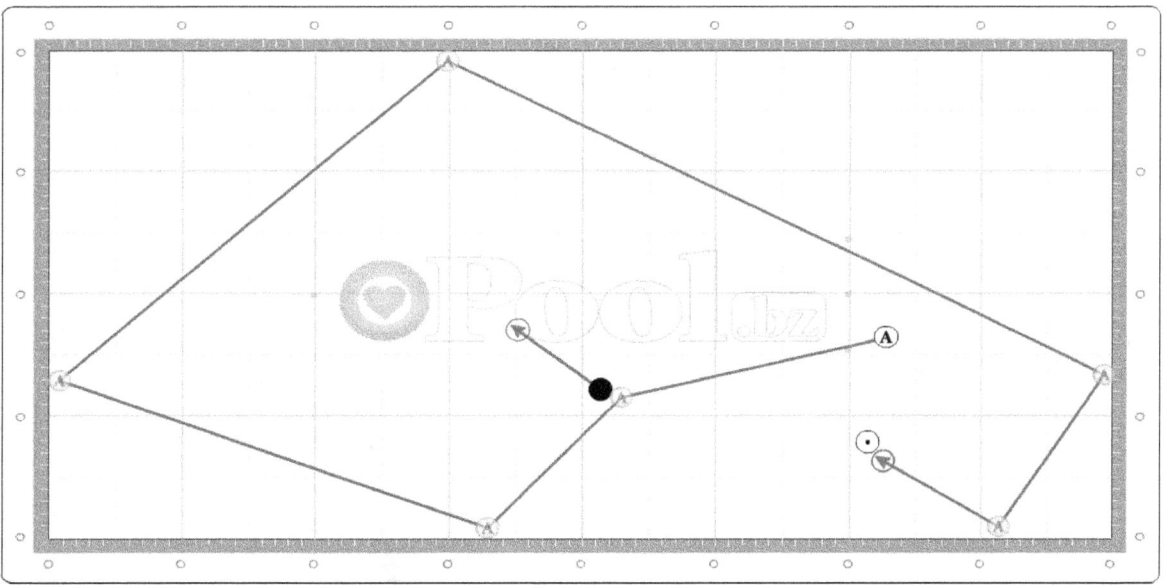

E:3b – Konfiguration

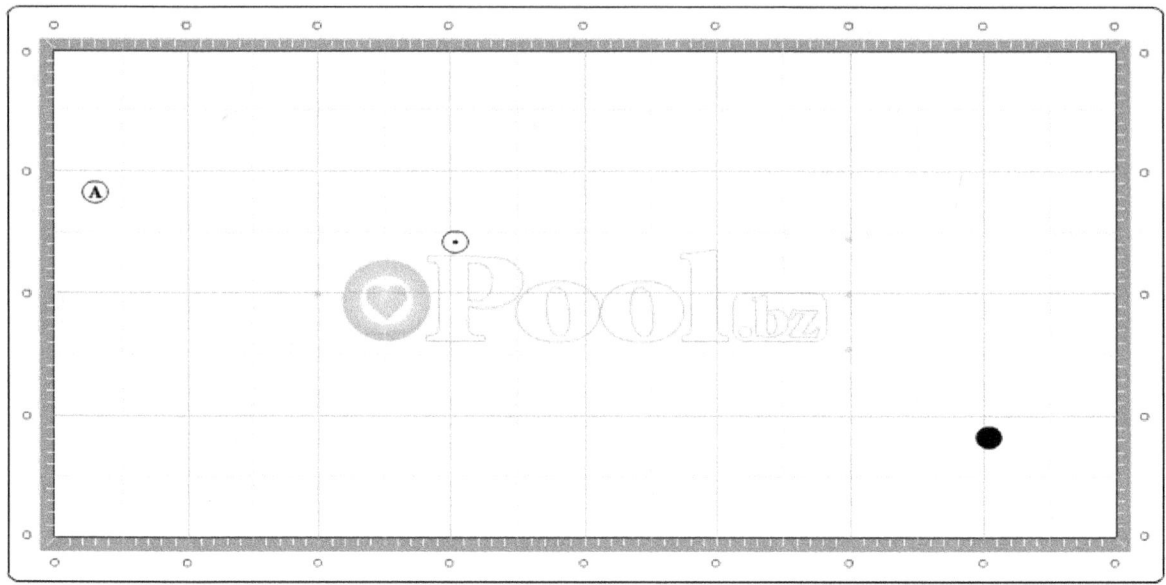

Notizen und Ideen:

Schussmuster

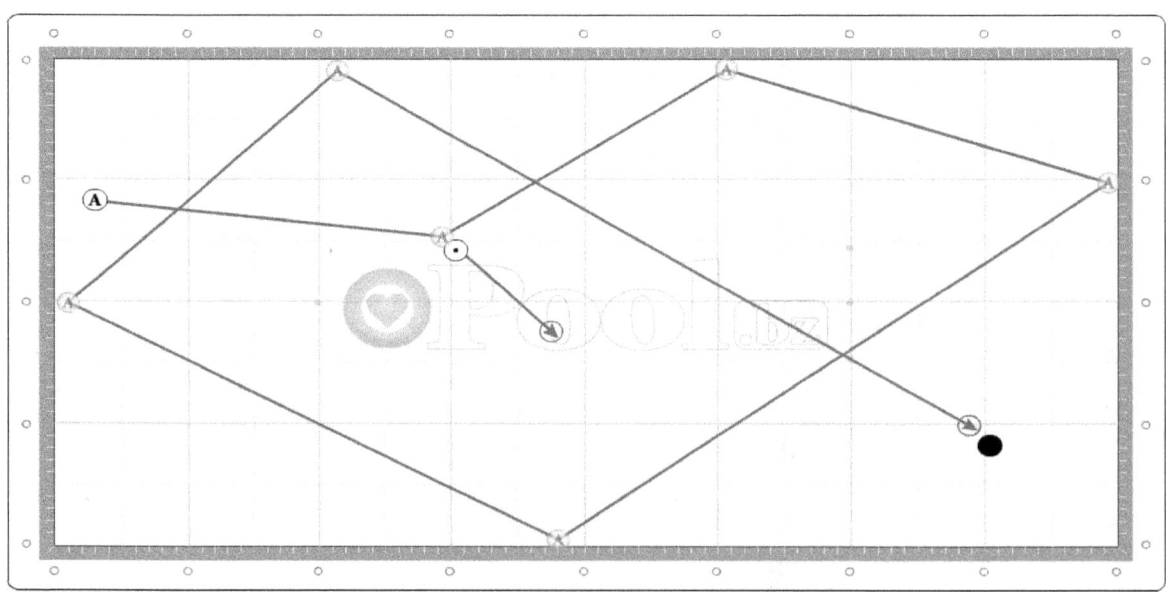

E:3c – Konfiguration

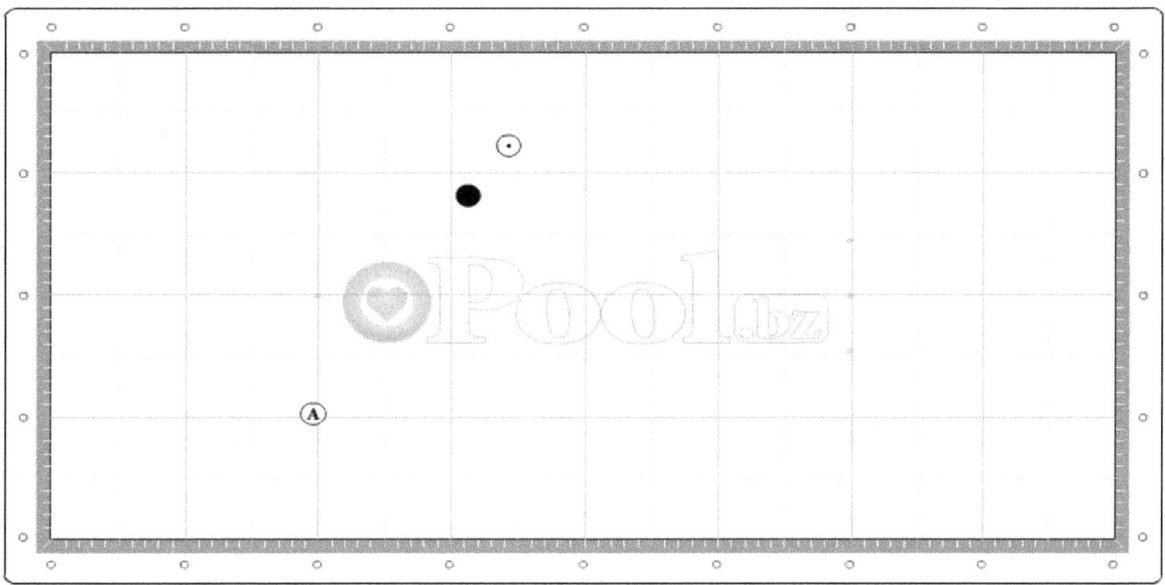

Notizen und Ideen:

Schussmuster

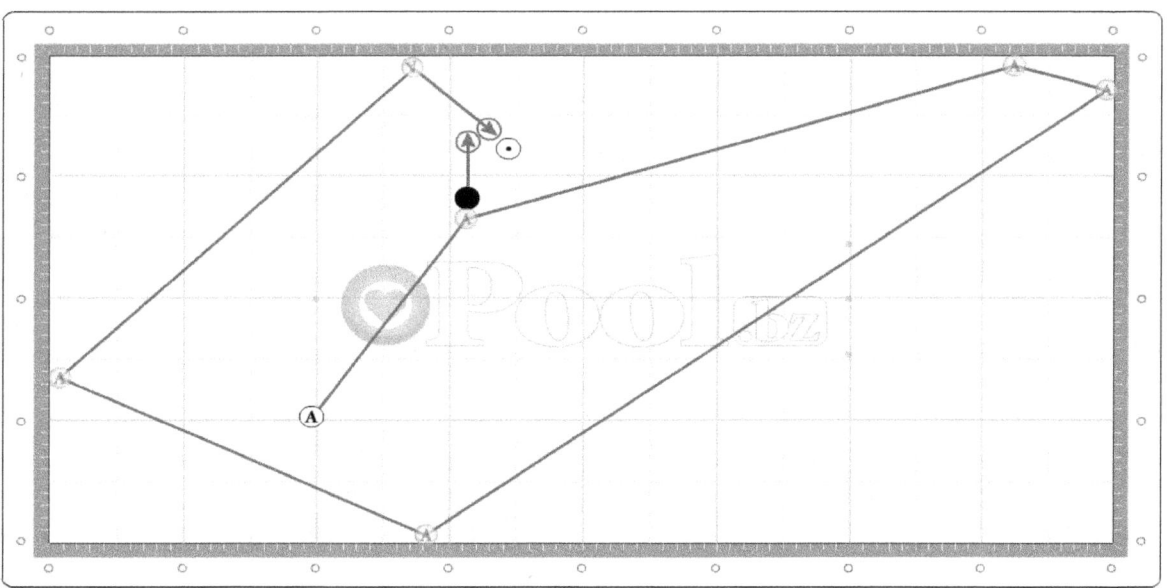

E:3d – Konfiguration

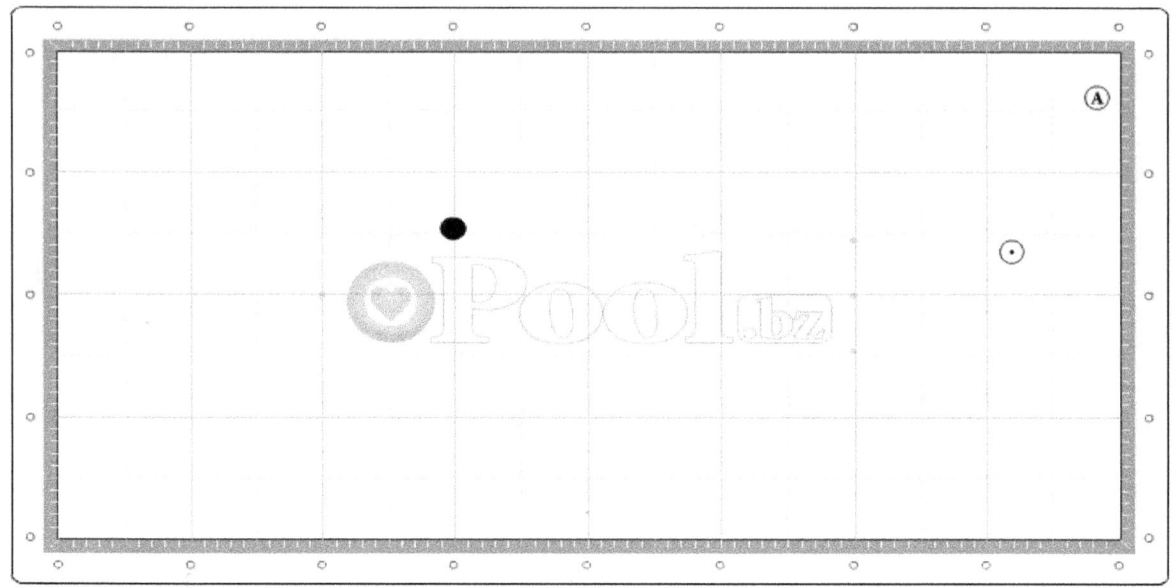

Notizen und Ideen:

Schussmuster

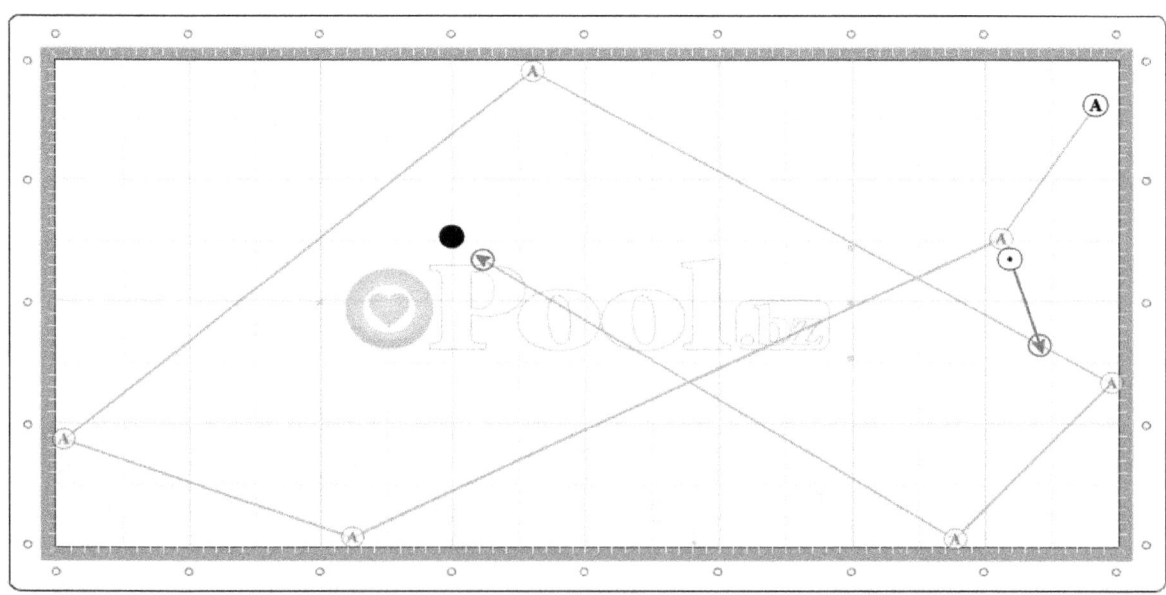

E: Gruppe 4

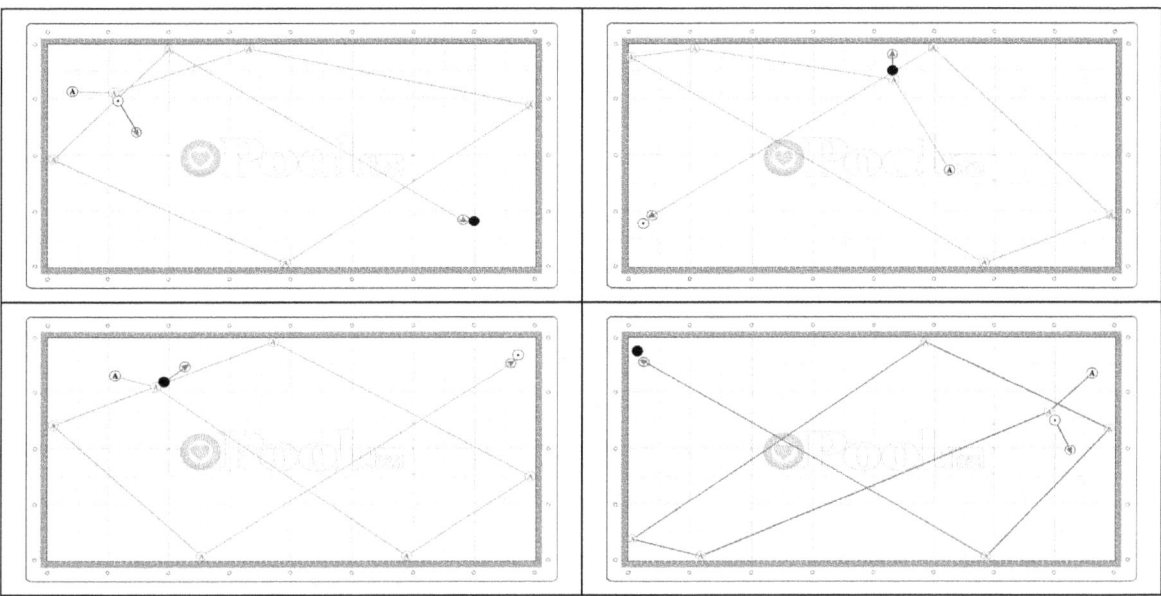

Analyse:

E:4a. _____

E:4b. _____

E:4c. _____

E:4d. _____

E:4a – Konfiguration

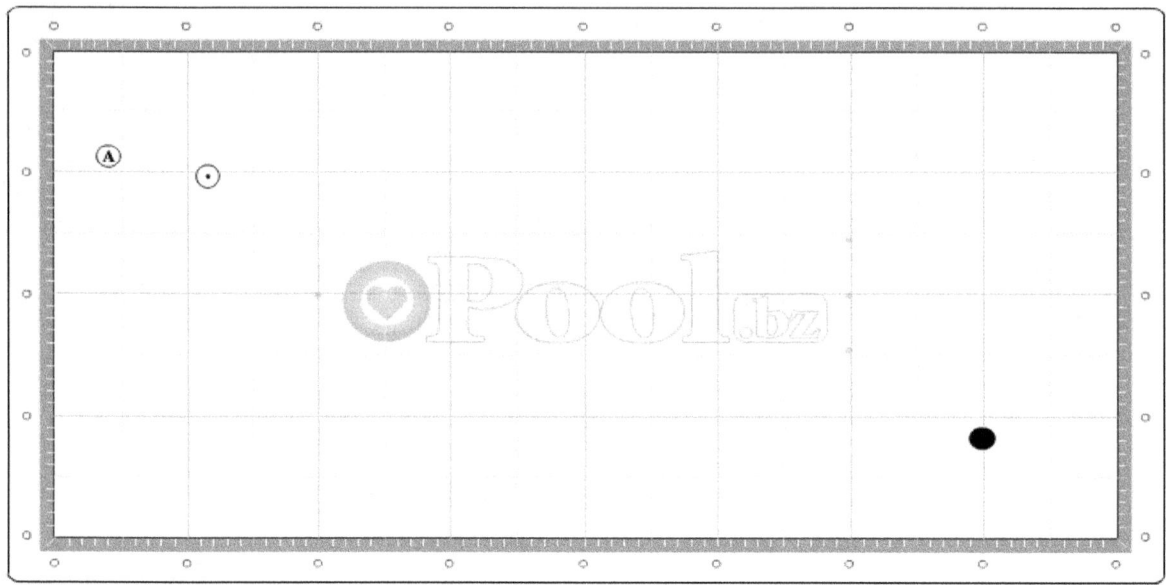

Notizen und Ideen:

Schussmuster

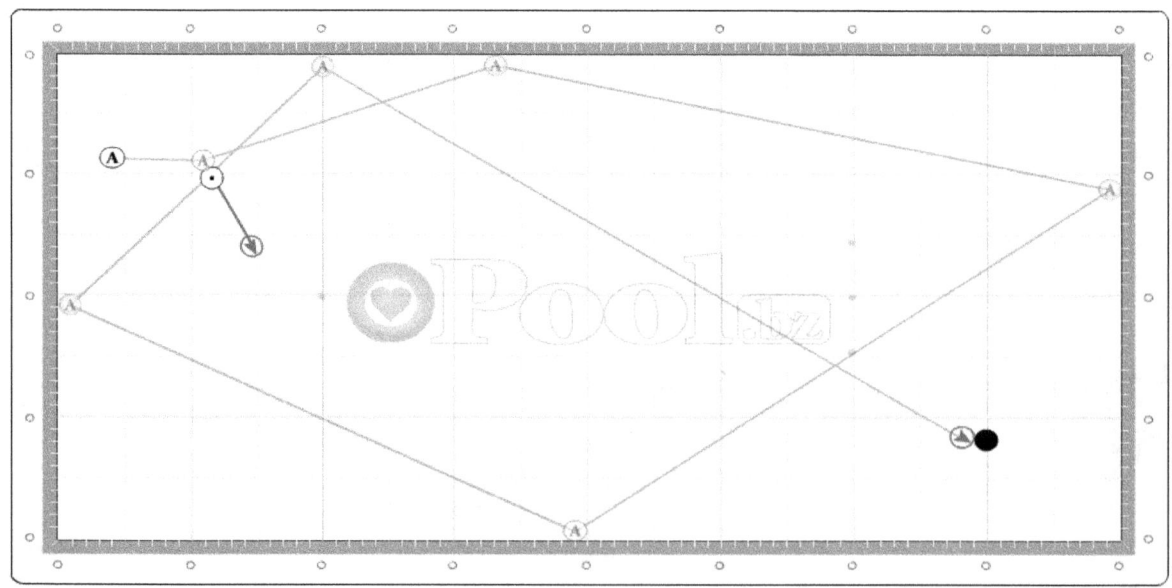

E:4b – Konfiguration

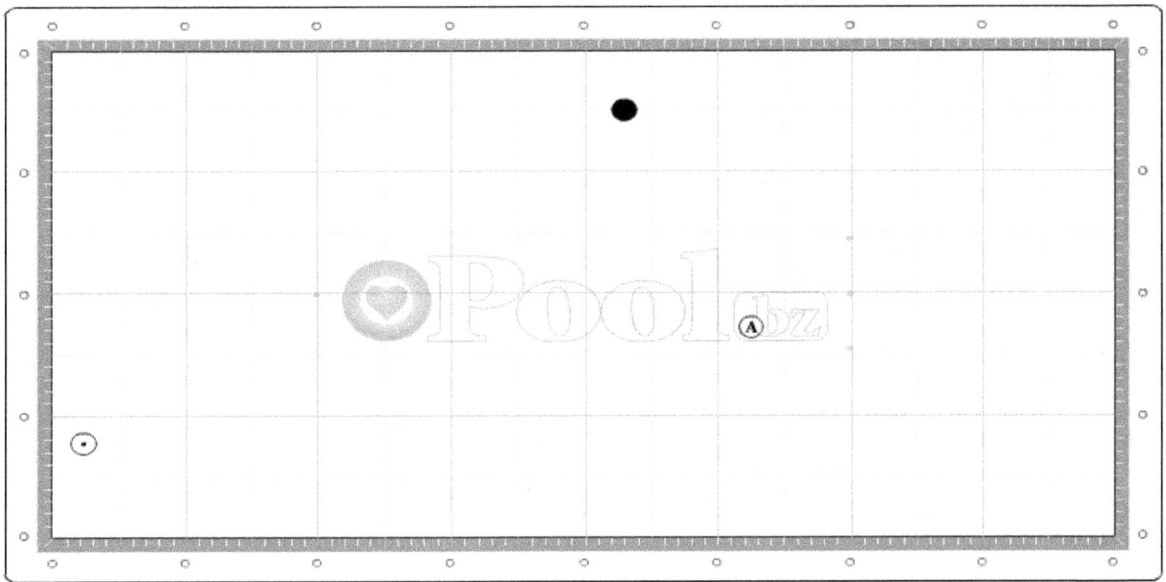

Notizen und Ideen:

Schussmuster

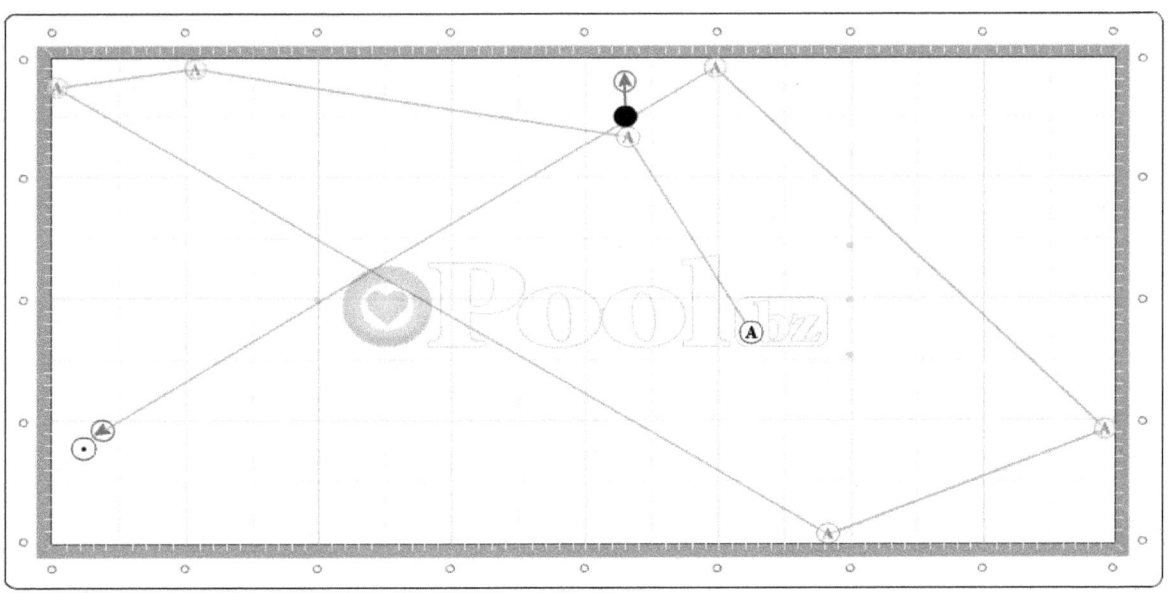

E:4c – Konfiguration

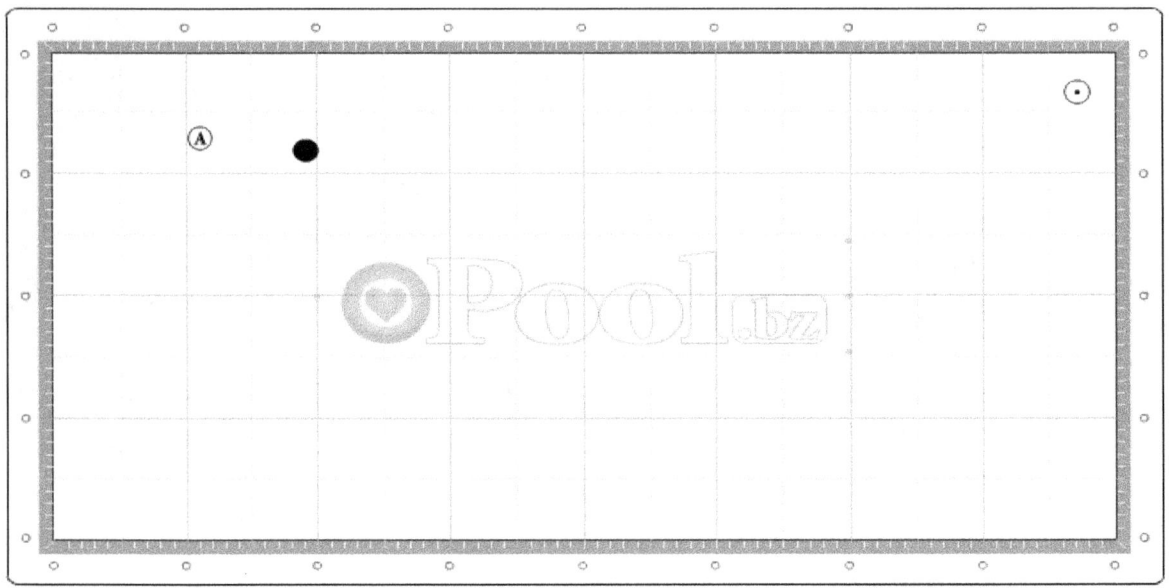

Notizen und Ideen:

Schussmuster

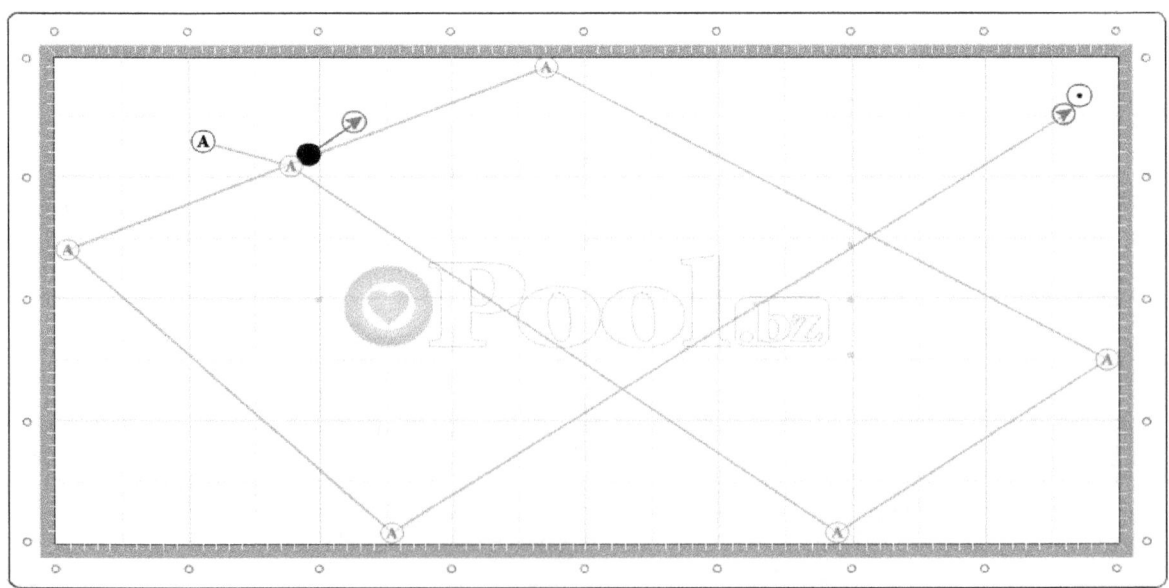

E:4d – Konfiguration

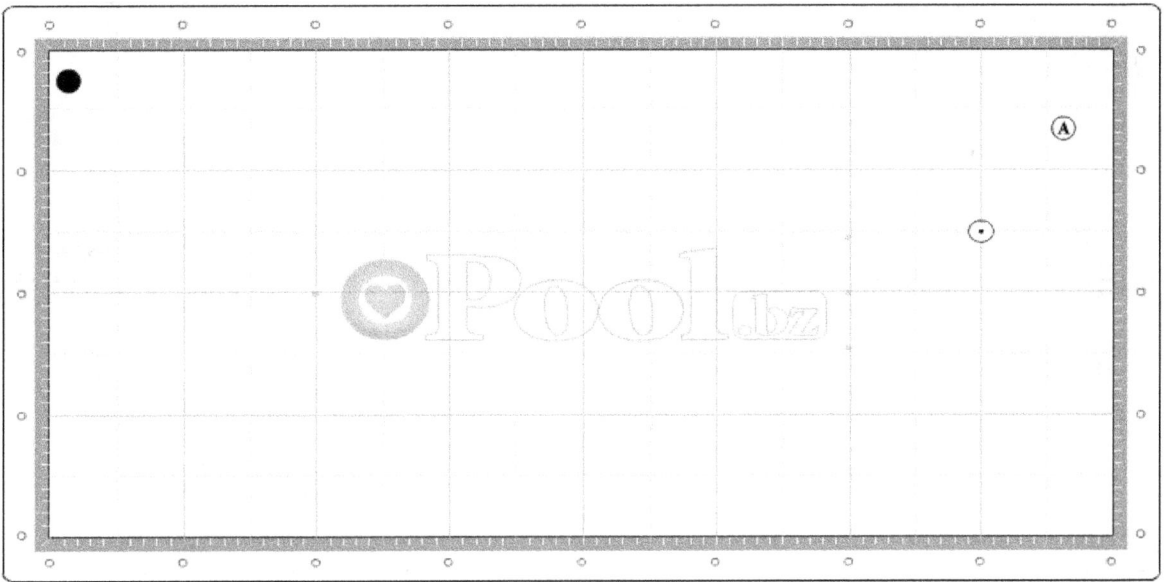

Notizen und Ideen:

Schussmuster

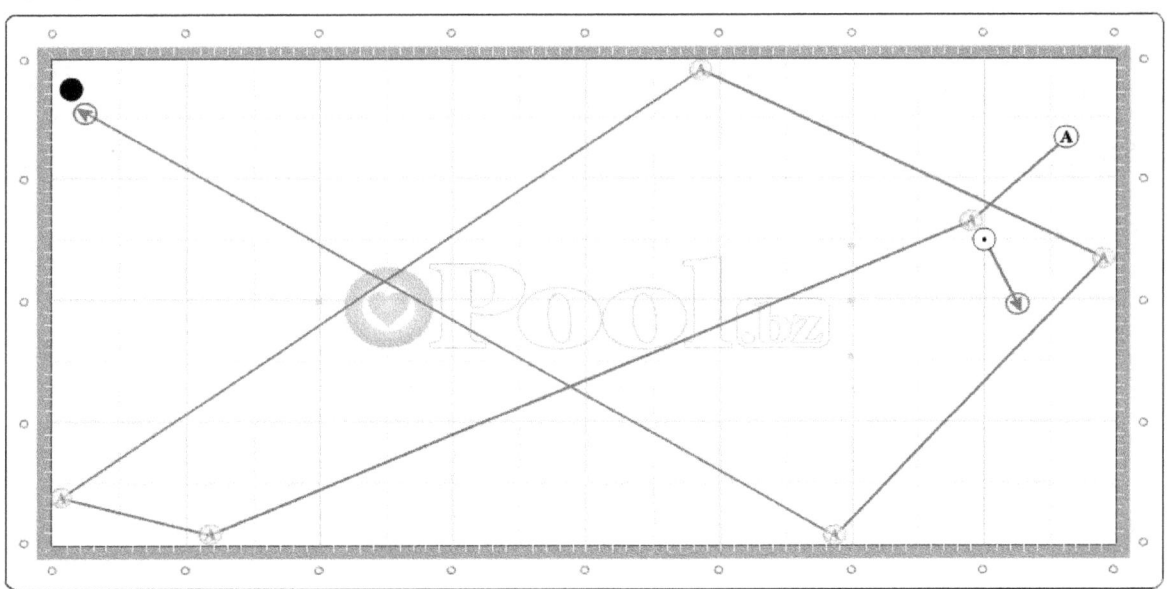

E: Gruppe 5

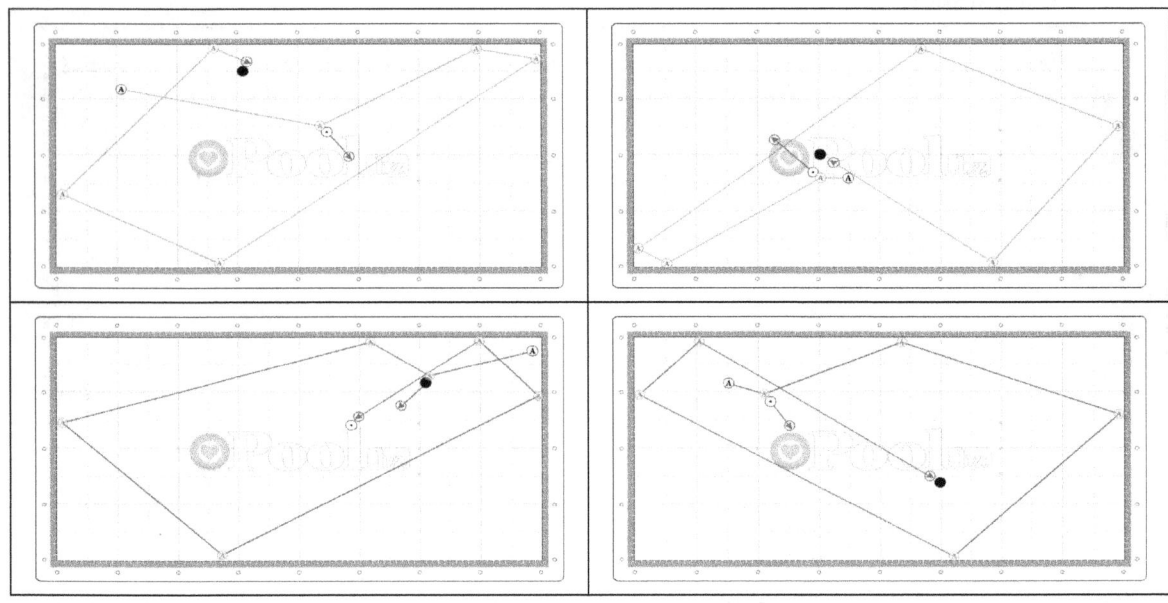

Analyse:

E:5a. _____

E:5b. _____

E:5c. _____

E:5d. _____

E:5a – Konfiguration

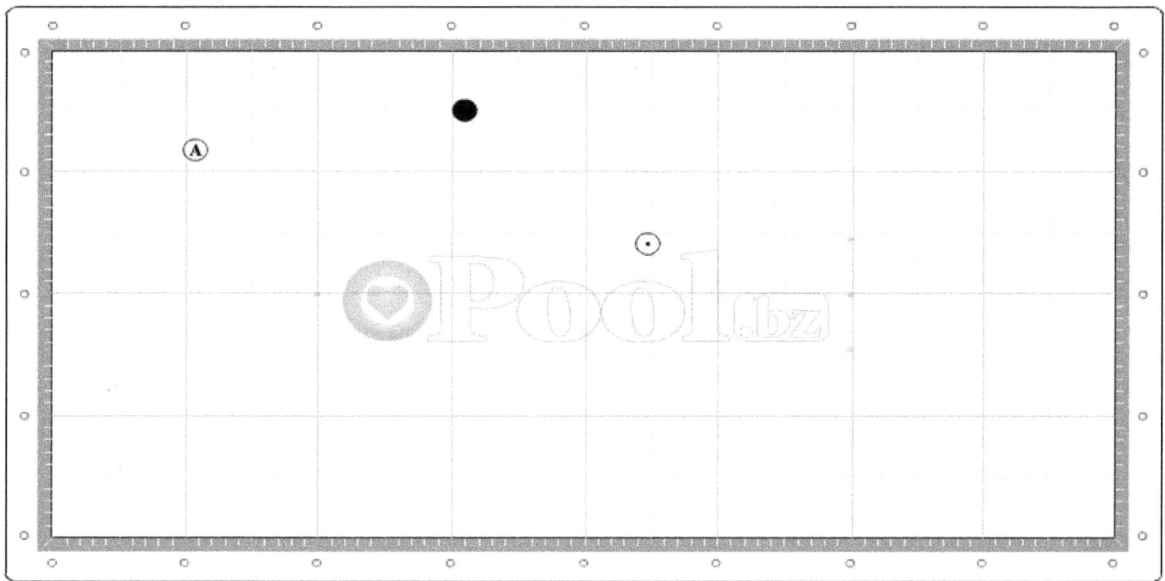

Notizen und Ideen:

Schussmuster

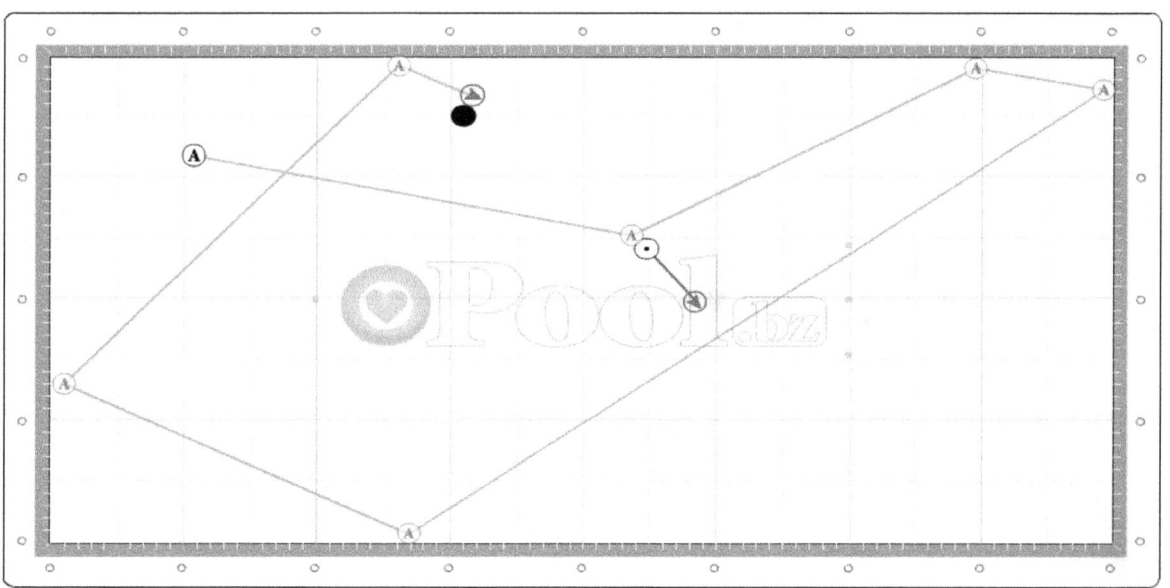

E:5b – Konfiguration

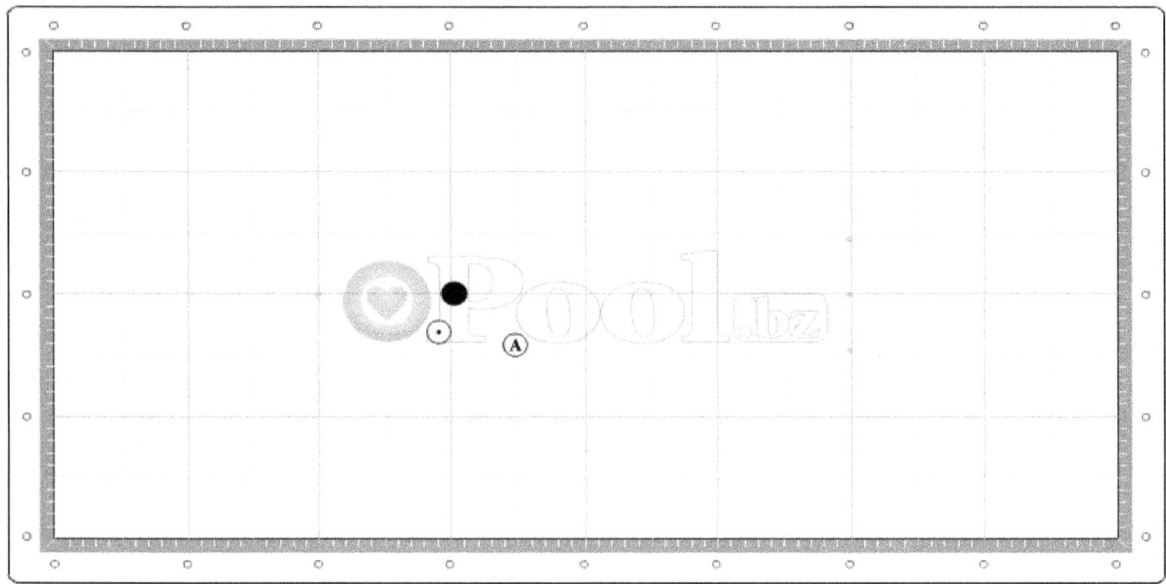

Notizen und Ideen:

Schussmuster

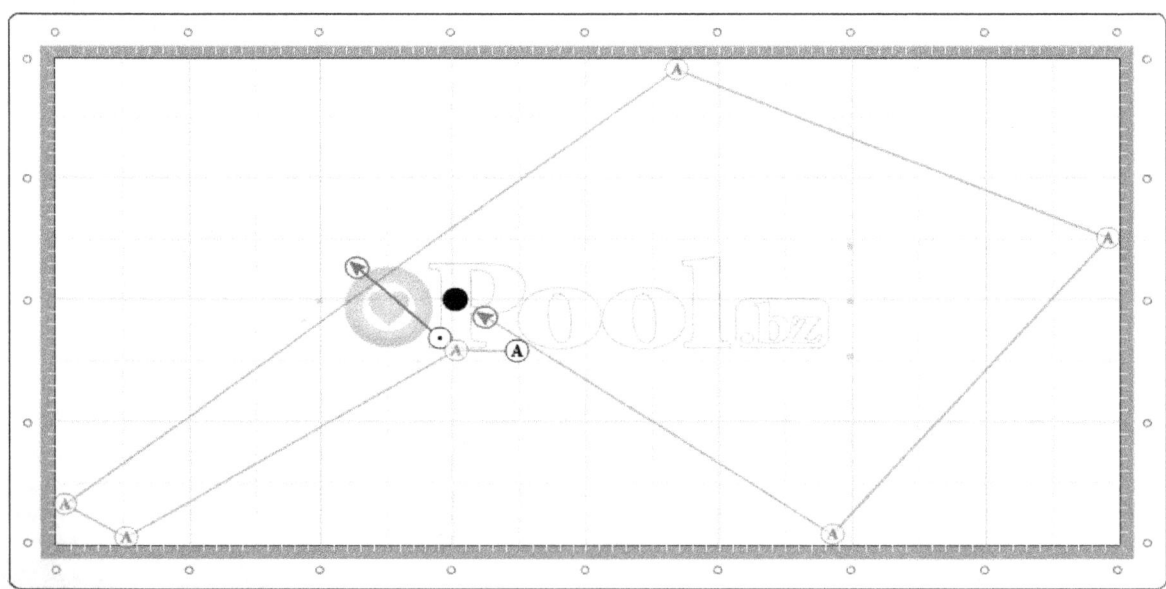

E:5c – Konfiguration

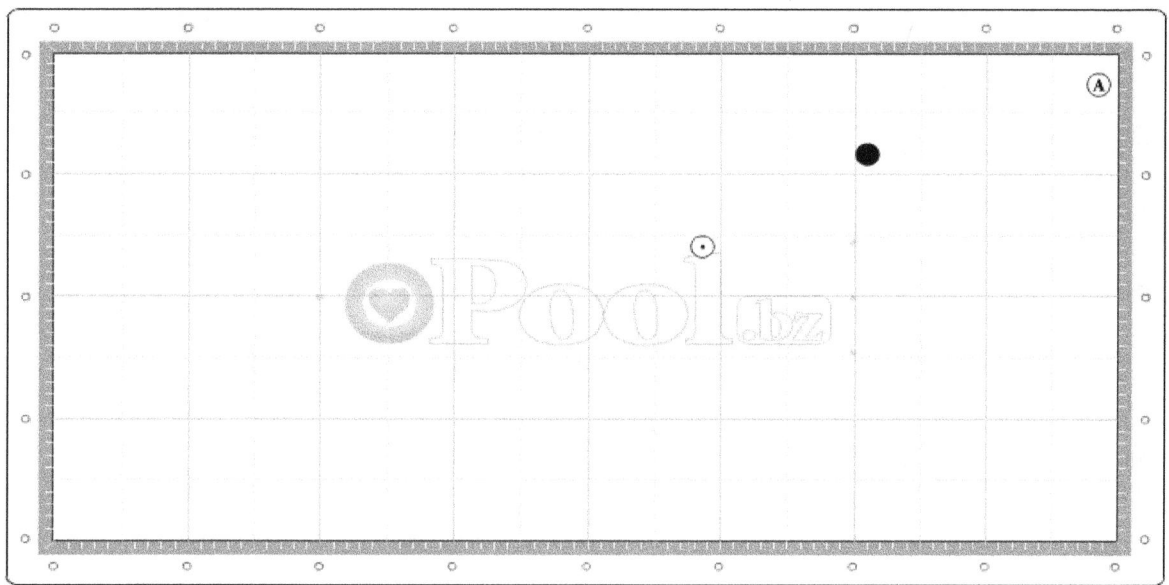

Notizen und Ideen:

Schussmuster

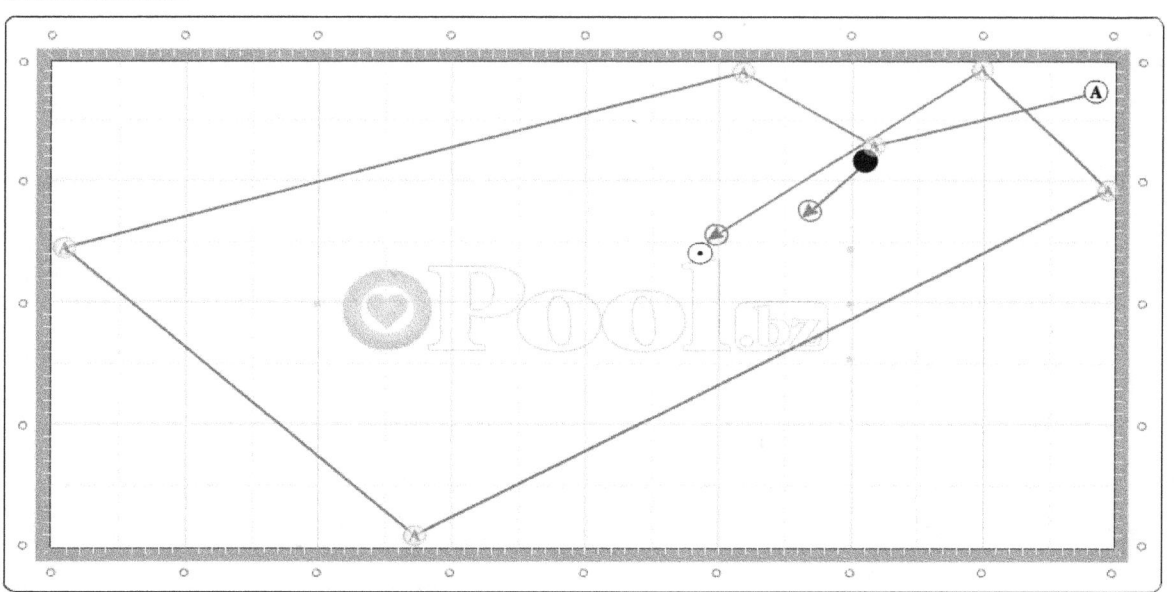

E:5d – Konfiguration

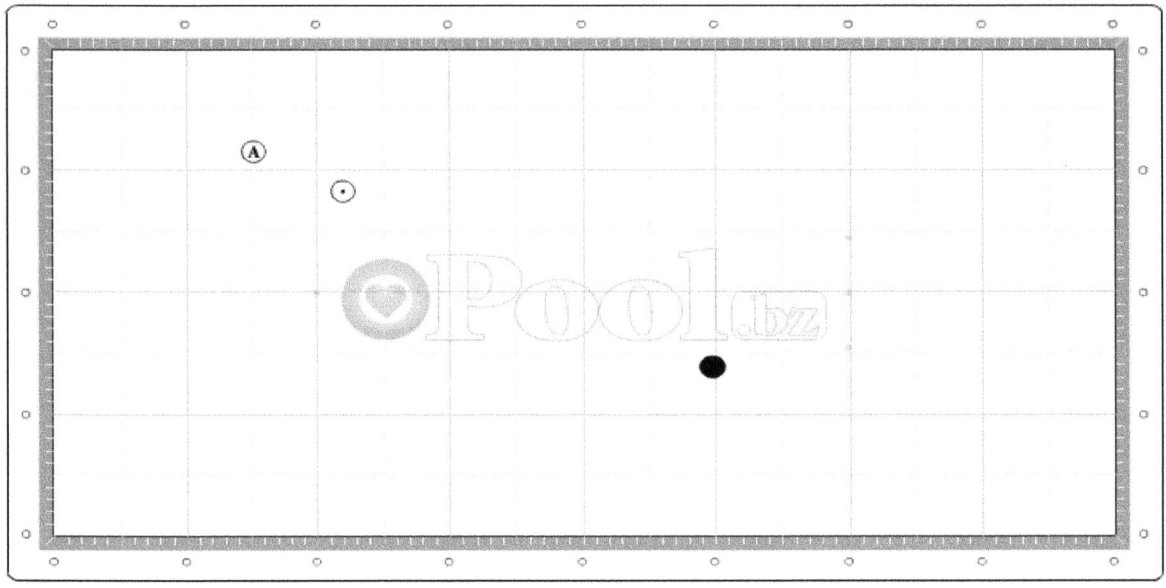

Notizen und Ideen:

Schussmuster

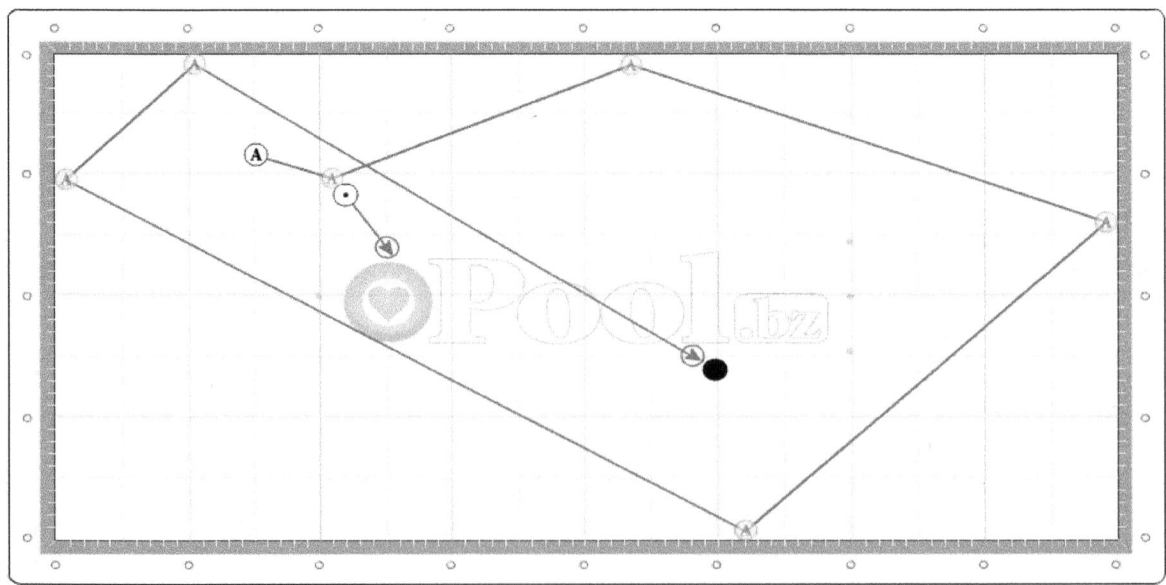

F: Fünf band (kurzes band)

Der (CB) kommt vom ersten (OB) und in das kurze band. Es reist dann um den Tisch in fünf aufeinander folgenden band. Erst dann verbindet sich das (CB) mit dem anderen (OB).

Ⓐ (CB) (Ihre Billardkugel) - ⊙ (OB) (Gegner Billardkugel) - ● (OB) (rote Billardkugel)

F: Gruppe 1

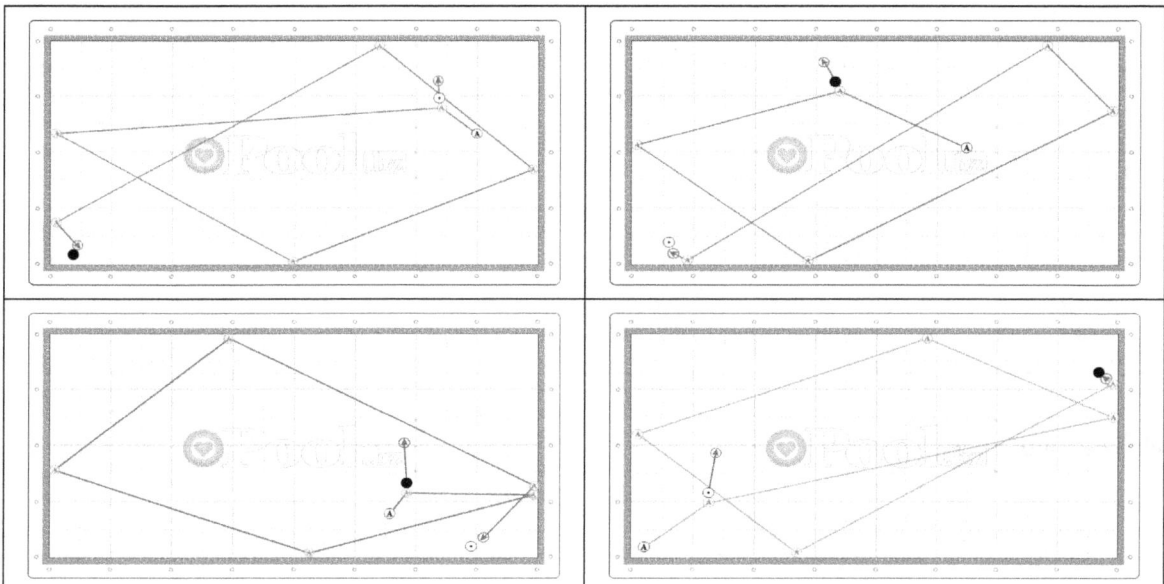

Analyse:

F:1a. _____

F:1b. _____

F:1c. _____

F:1d. _____

F:1a – Konfiguration

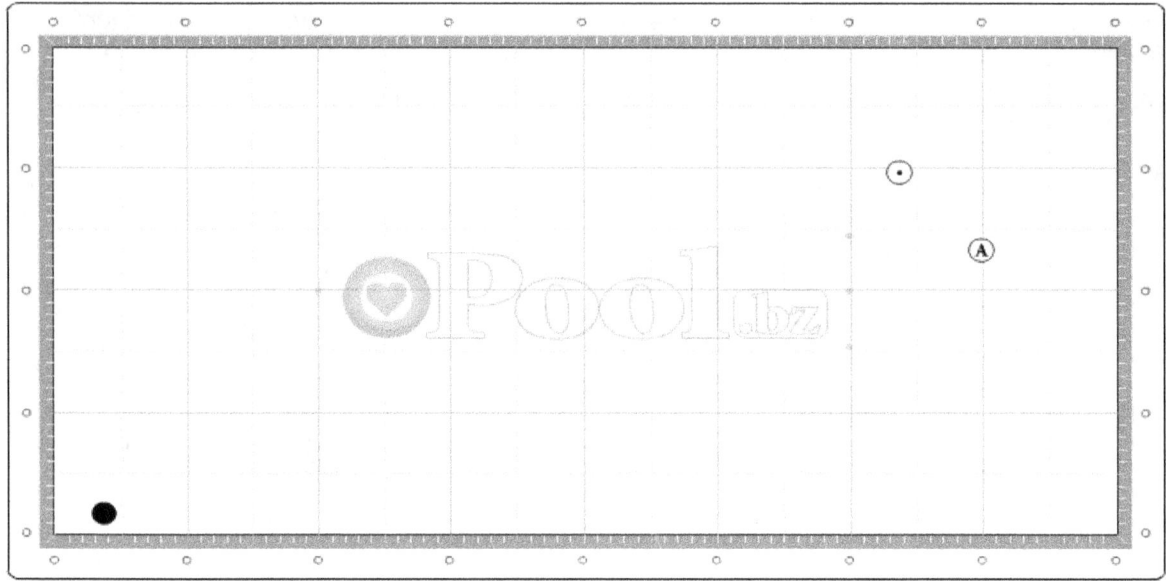

Notizen und Ideen:

Schussmuster

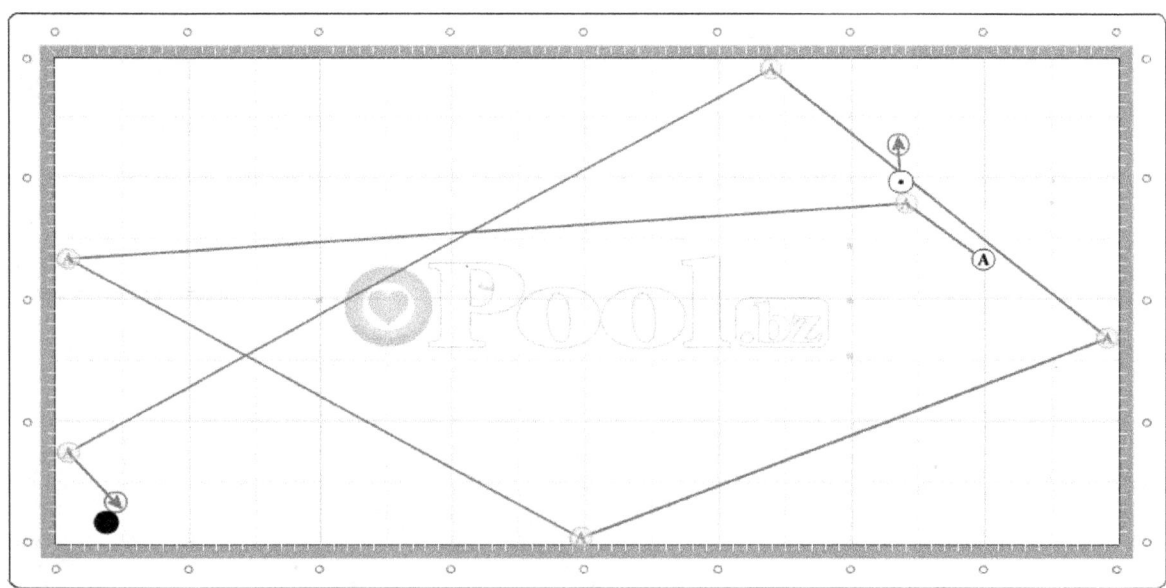

F:1b – Konfiguration

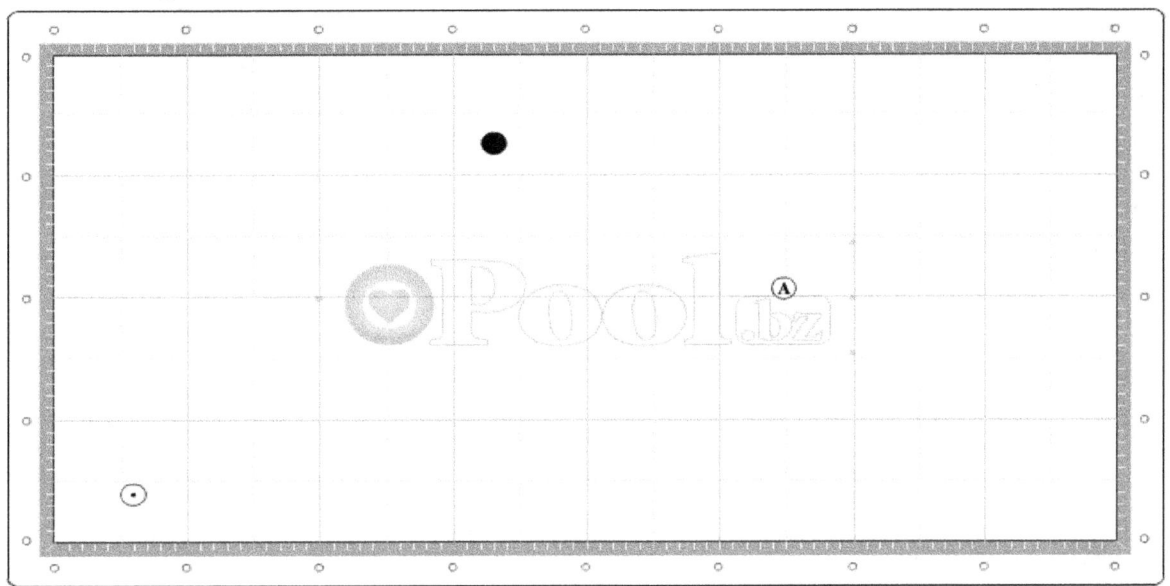

Notizen und Ideen:

Schussmuster

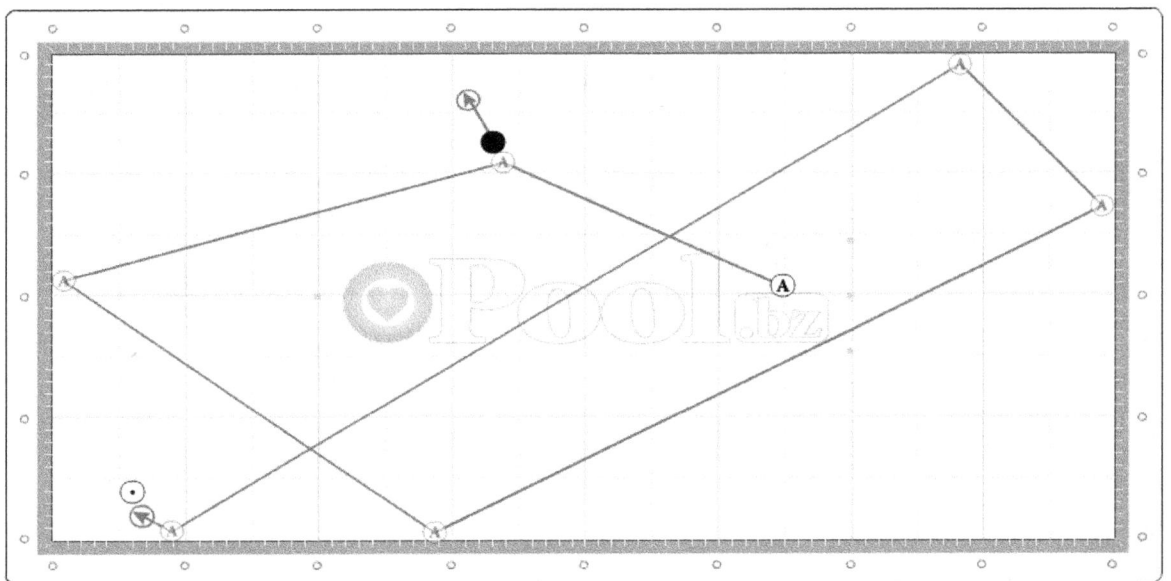

F:1c – Konfiguration

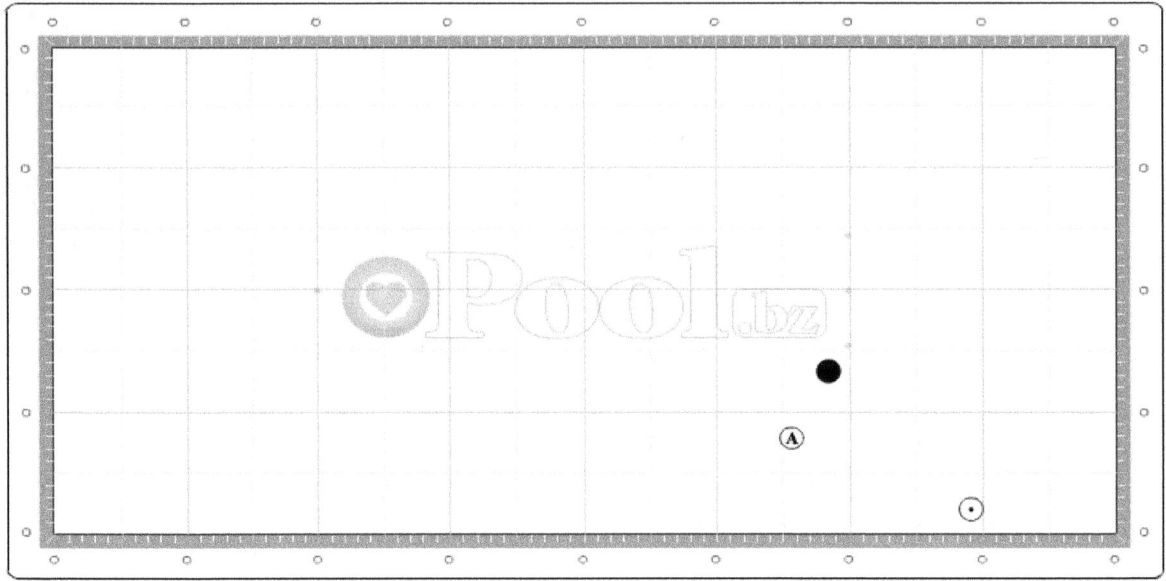

Notizen und Ideen:

Schussmuster

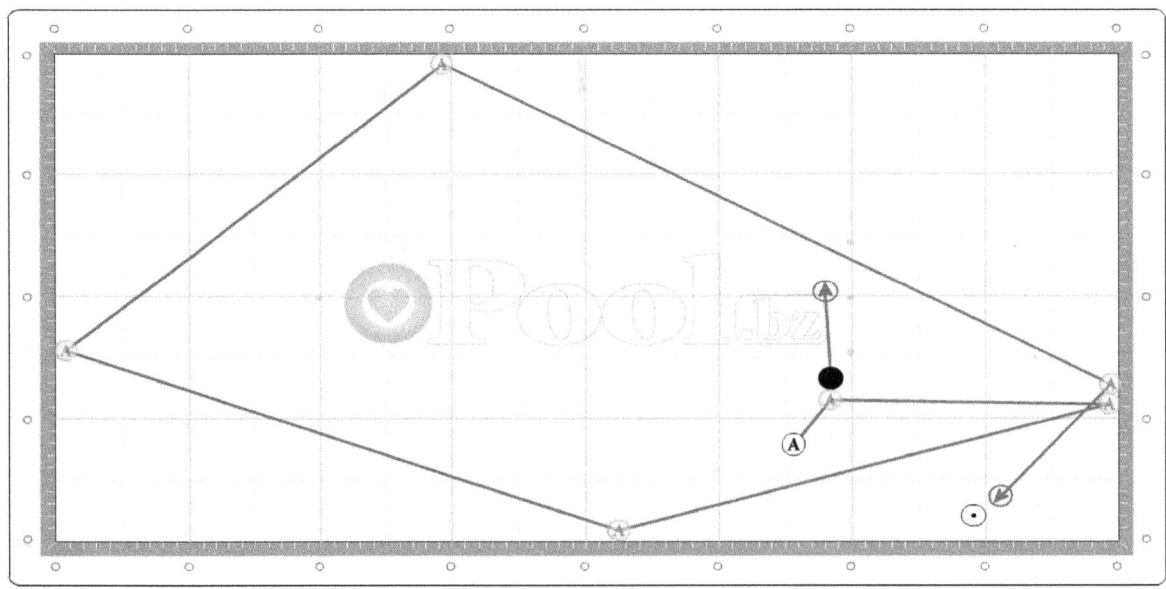

F:1d – Konfiguration

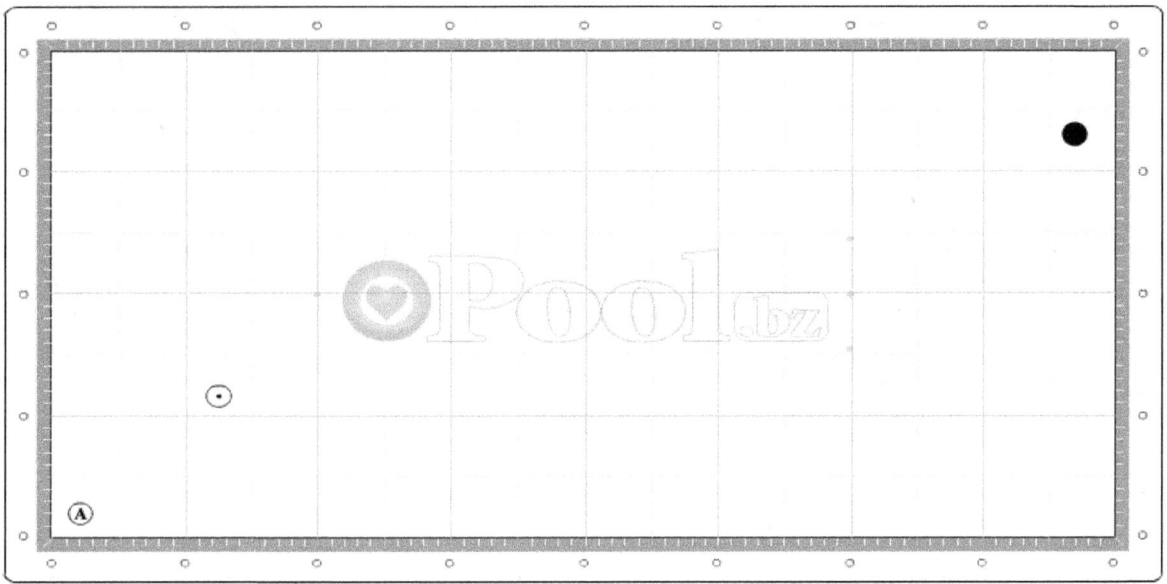

Notizen und Ideen:

Schussmuster

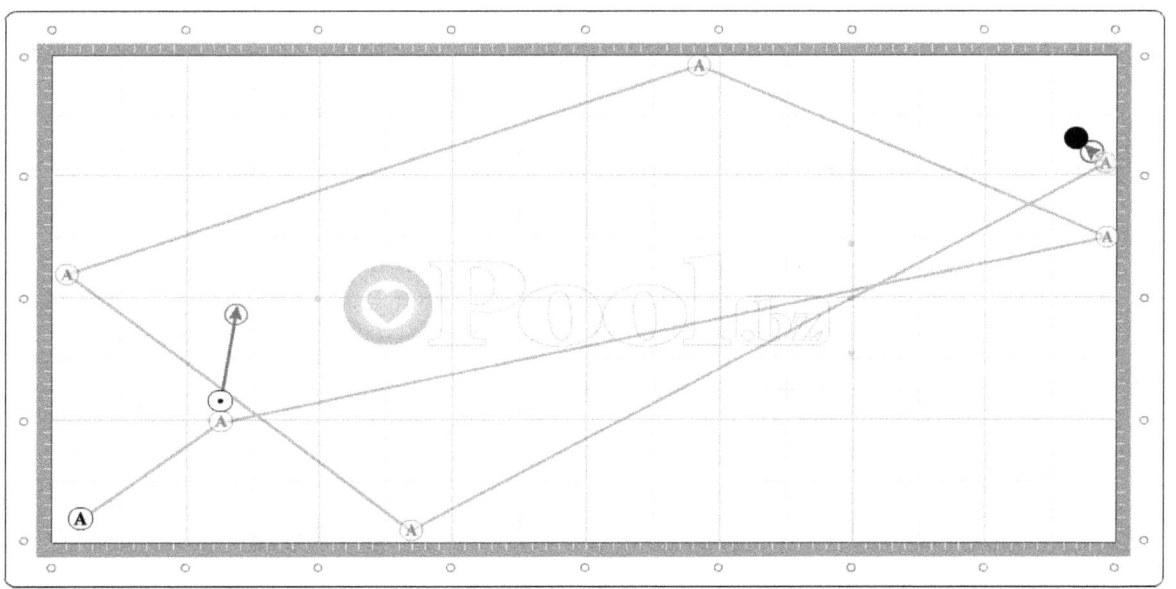

F: Gruppe 2

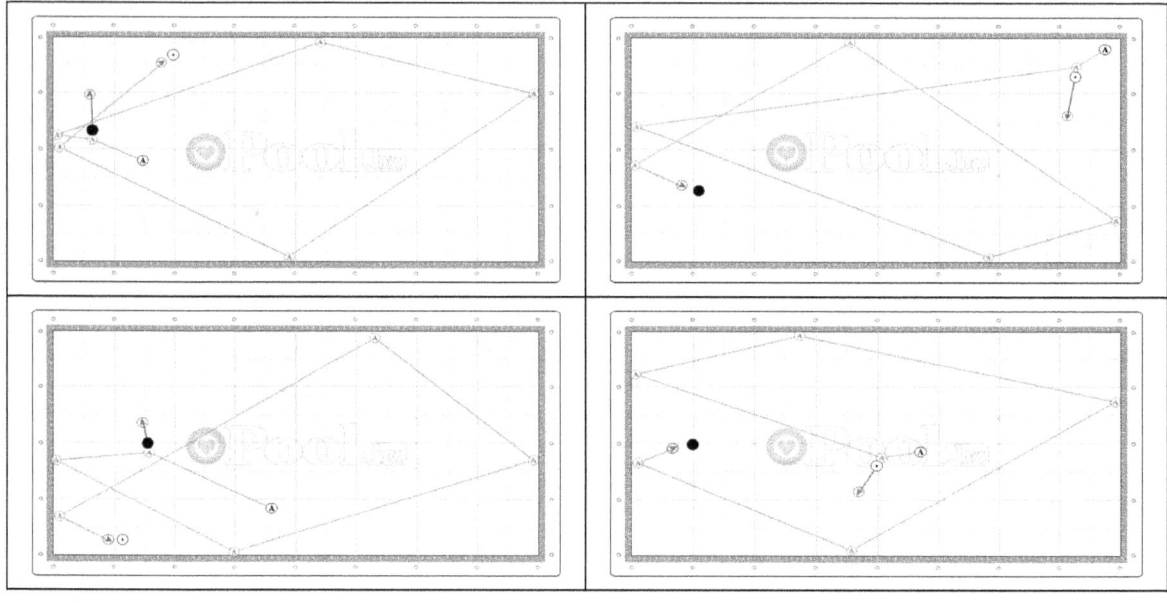

Analyse:

F:2a. _____

F:2b. _____

F:2c. _____

F:2d. _____

F:2a – Konfiguration

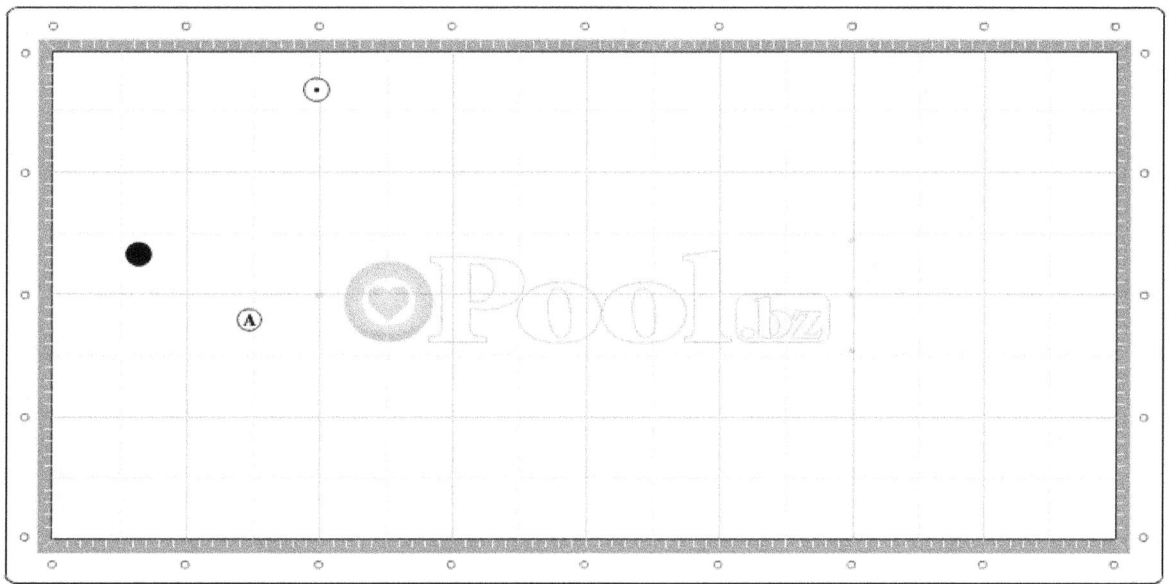

Notizen und Ideen:

Schussmuster

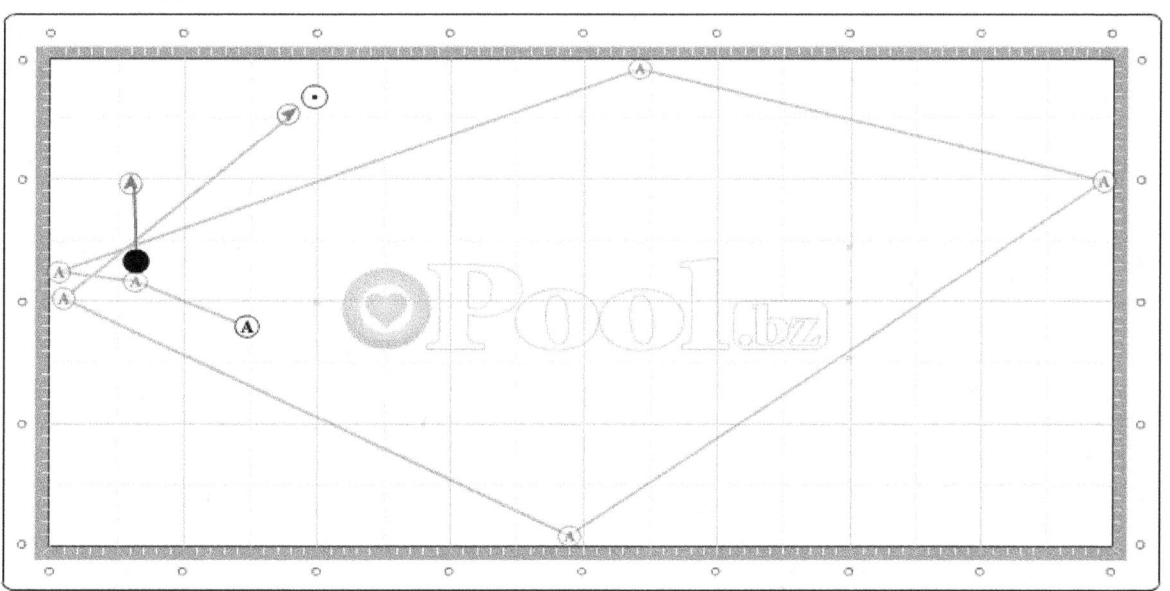

F:2b – Konfiguration

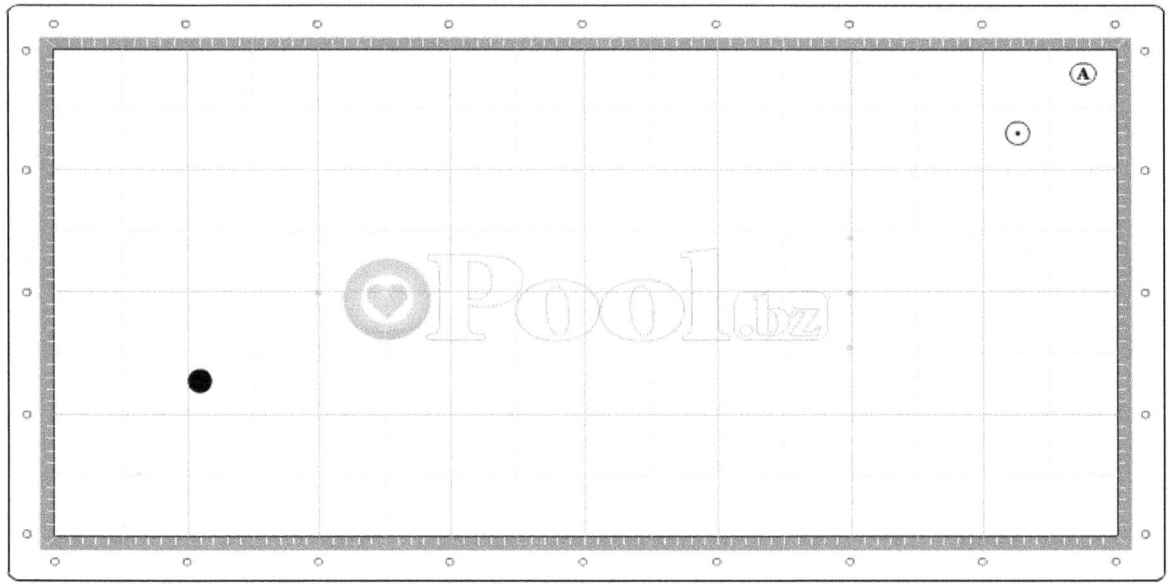

Notizen und Ideen:

Schussmuster

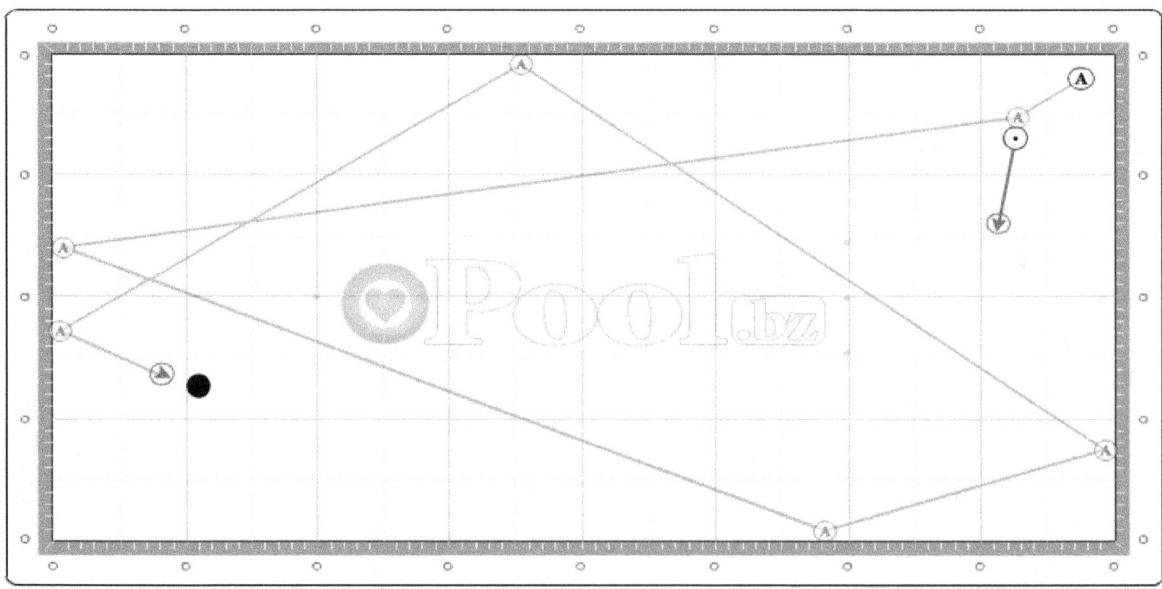

F:2c – Konfiguration

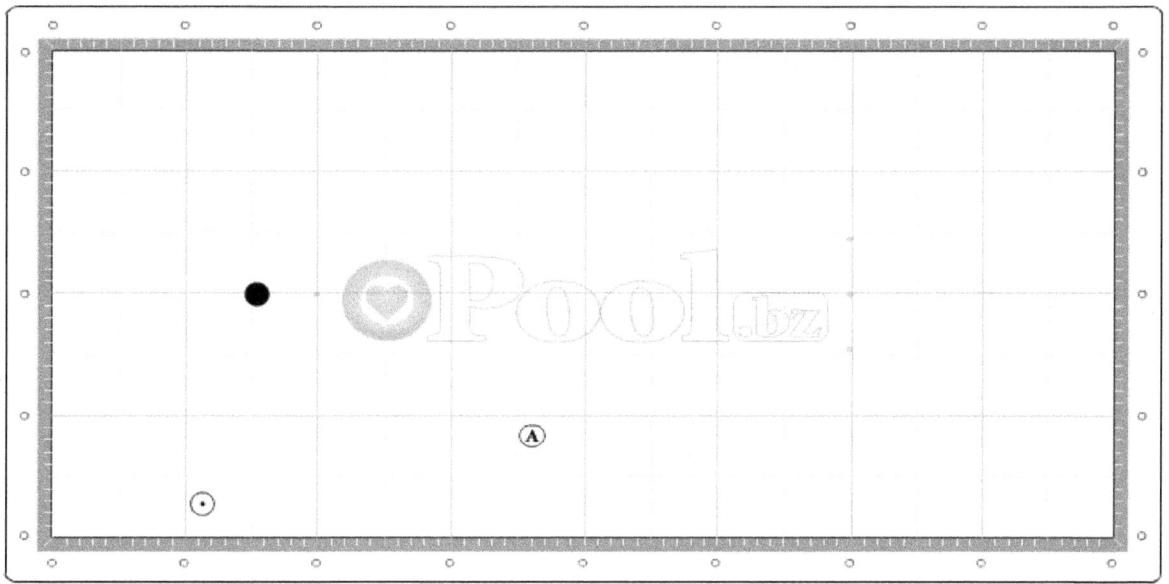

Notizen und Ideen:

Schussmuster

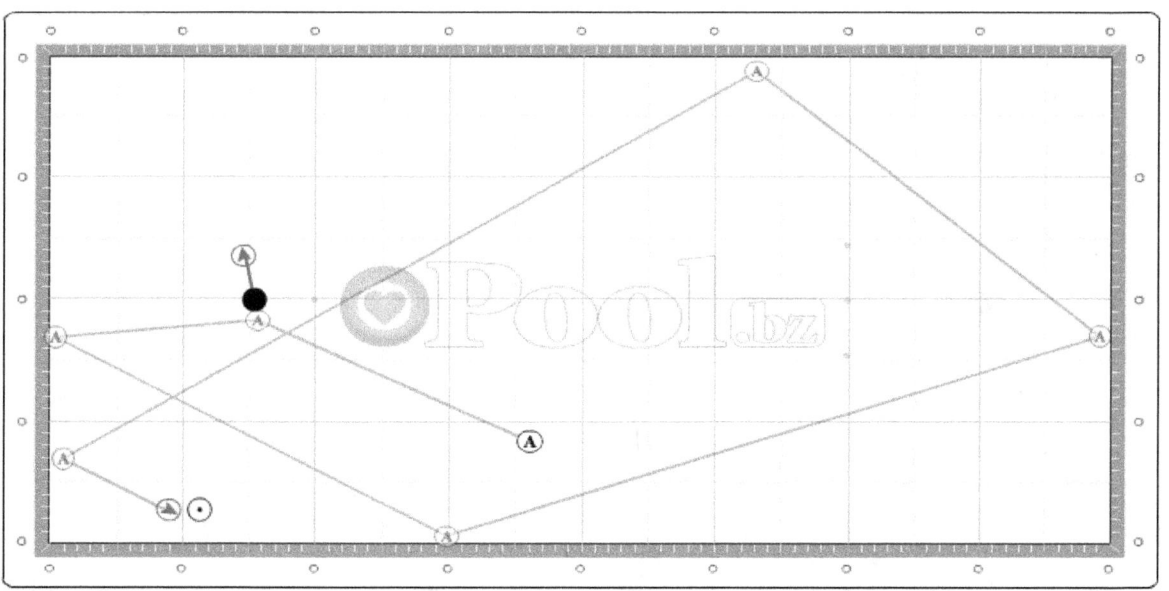

F:2d – Konfiguration

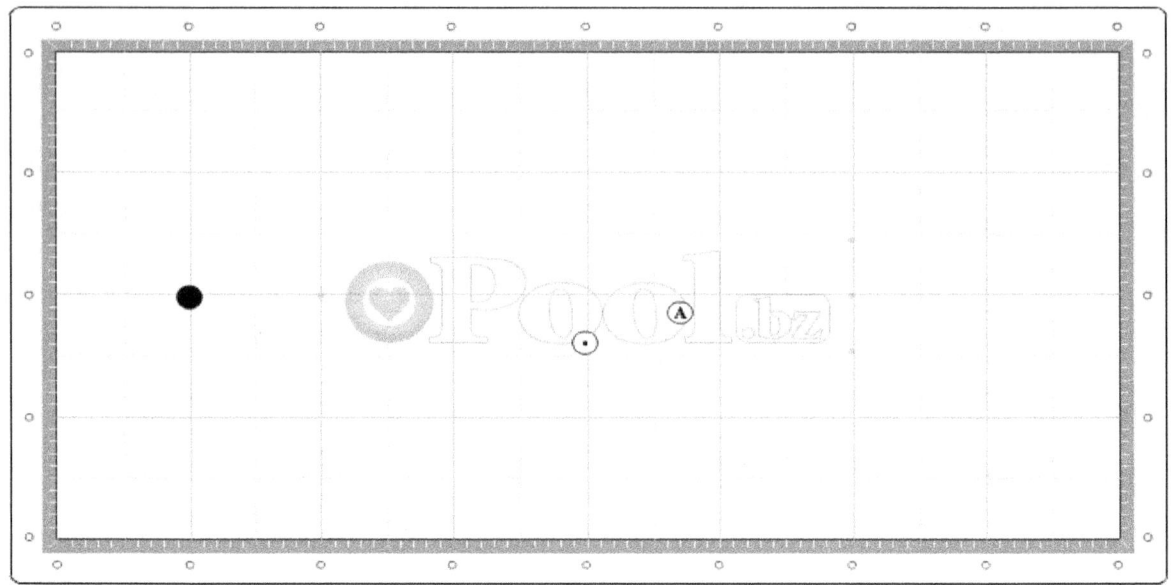

Notizen und Ideen:

Schussmuster

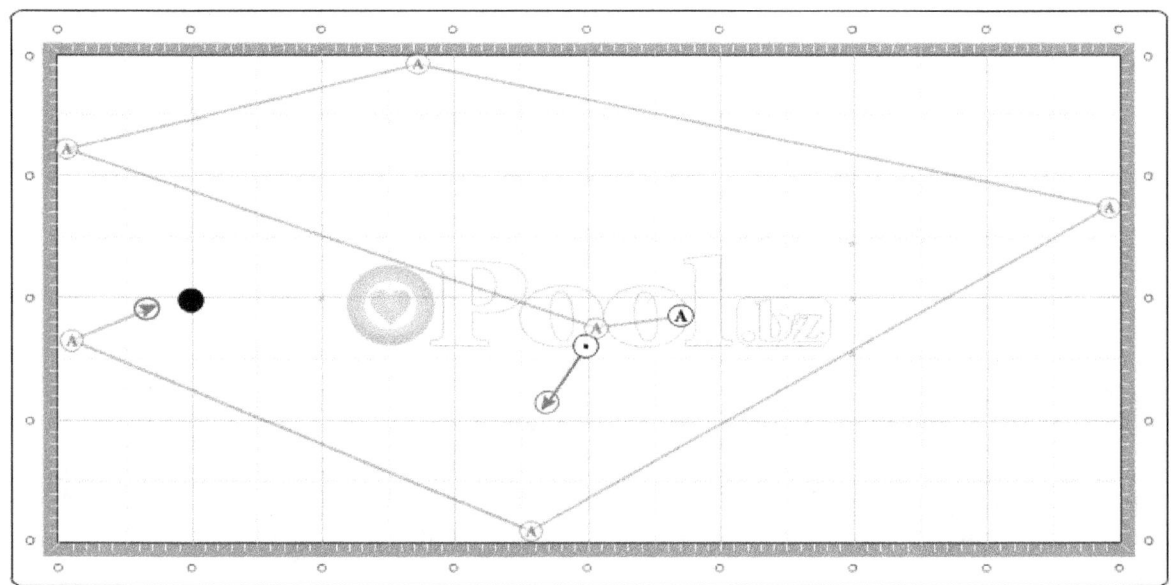

G: 6+ band (langes band)

Der (CB) kommt vom ersten (OB) und in das lange band. Es reist dann um den Tisch in mindestens sechs band (manchmal sieben).

Ⓐ (CB) (Ihre Billardkugel) - ⊙ (OB) (Gegner Billardkugel) - ● (OB) (rote Billardkugel)

G: Gruppe 1

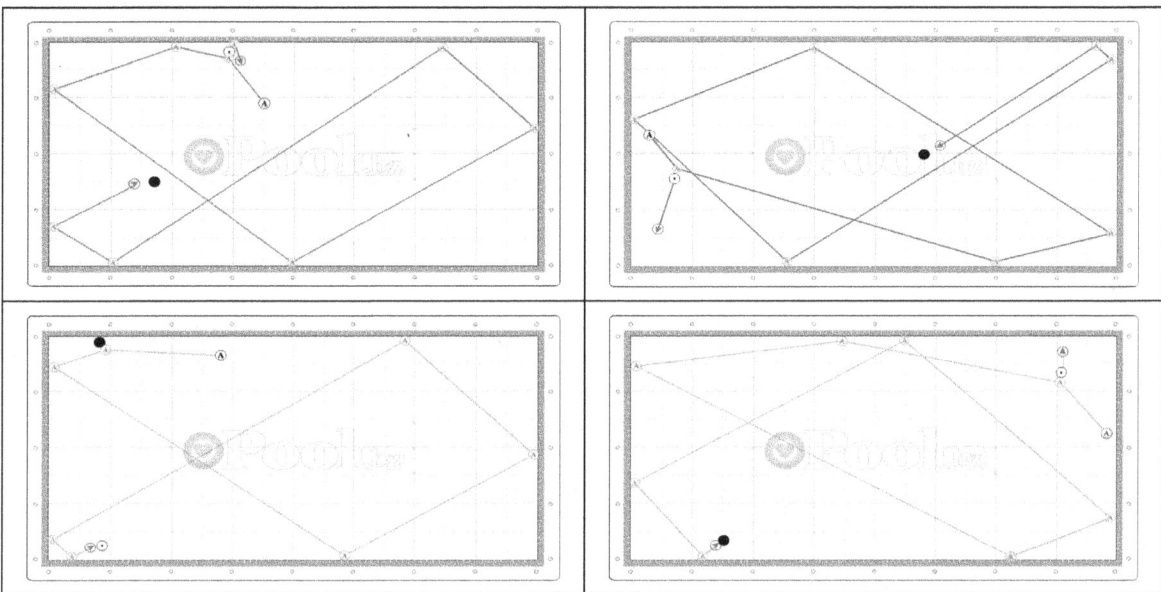

Analyse:

G:1a. _____

G:1b. _____

G:1c. _____

G:1d. _____

G:1a – Konfiguration

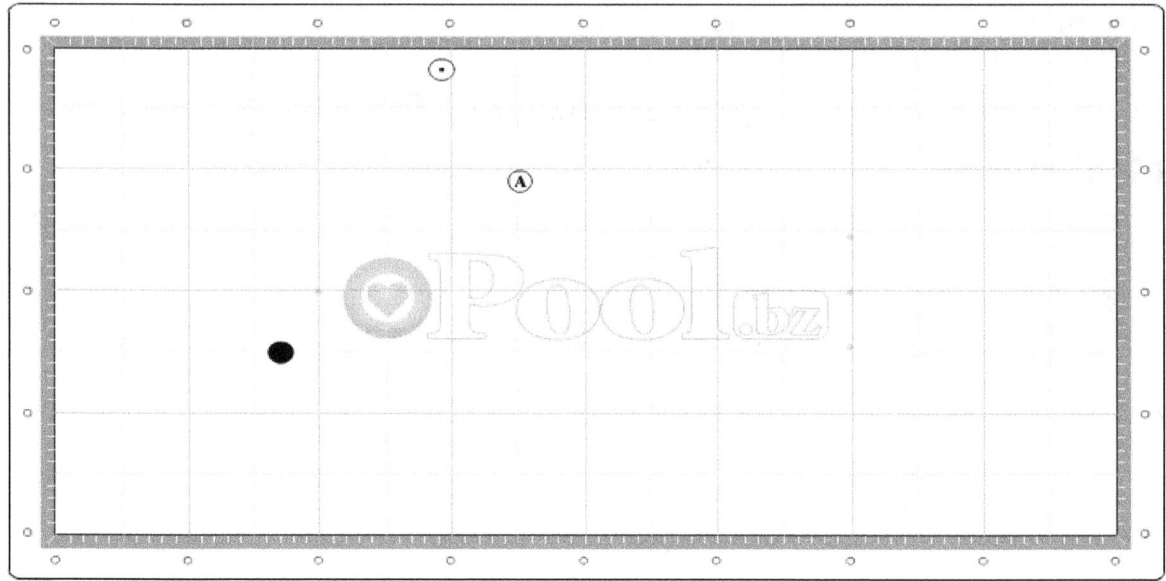

Notizen und Ideen:

Schussmuster

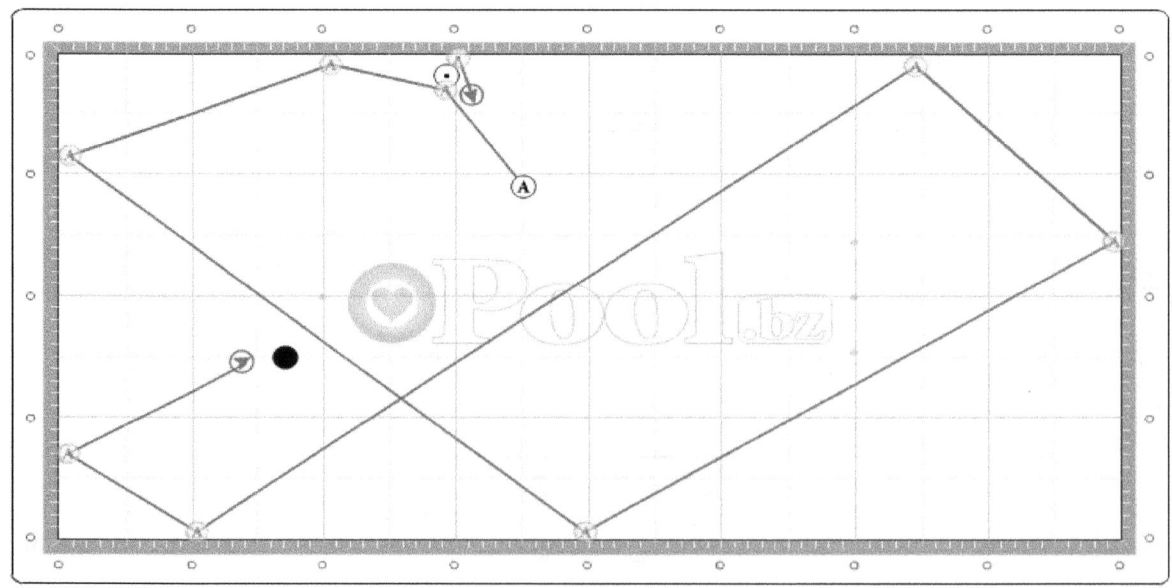

G:1b – Konfiguration

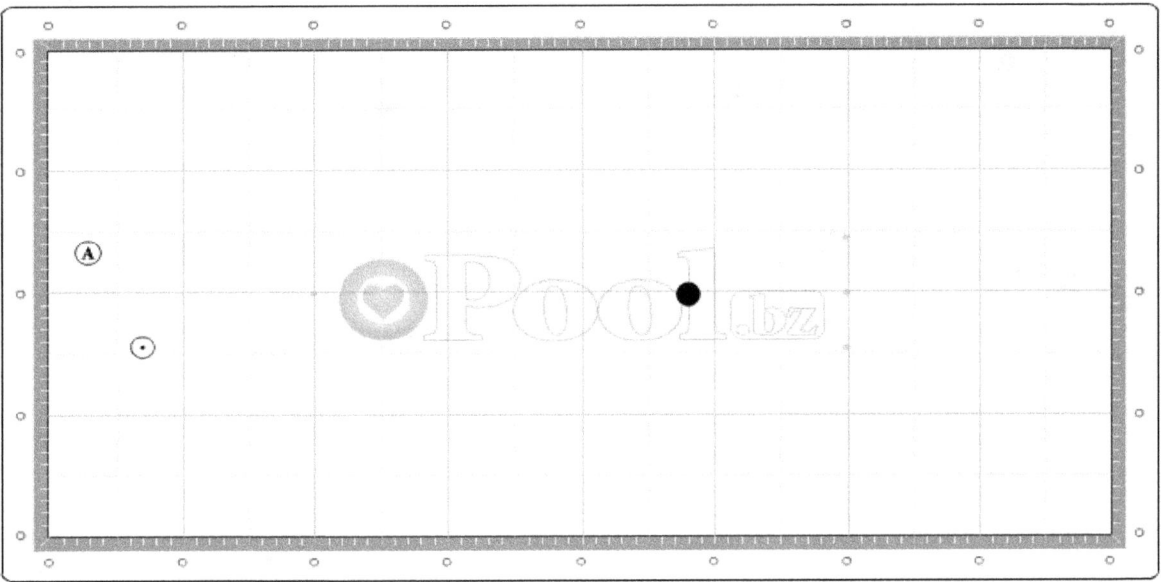

Notizen und Ideen:

Schussmuster

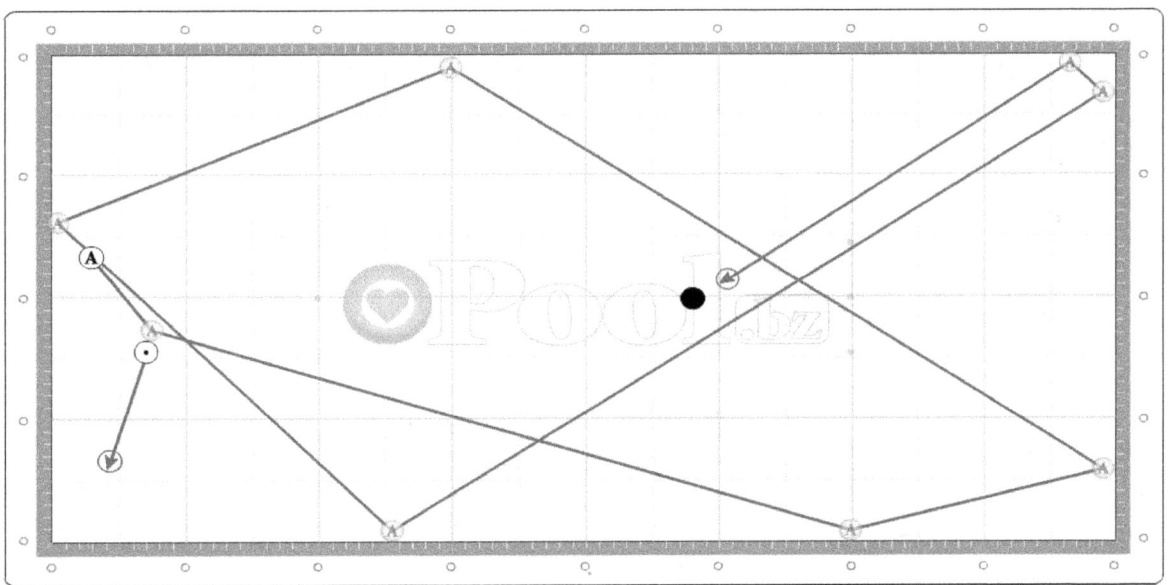

G:1c – Konfiguration

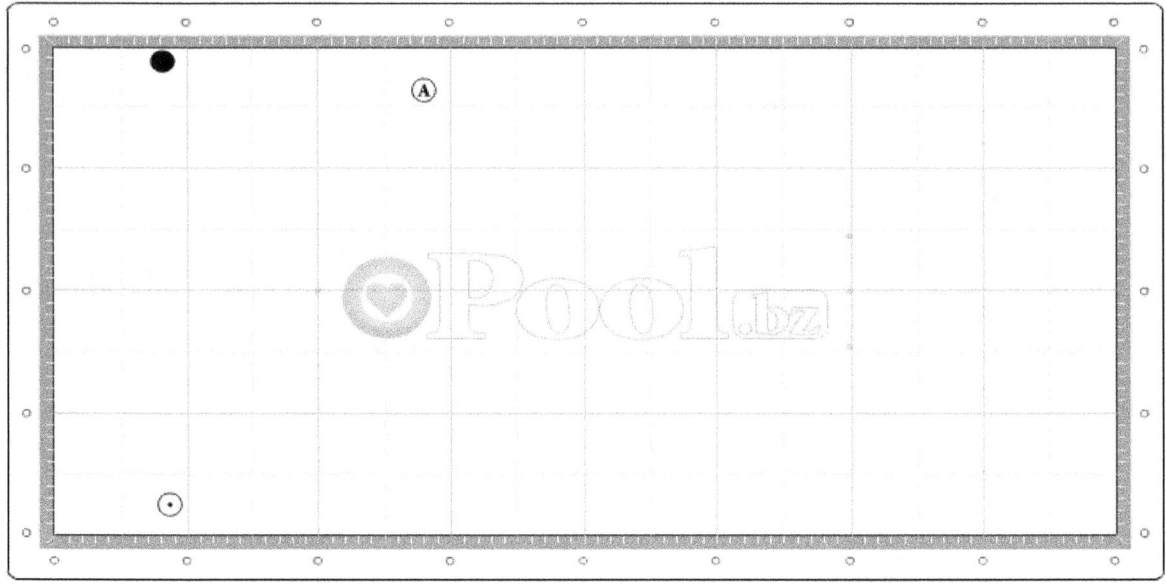

Notizen und Ideen:

Schussmuster

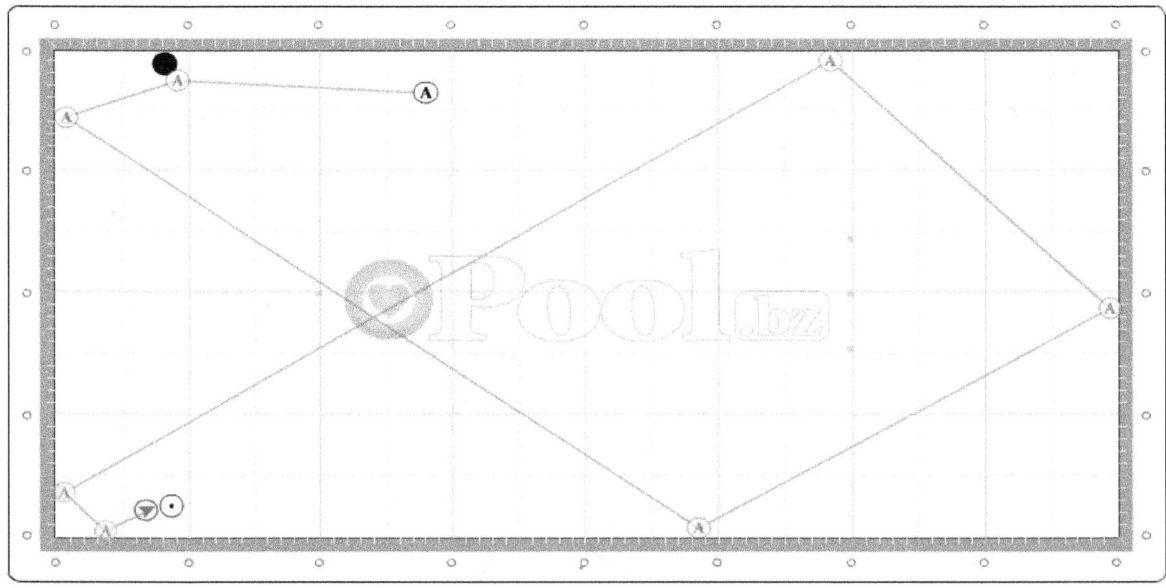

G:1d – Konfiguration

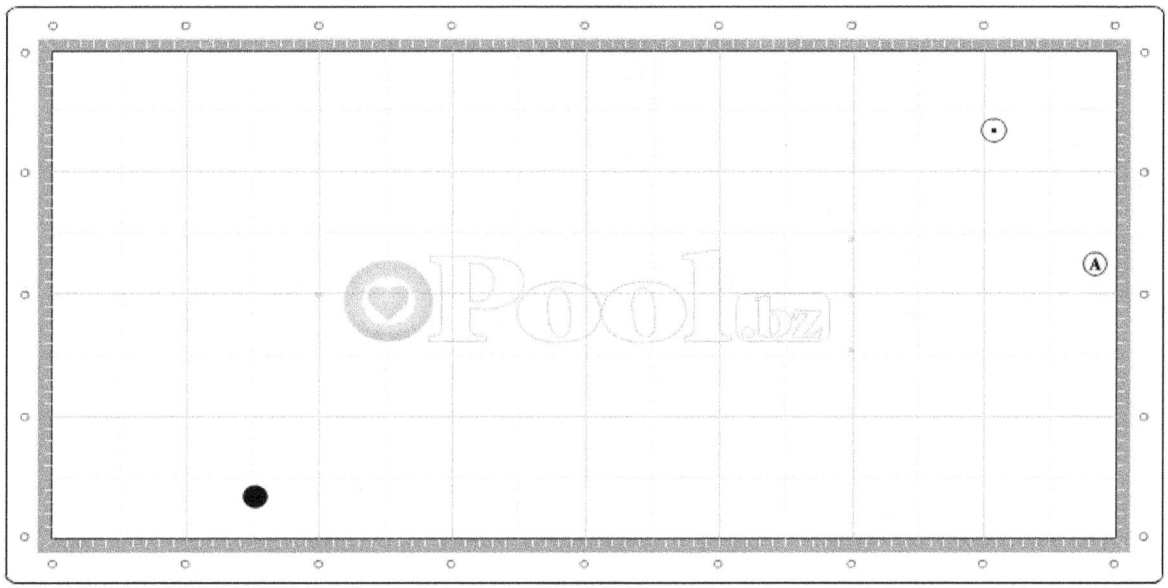

Notizen und Ideen:

Schussmuster

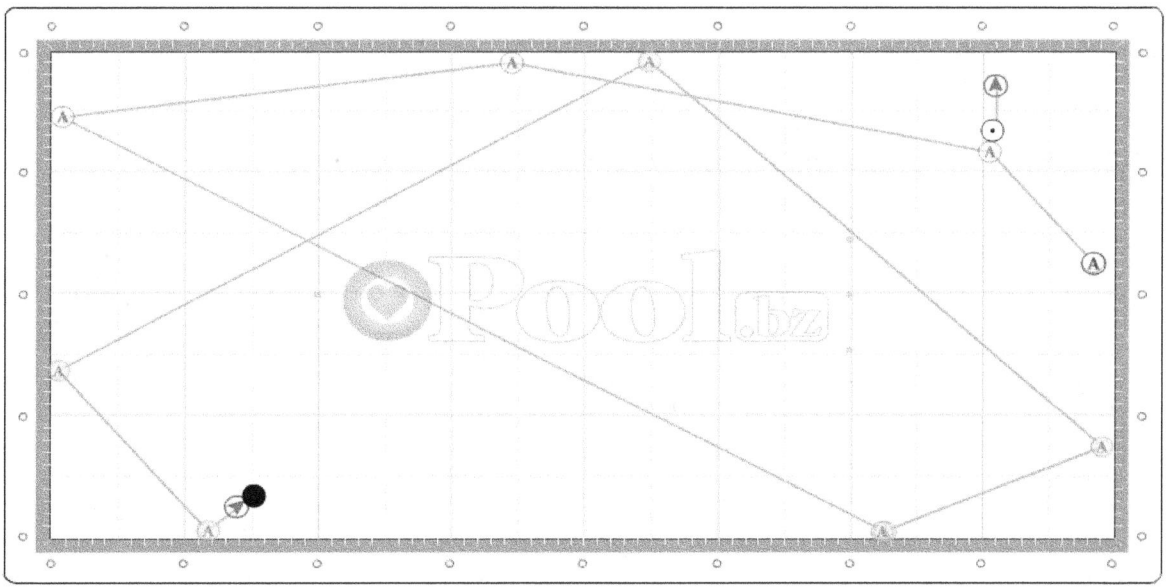

G: Gruppe 2

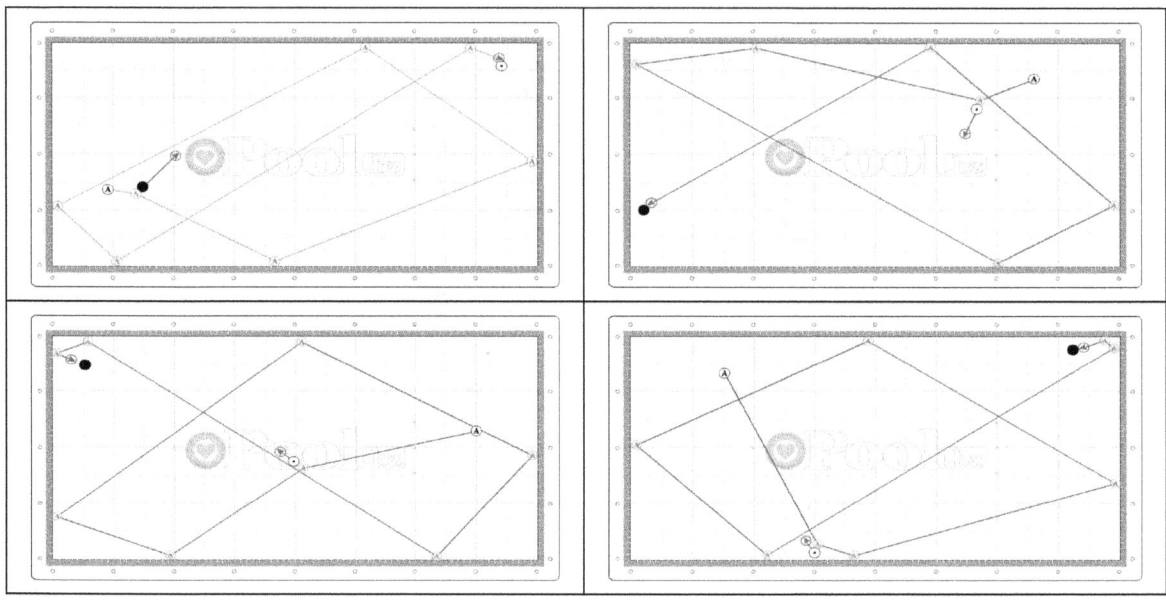

Analyse:

G:2a. _____

G:2b. _____

G:2c. _____

G:2d. _____

G:2a – Konfiguration

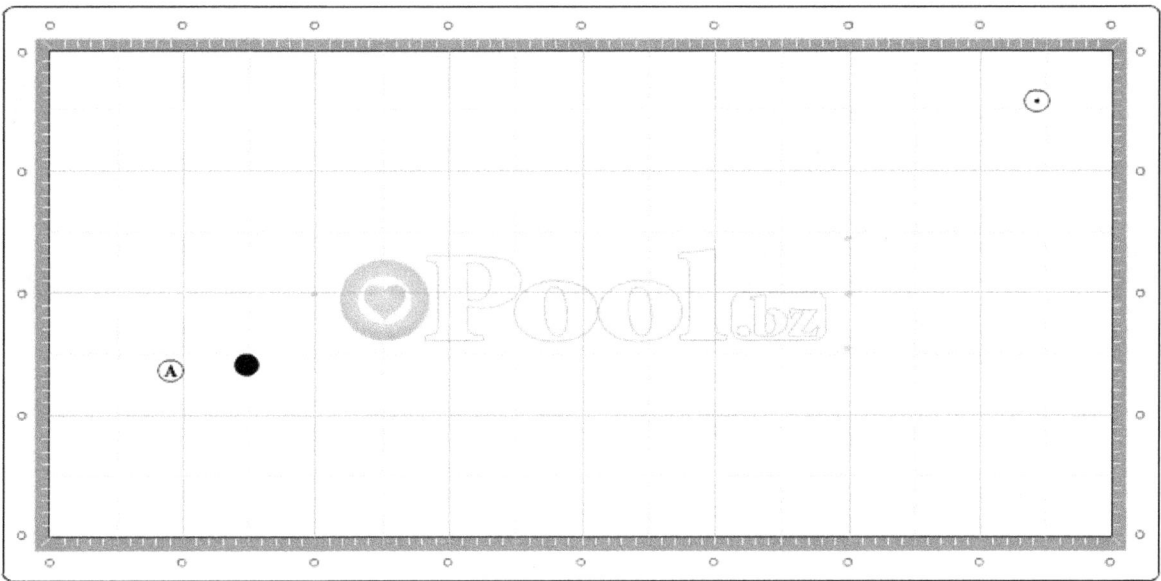

Notizen und Ideen:

Schussmuster

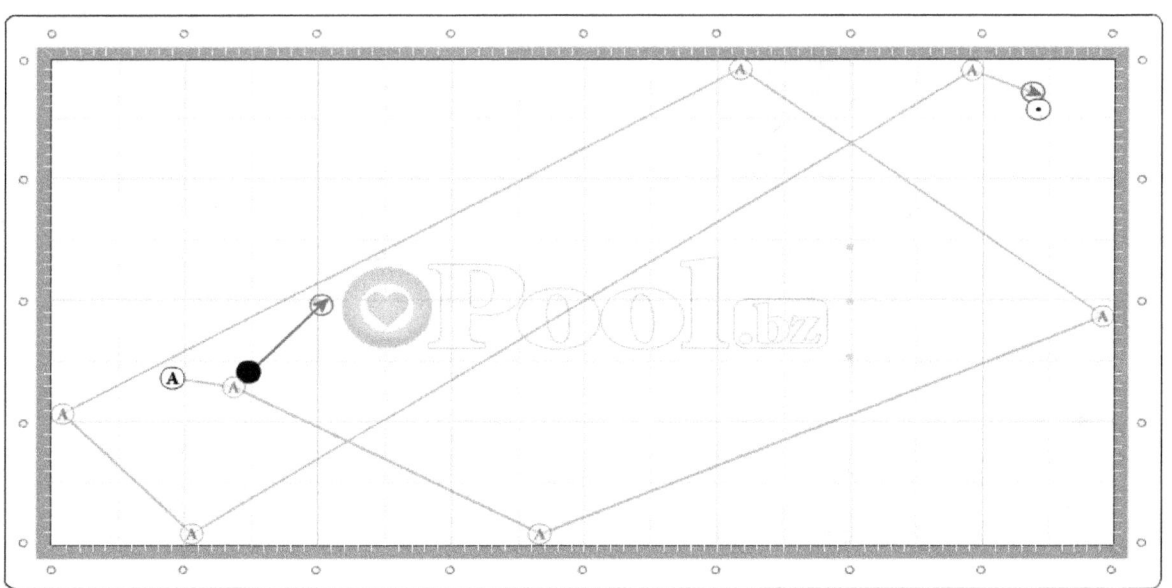

G:2b – Konfiguration

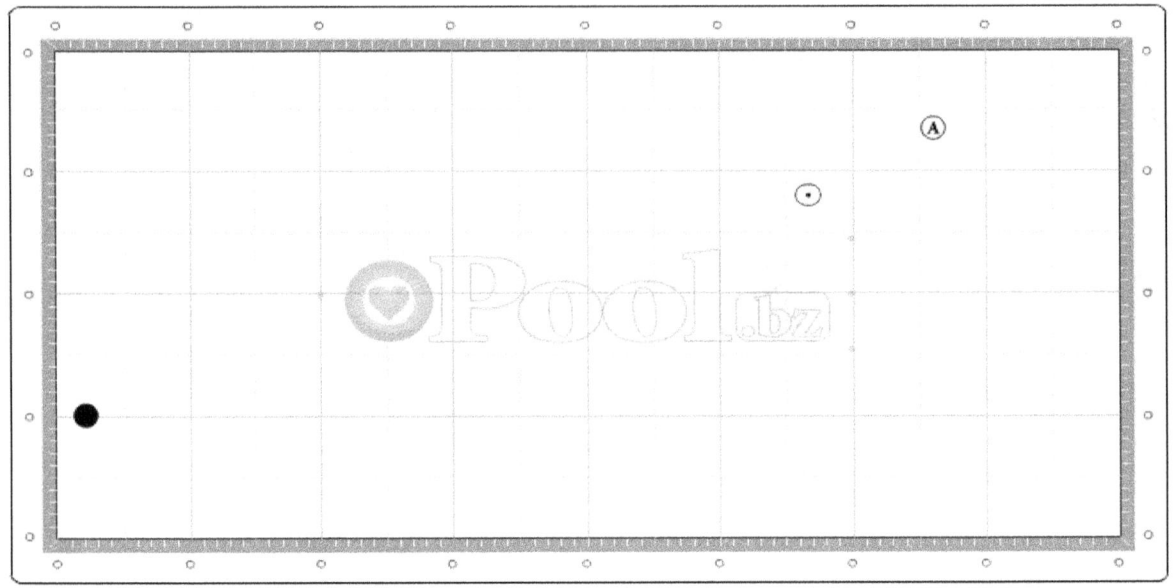

Notizen und Ideen:

Schussmuster

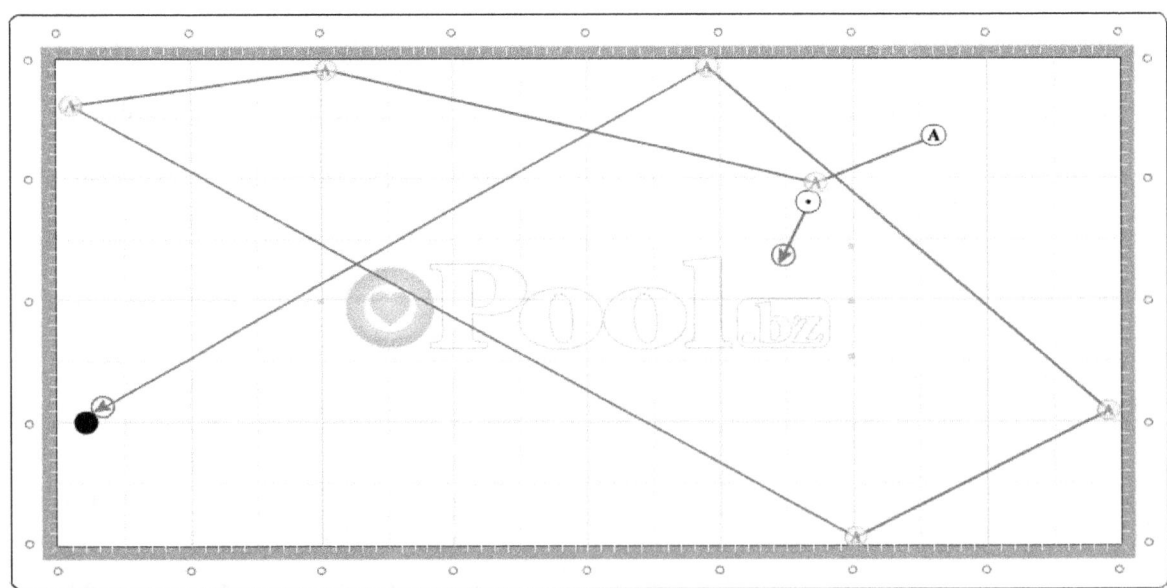

G:2c – Konfiguration

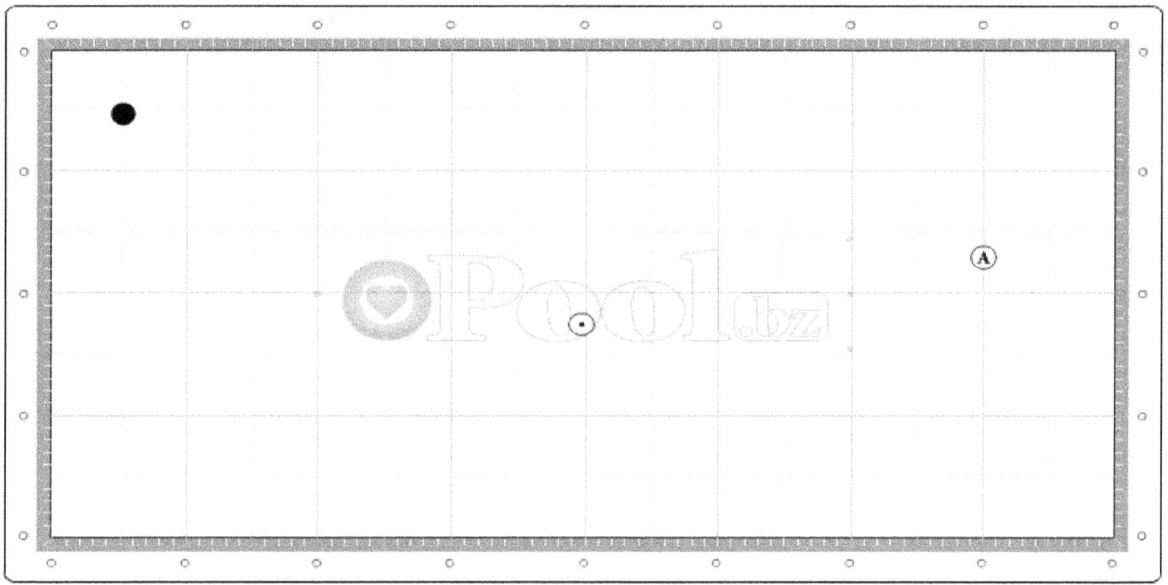

Notizen und Ideen:

Schussmuster

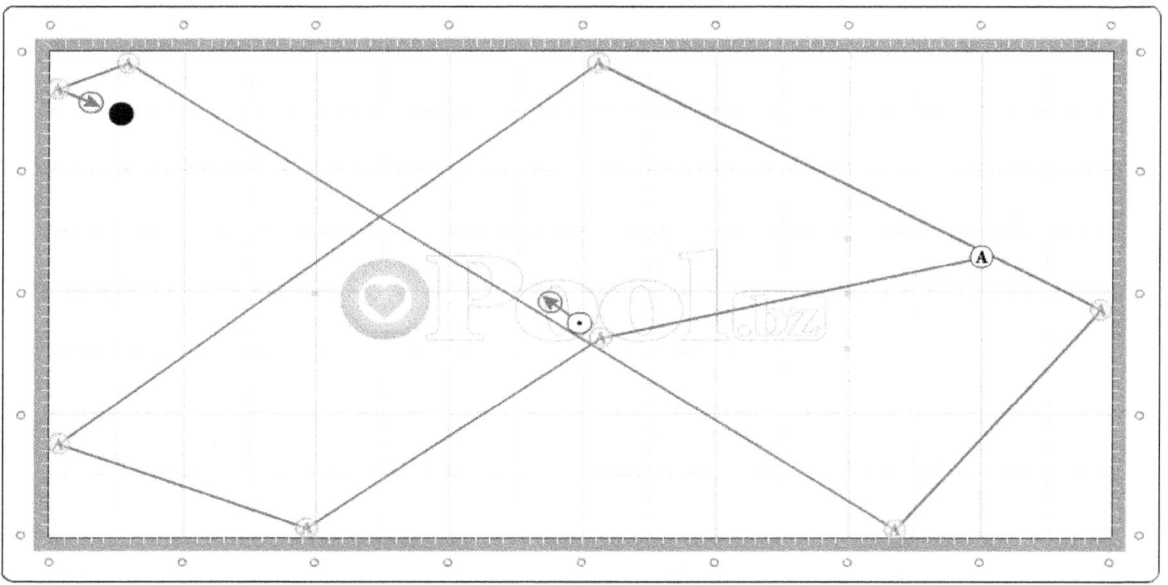

G:2d – Konfiguration

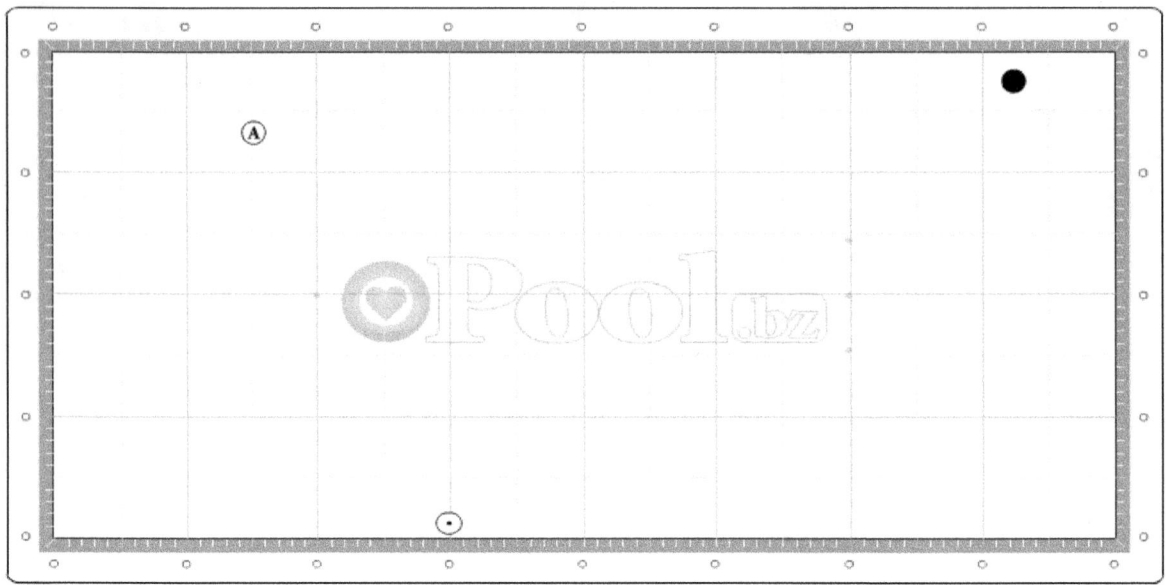

Notizen und Ideen:

Schussmuster

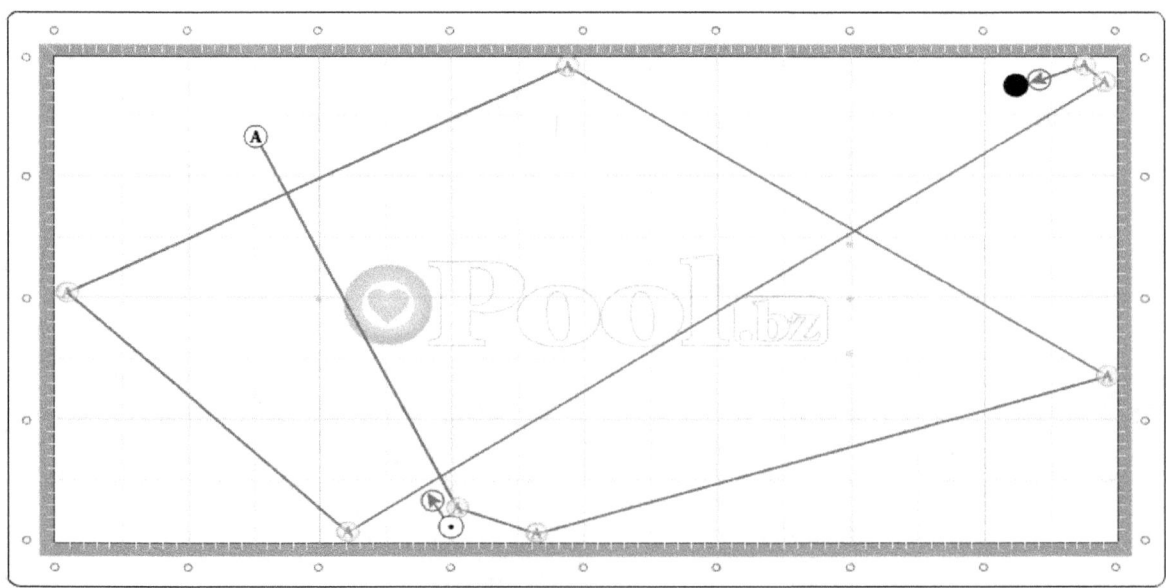

G: Gruppe 3

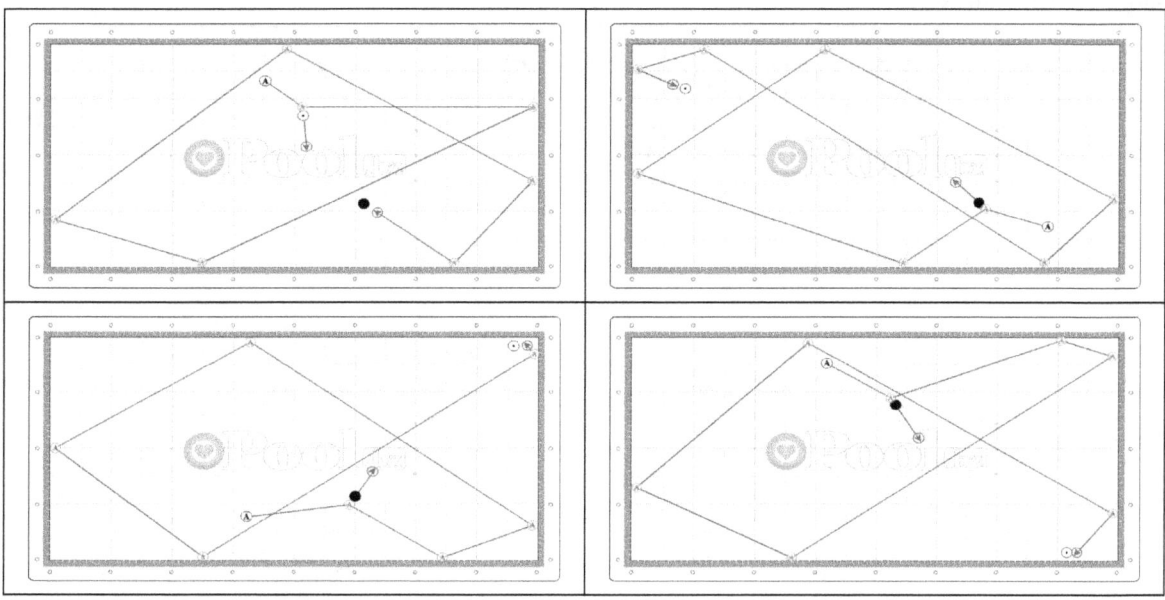

Analyse:

G:3a. _____

G:3b. _____

G:3c. _____

G:3d. _____

G:3a – Konfiguration

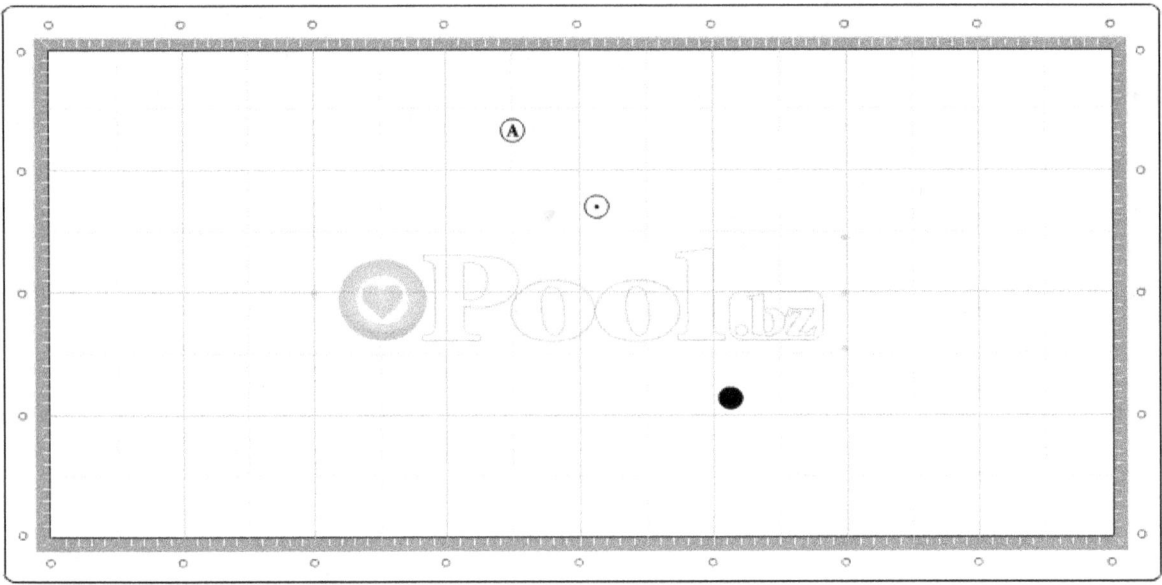

Notizen und Ideen:

Schussmuster

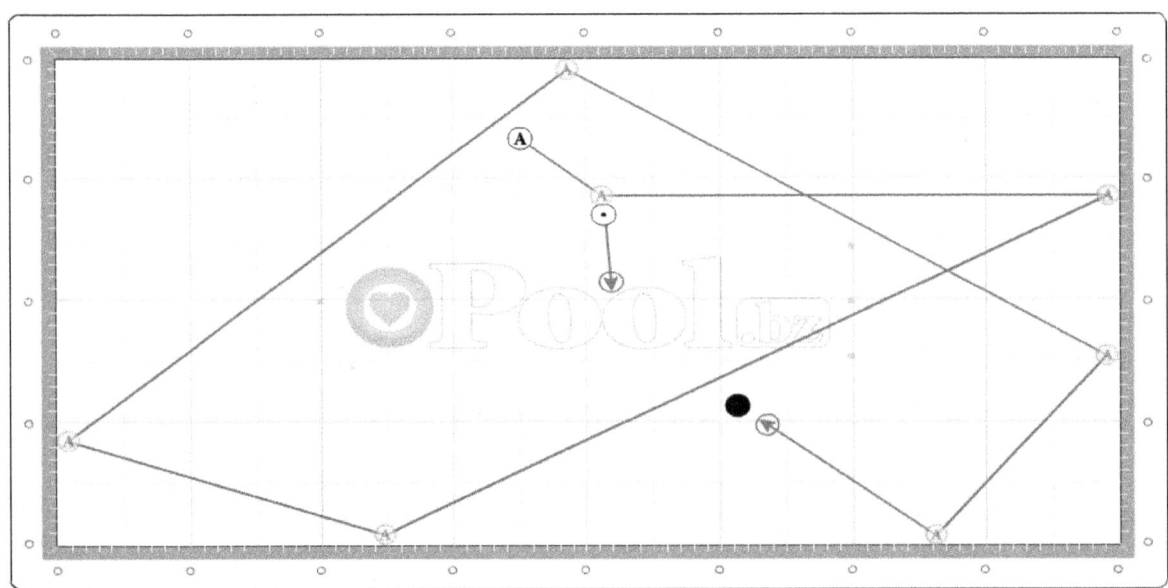

G:3b – Konfiguration

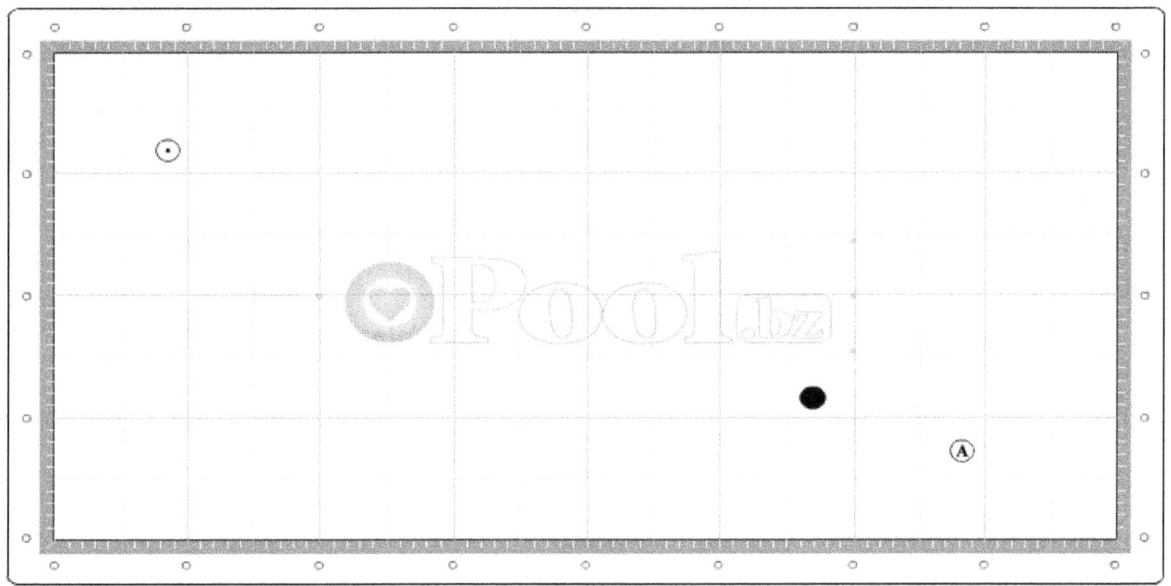

Notizen und Ideen:

Schussmuster

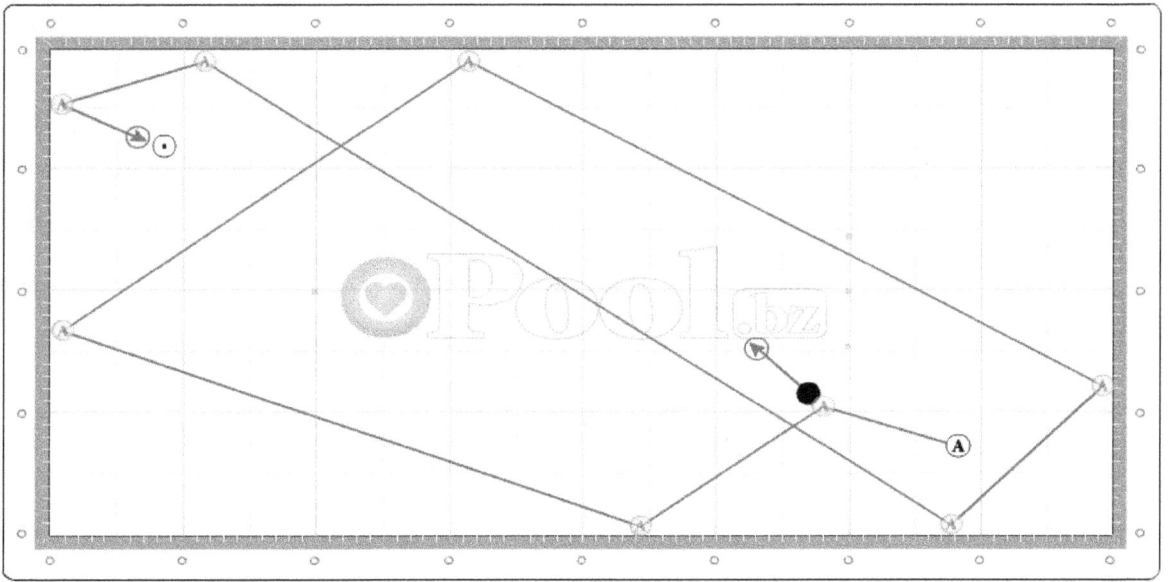

G:3c – Konfiguration

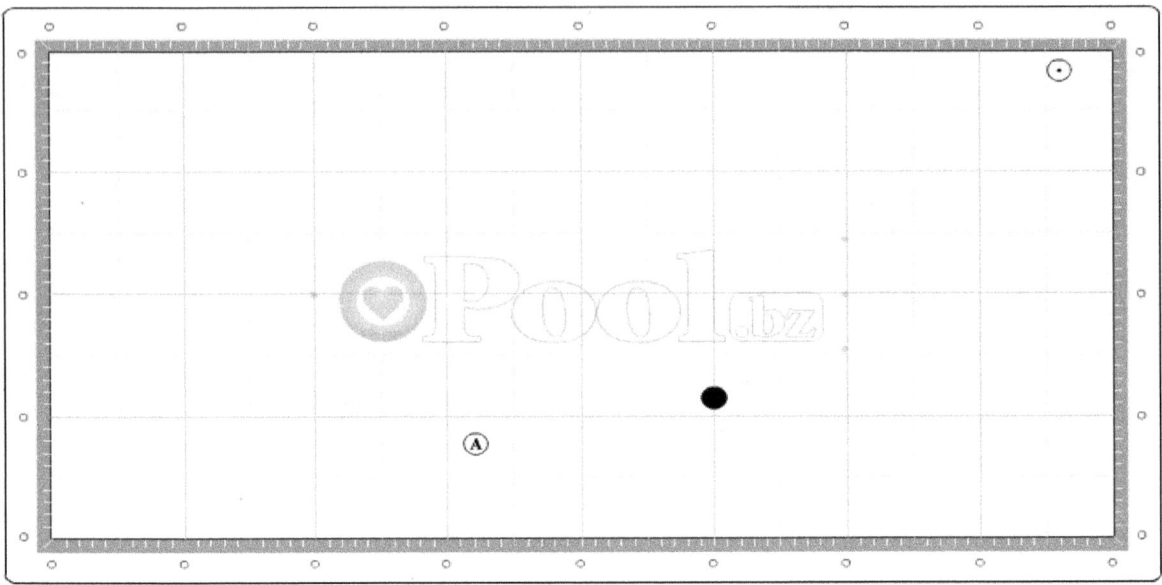

Notizen und Ideen:

Schussmuster

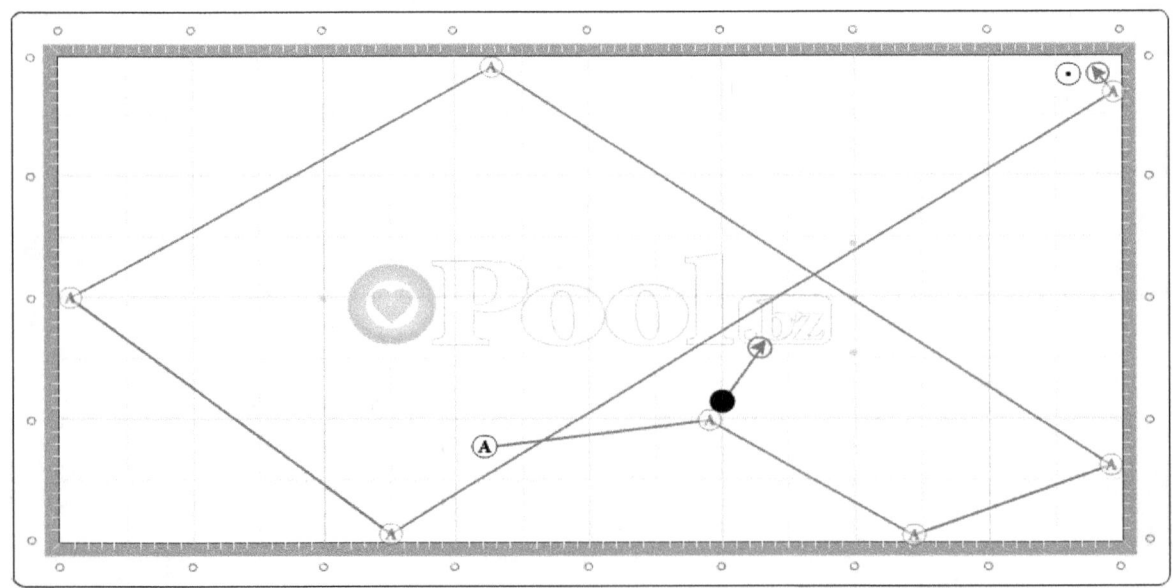

G:3d – Konfiguration

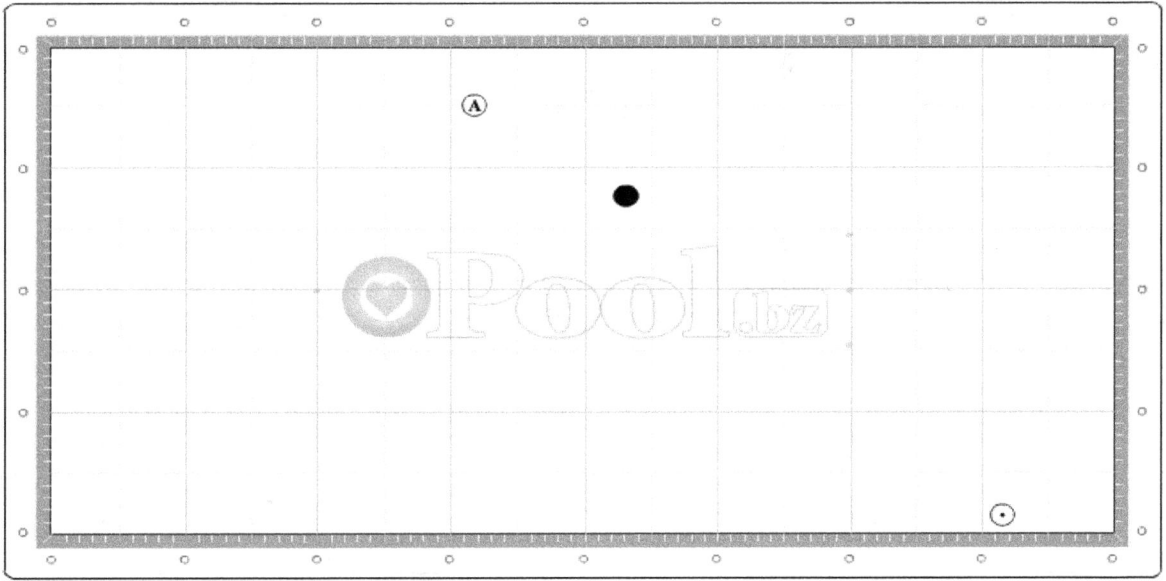

Notizen und Ideen:

Schussmuster

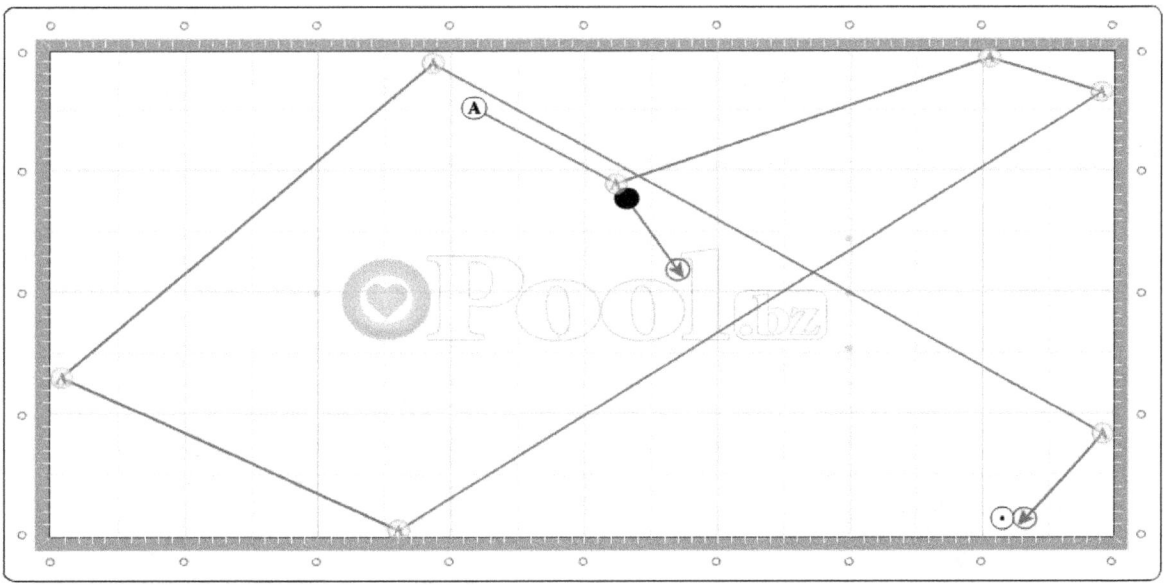

G: Gruppe 4

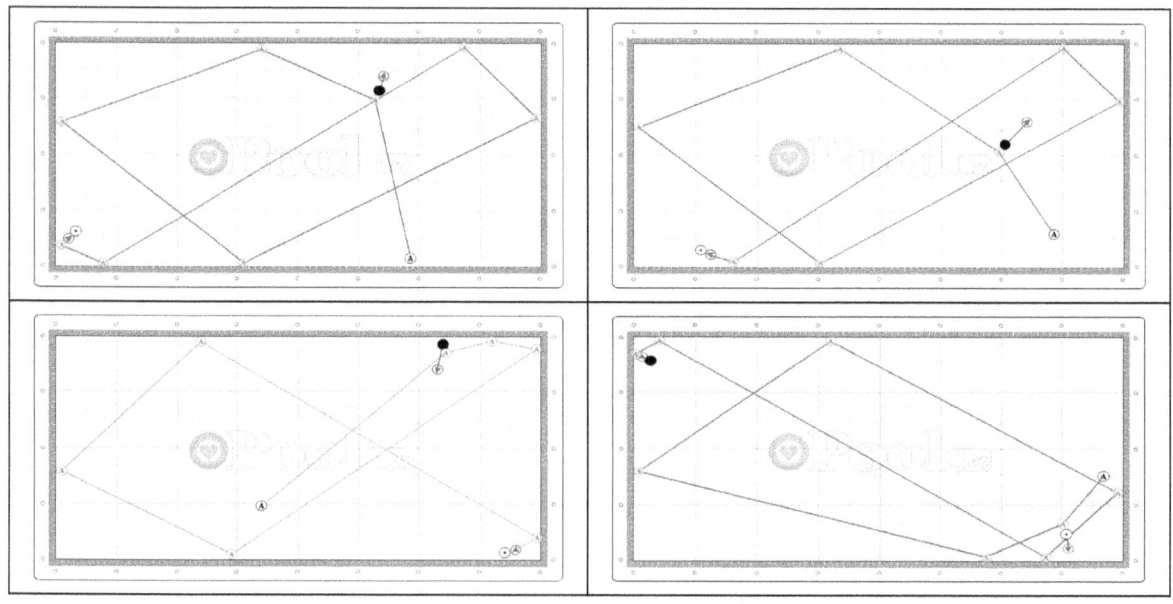

Analyse:

G:4a. _____

G:4b. _____

G:4c. _____

G:4d. _____

G:4a – Konfiguration

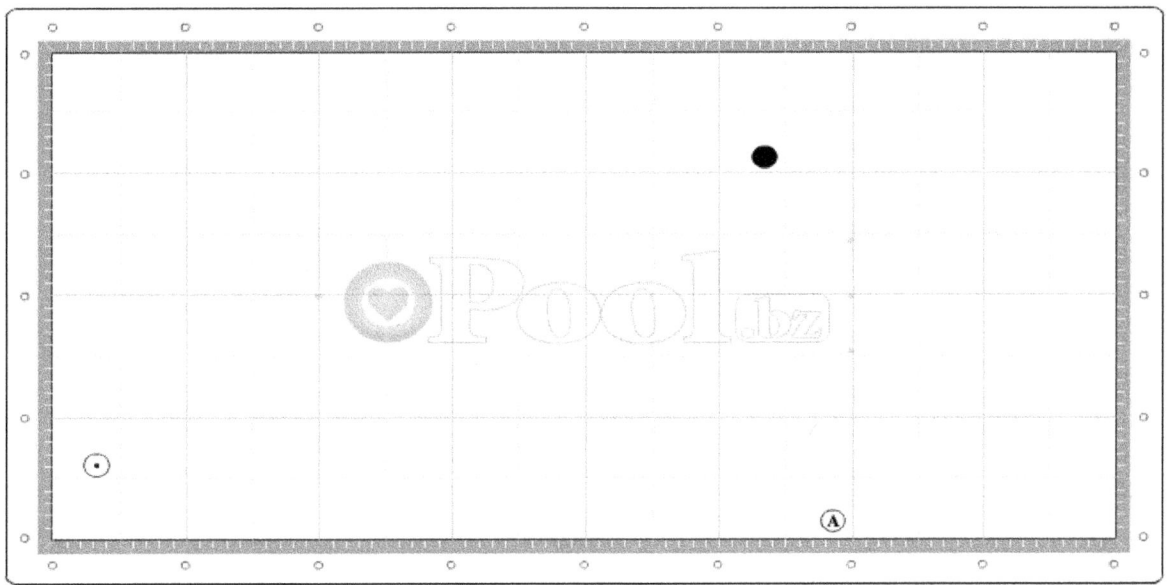

Notizen und Ideen:

Schussmuster

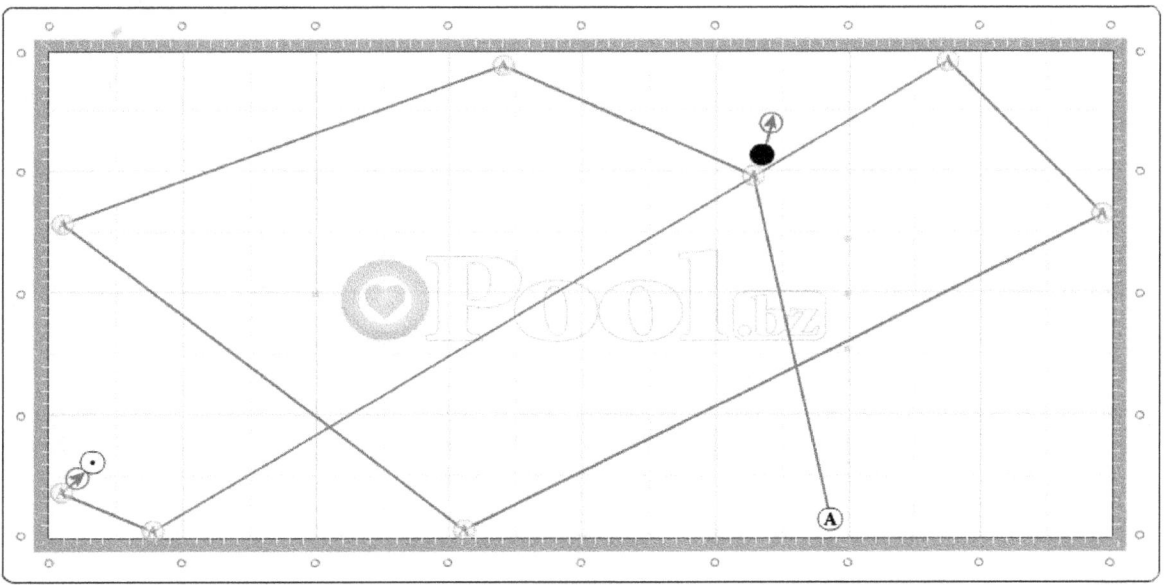

G:4b – Konfiguration

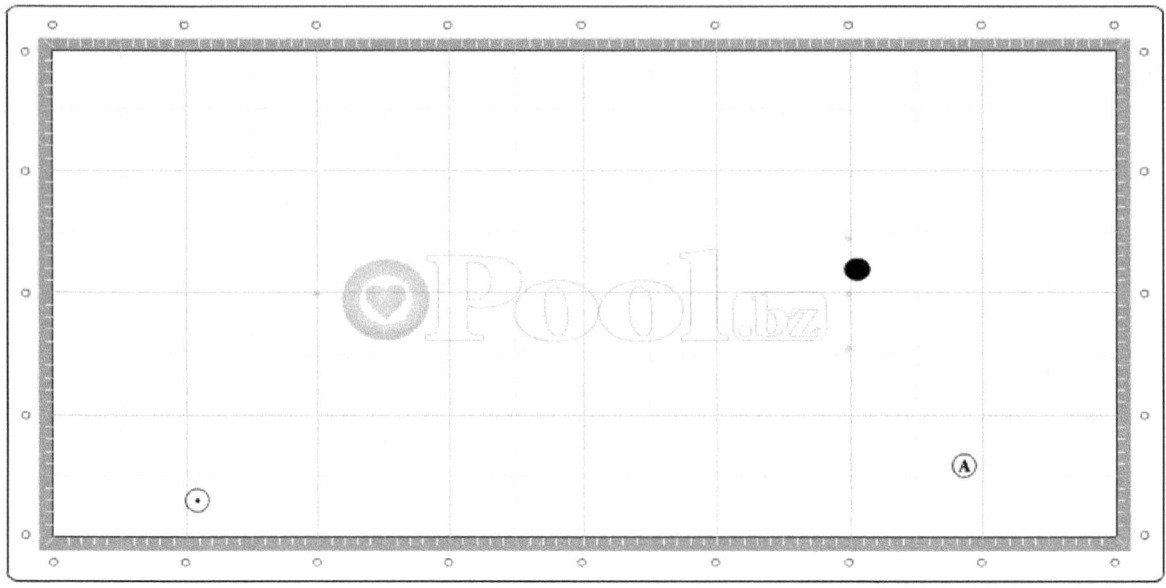

Notizen und Ideen:

Schussmuster

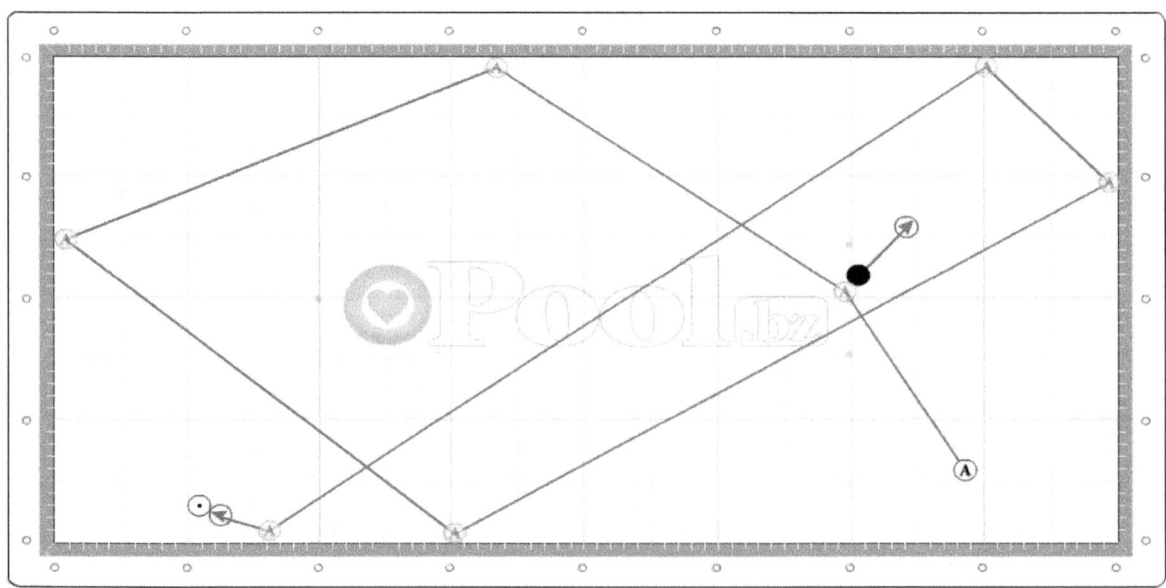

G:4c – Konfiguration

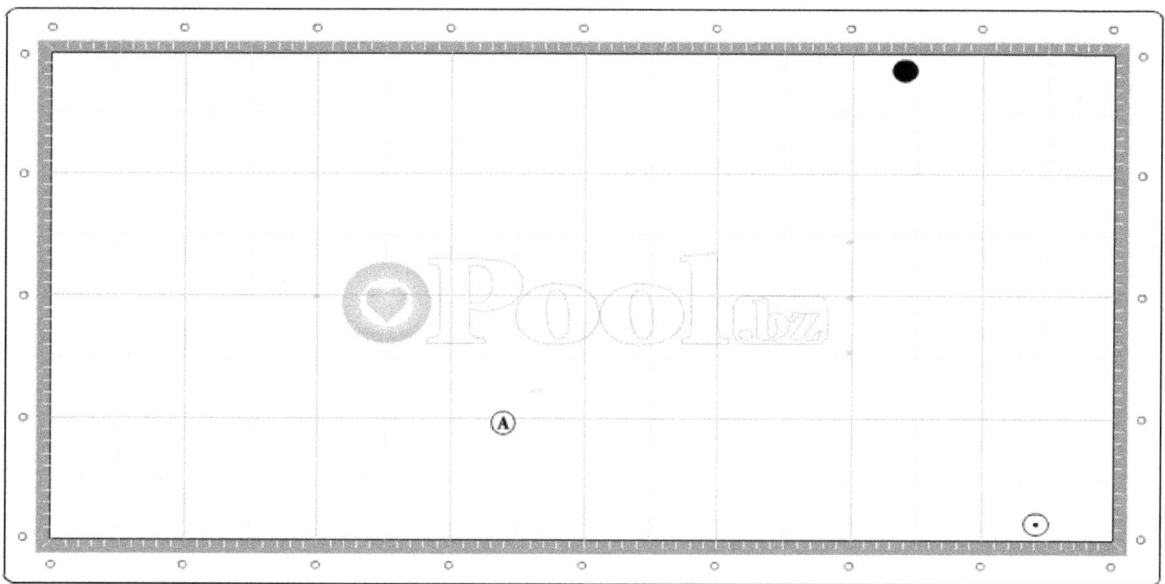

Notizen und Ideen:

Schussmuster

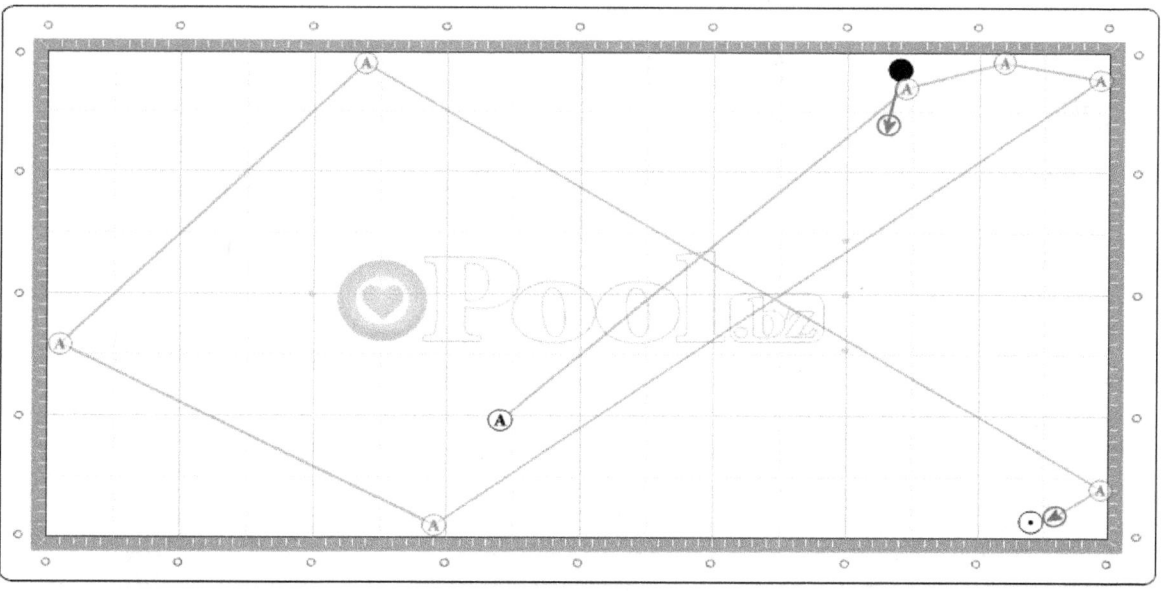

G:4d – Konfiguration

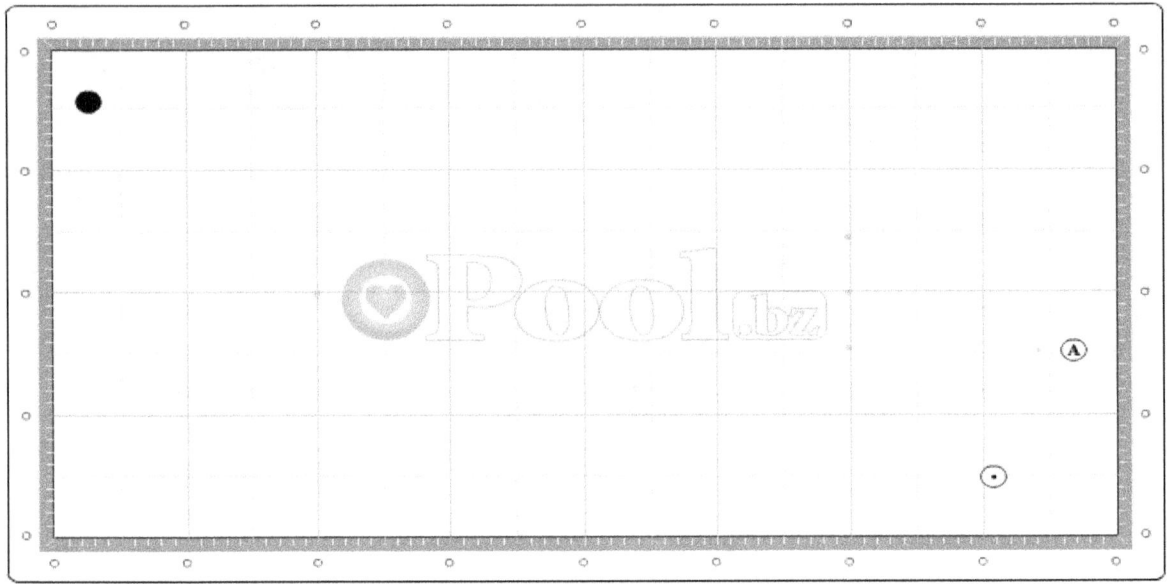

Notizen und Ideen:

Schussmuster

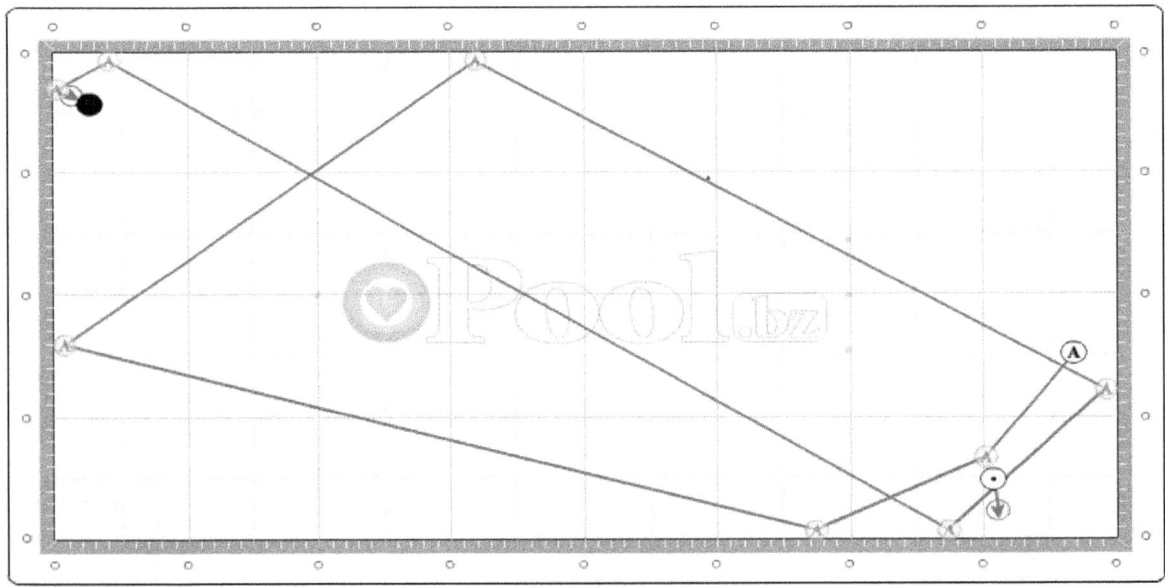

H: 6+ band (kurzes band)

Der (CB) kommt vom (OB) und in das kurze band. Der (CB) fährt für sechs oder mehr band um den Tisch herum. Erst dann kontaktiert der (CB) den anderen (OB).

Ⓐ (CB) (Ihre Billardkugel) - ⊙ (OB) (Gegner Billardkugel) - ● (OB) (rote Billardkugel)

H: Gruppe 1

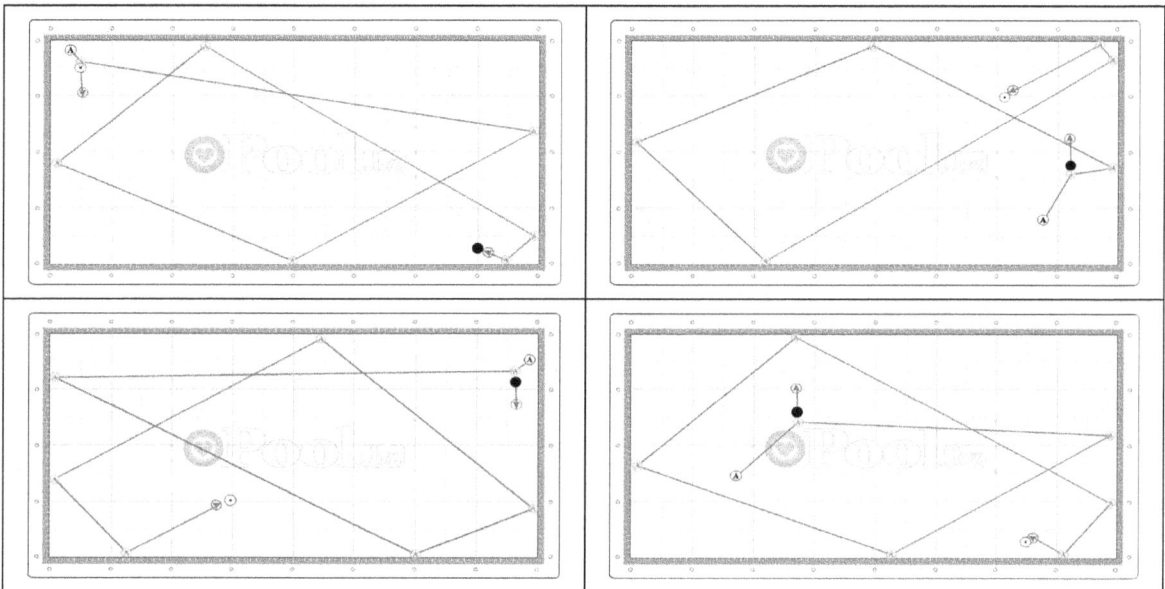

Analyse:

H:1a. _____

H:1b. _____

H:1c. _____

H:1d. _____

H:1a – Konfiguration

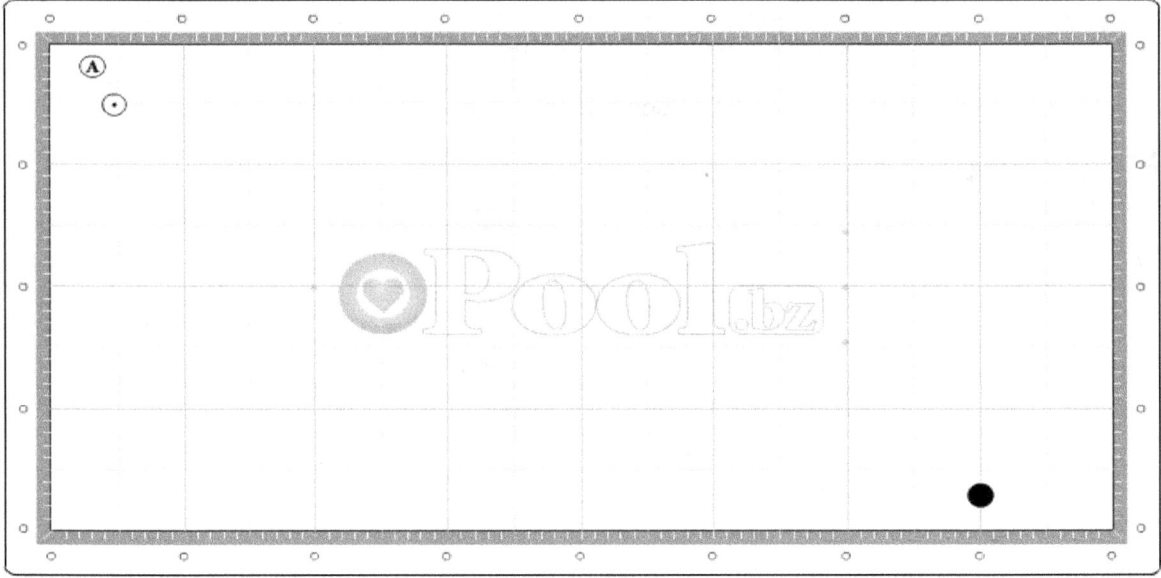

Notizen und Ideen:

Schussmuster

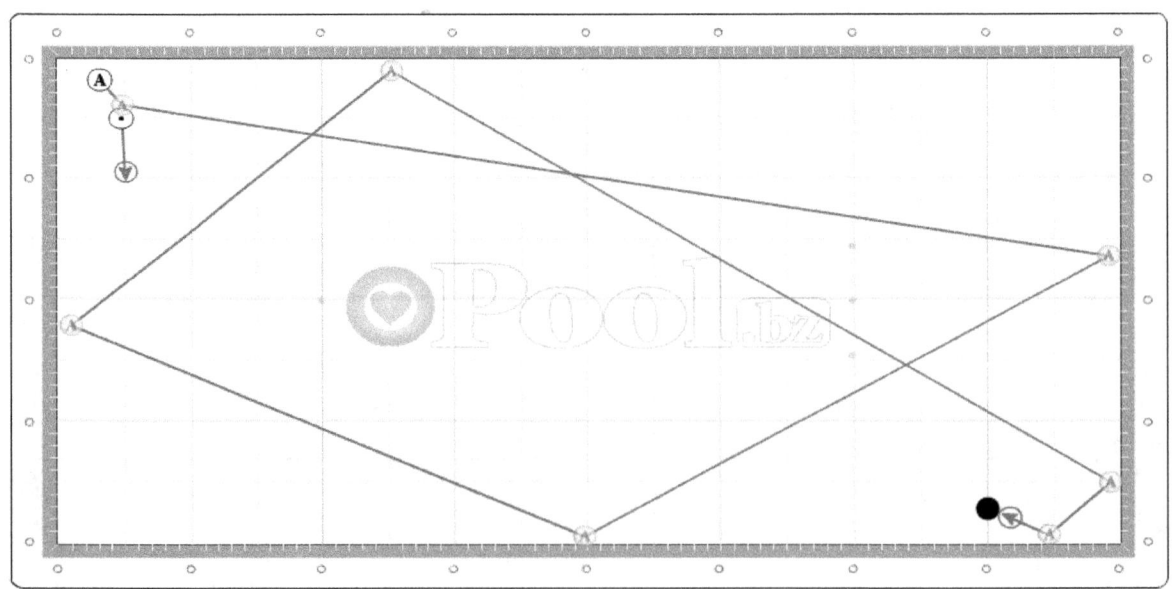

H:1b – Konfiguration

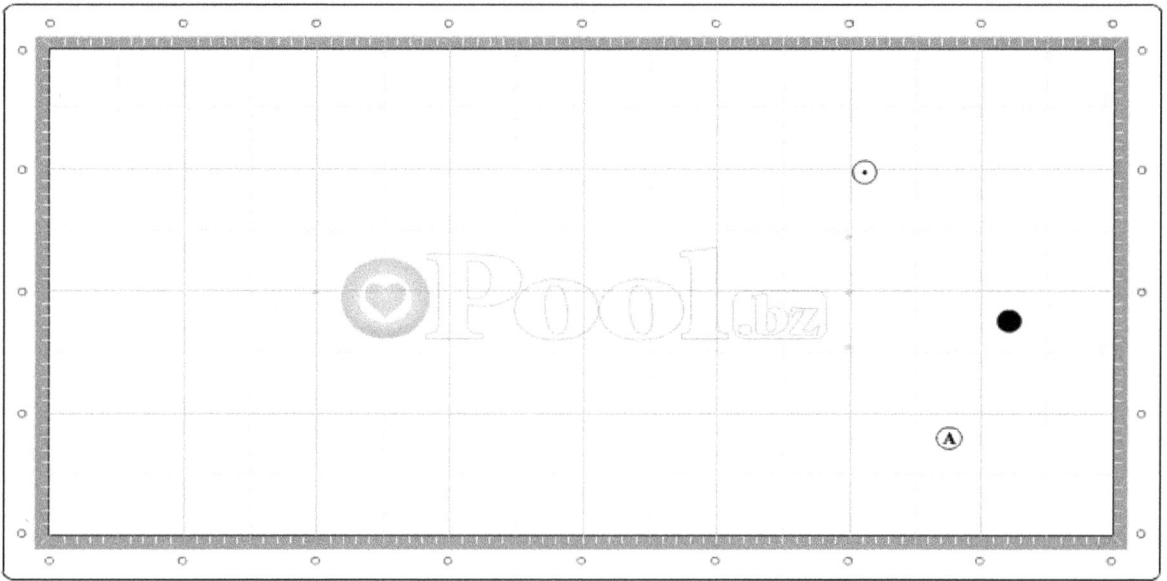

Notizen und Ideen:

Schussmuster

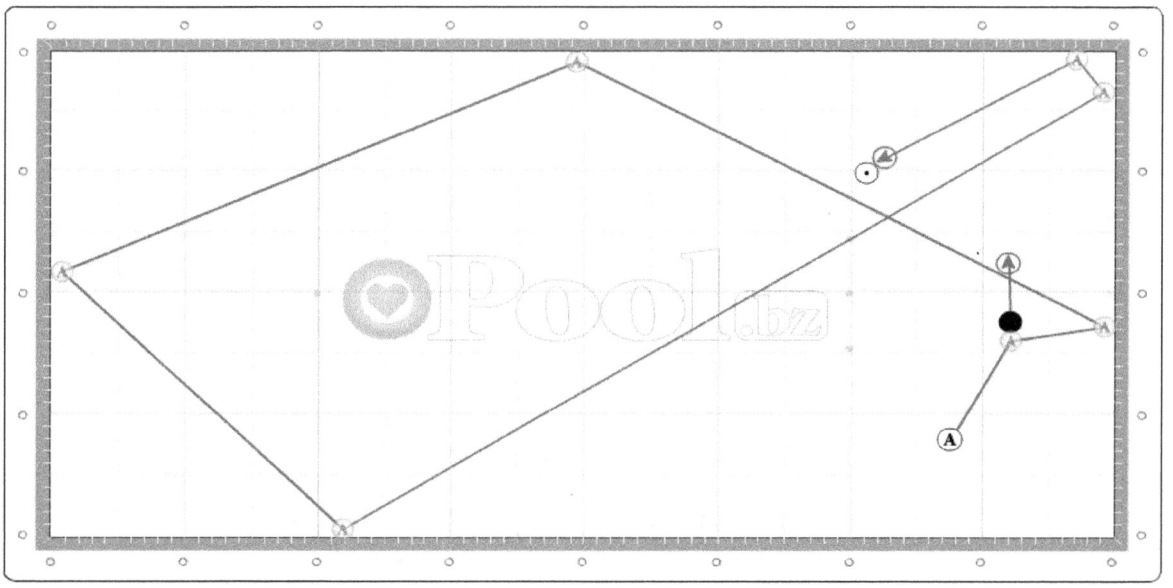

H:1c – Konfiguration

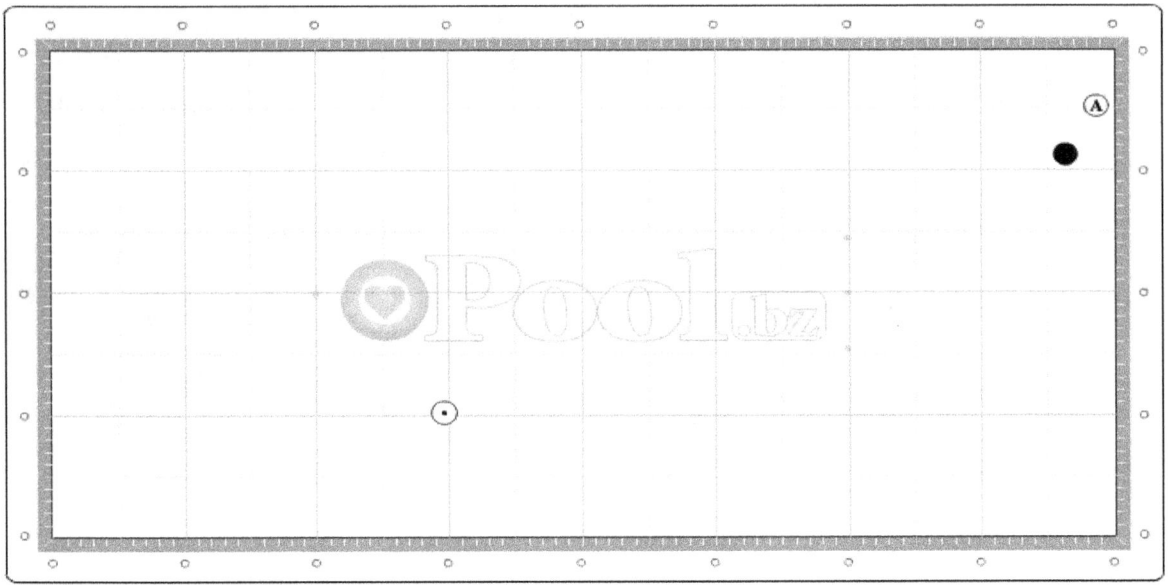

Notizen und Ideen:

Schussmuster

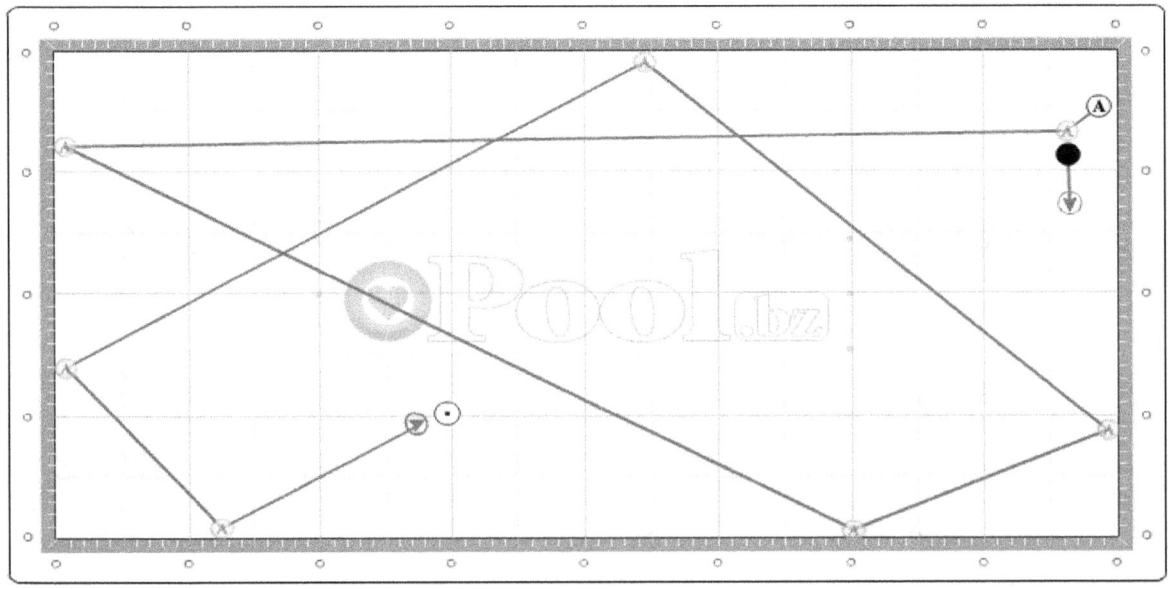

H:1d – Konfiguration

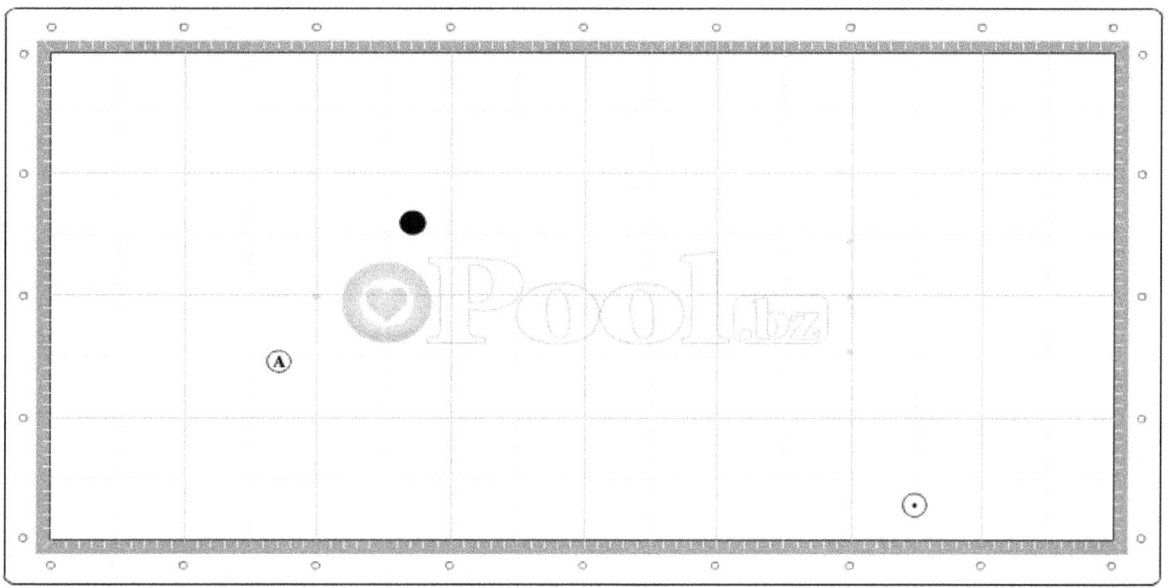

Notizen und Ideen:

Schussmuster

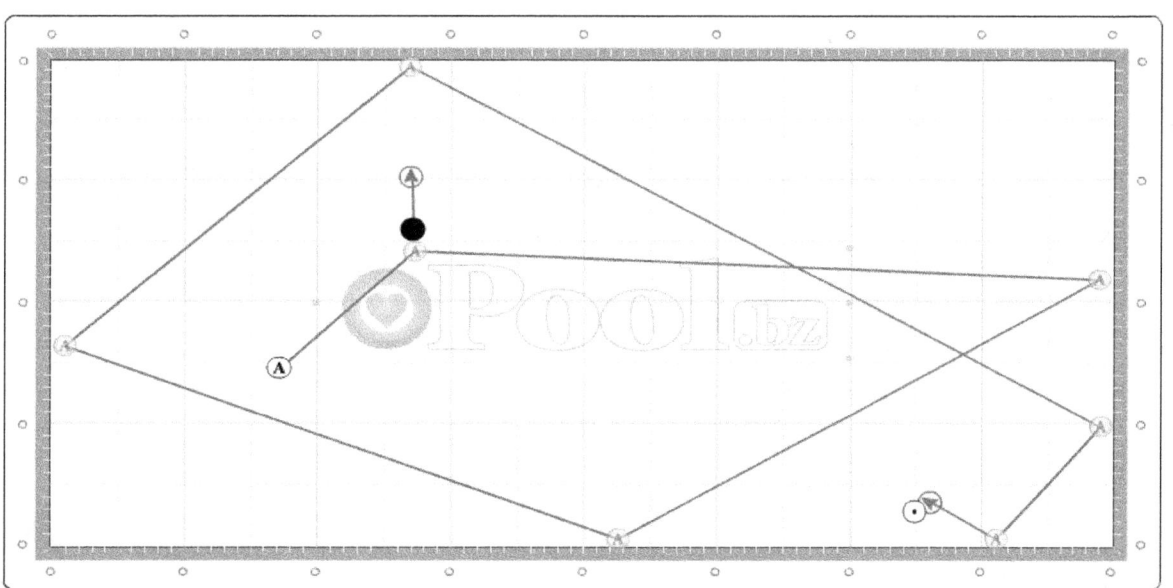

H: Gruppe 2

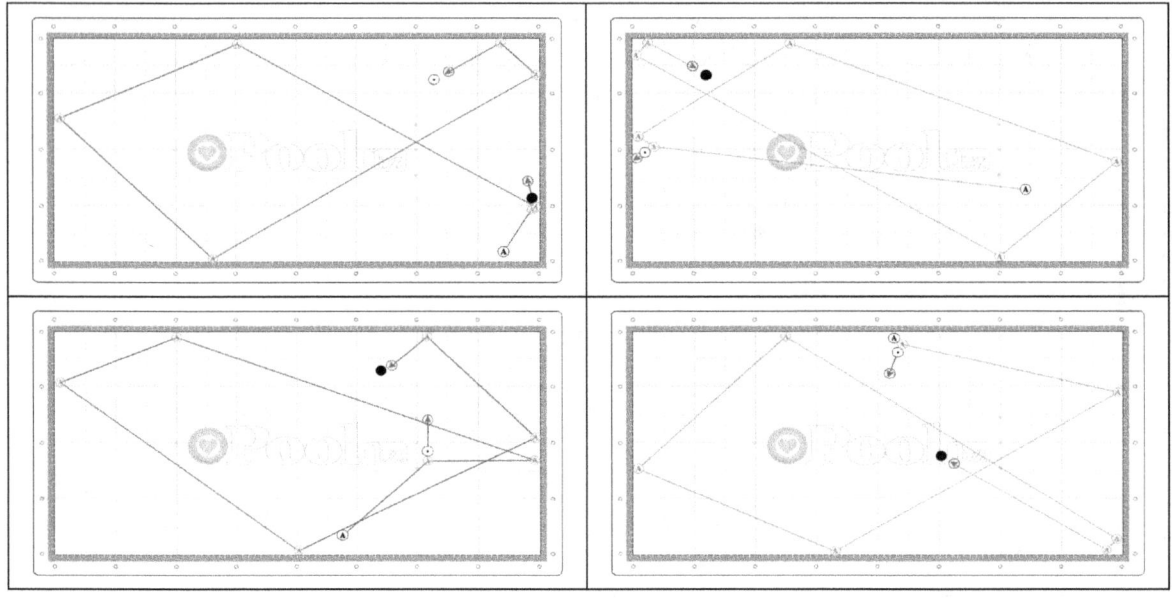

Analyse:

H:2a. _____

H:2b. _____

H:2c. _____

H:2d. _____

H:2a – Konfiguration

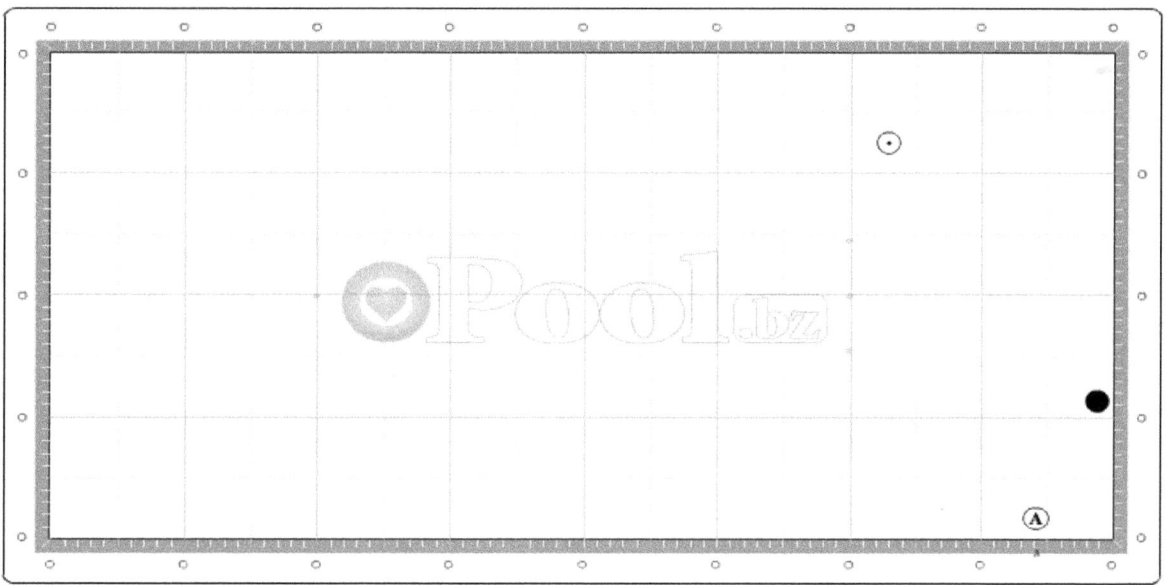

Notizen und Ideen:

Schussmuster

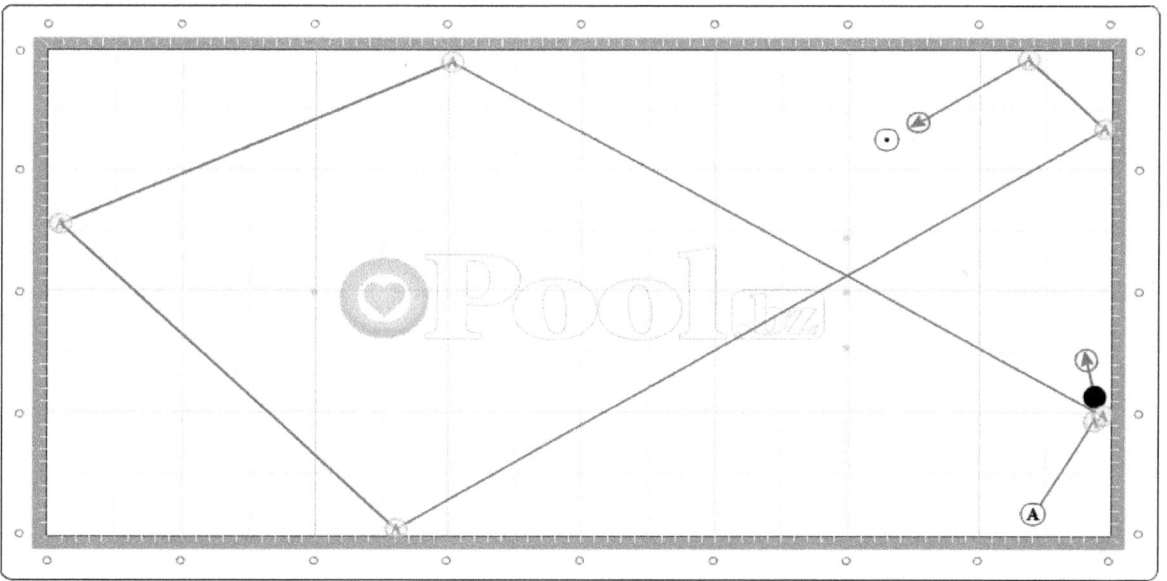

H:2b – Konfiguration

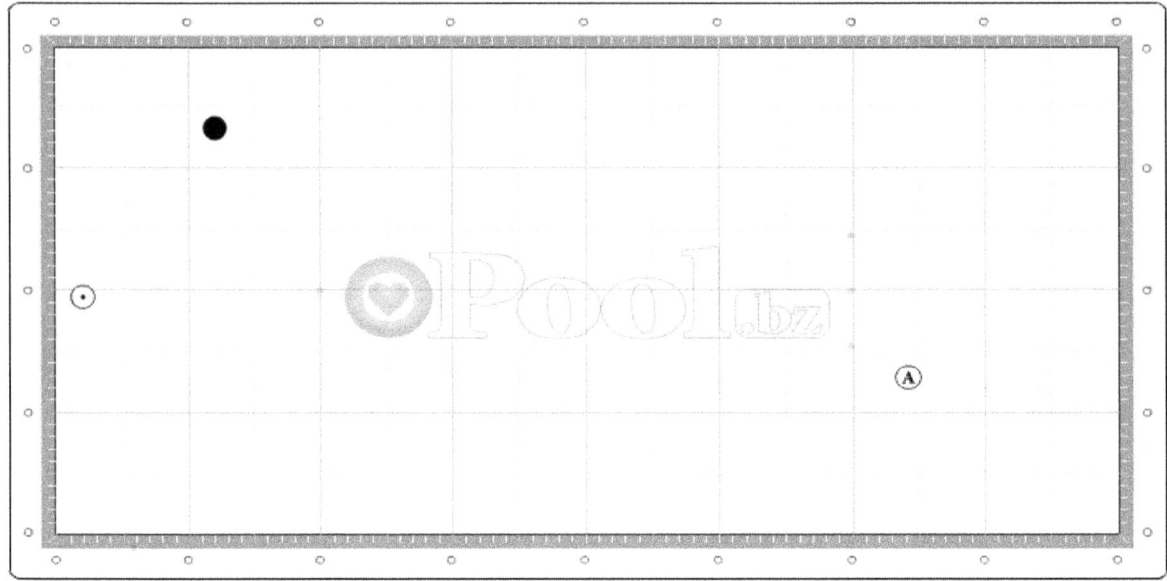

Notizen und Ideen:

Schussmuster

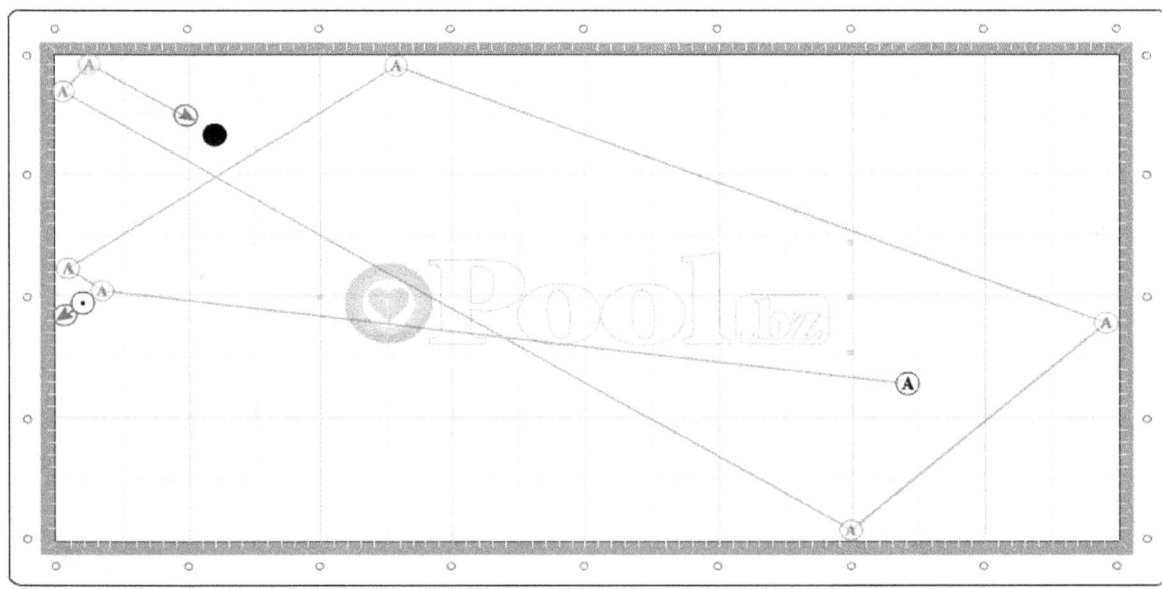

H:2c – Konfiguration

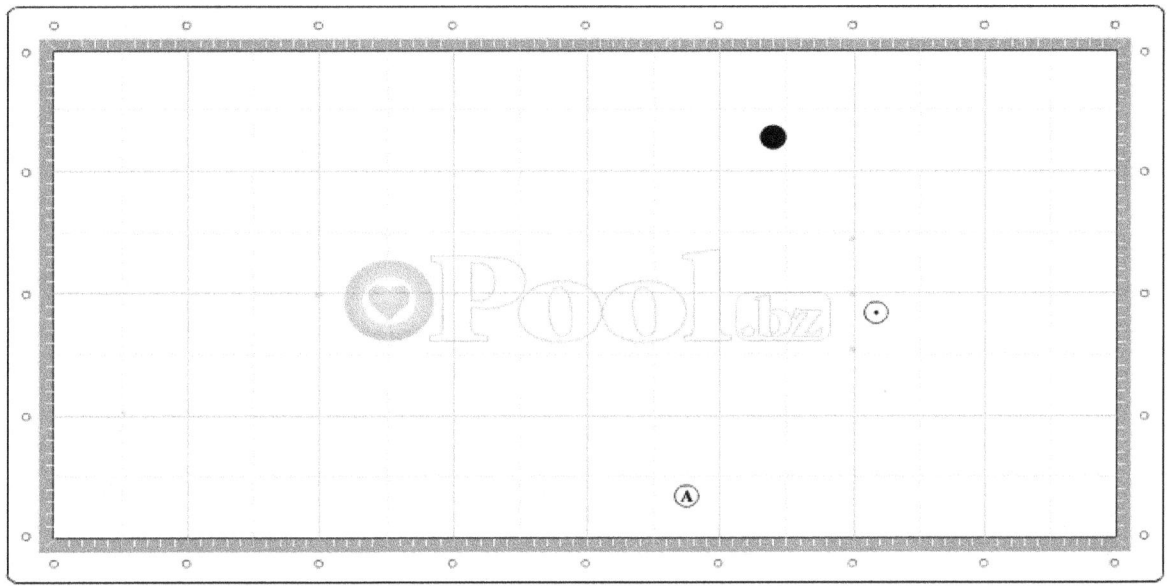

Notizen und Ideen:

Schussmuster

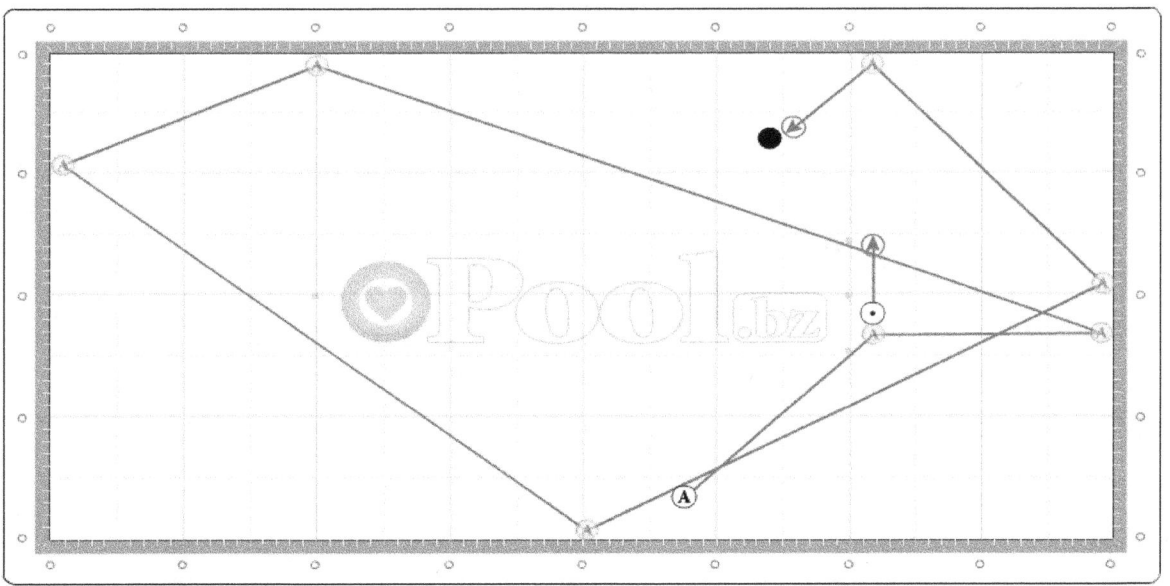

H:2d – Konfiguration

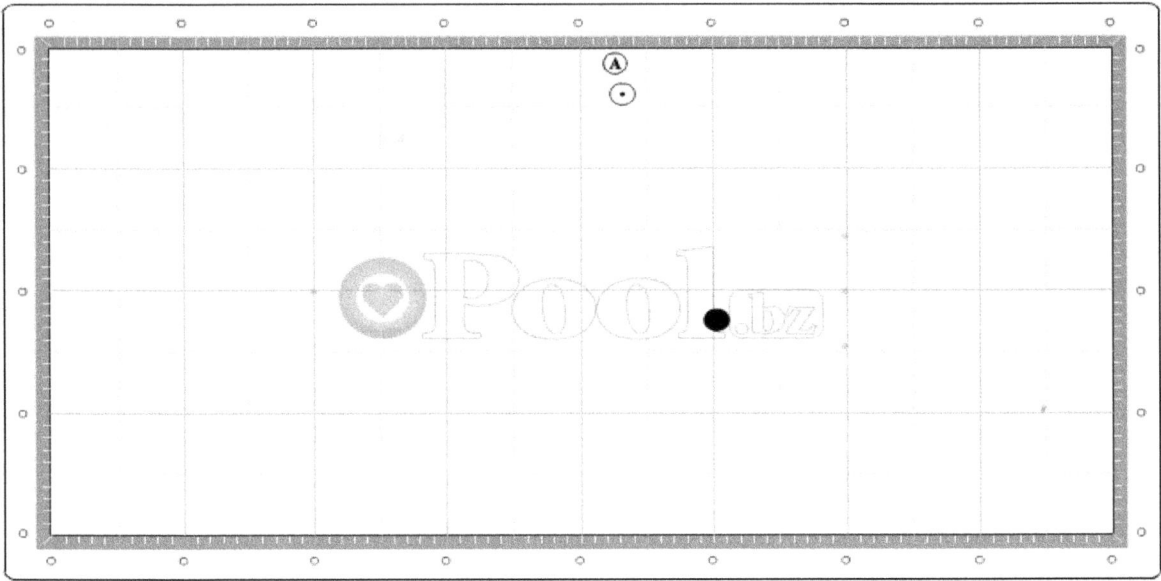

Notizen und Ideen:

Schussmuster

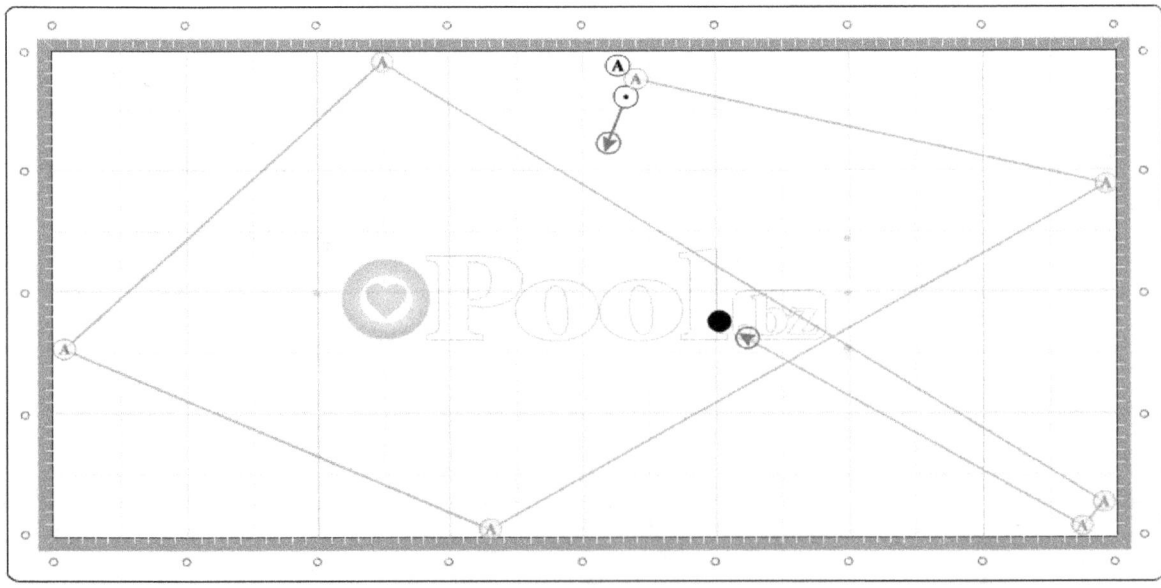

www.ingramcontent.com/pod-product-compliance
Lightning Source LLC
Chambersburg PA
CBHW080921170426
43201CB00016B/2219